ADAC Reiseführer

Österreich

von Gerda Rob

Intro

Unterwegs

Karten und Pläne

☐ Service

Leserforum

Die Meinung unserer Leserinnen und Leser ist wichtig, daher freuen wir uns von Ihnen zu hören. Wenn Ihnen dieser Reiseführer gefällt, wenn Sie Hinweise zu den Inhalten haben – Ergänzungs- und Verbesserungsvorschläge, Tipps und Korrekturen – dann kontaktieren Sie uns bitte:

Redaktion ADAC Reiseführer
ADAC Verlag GmbH
Am Westpark 8, 81365 München
Tel. 089/76 76 41 59
reisefuehrer@adac.de
www.adac.de/reisefuehrer

Österreich Impressionen

Raue und liebliche Bergwelt in einem prachtvollen Rahmen aus Barock

Tausend Facetten zeigt Österreich, ein Land, das seit Jahren zu den beliebtesten Urlaubszielen in Europa zählt: Firnfelder gleißen in den himmelstürmenden Bergregionen des **Alpenhauptkammes**. Bizarre Kalksteinwände steigen übergangslos aus lieblichen Matten auf. Wasserfälle stürzen im Sprühnebel in tiefe Schluchten und türkisfarbene Bergseen räkeln sich gletscherkalt in einem Bett aus Alpenrosen.

Ein anderes Gesicht zeigt die molligweiche Landschaft des **Alpenvorlandes** mit seinen horizontweit grünen Hügeln, dunklen Tannenforsten, in Herbstfarben glühenden Mischwäldern, den warmen Badeseen und kühn angelegten Rebterrassen. Und nicht zu vergessen, die flachen Weiten im **Osten**, so still wie unter einer Glasglocke, das konturlose Land mit dem hellen, fahlen Himmel, in den der Flugsand aus der Puszta grafische Signale zeichnet.

Fast alle Landschaftsformen sind in Österreich wie in einer gewaltigen Arena zwischen **Bodensee** und **Neusiedler See** vereinigt, steigern sich in den Zentralalpen mit dem respektheischenden **Großglockner** bis in eine Höhe von 3797 m und sinken im burgenländischen **Seewinkel**, dem größten Zugvogeltreff Europas, bis auf 100 m ab. Obwohl 70 % des Staatsgebietes von den Alpen bestimmt werden, ist Österreich kein ›Montana in montanis‹, kein Bergland im Gebirge. Es ist vielschichtig und vielgesichtig, schroff und weich, die Zäsuren der Geografie machen es kleinteilig, als hätte man einzigartige Naturräume für ein Landschaftsfestival zusammengetragen.

Eigenwillige Stadtlandschaften entdecken

Von den neun Landeshauptstädten entwickelte sich nur **Innsbruck**, die Tiroler ›Hauptstadt im Gebirg'‹, zu Füßen der aus

ihren Vorgärten ebenso abrupt wie fotogen aufsteigenden Kalkfelsen der Nordkette. Alle anderen Metropolen entstanden fern der herben, allzu heroischen Alpenkulisse. Mit bewaldeten Höhenzügen im Rücken gibt sich **Bregenz** heiter, hell, weltoffen, dem Bodensee zugeneigt. Wohin auch sonst? Schieben sich doch die spröden Kalkketten der Lechtaler Alpen zwischen das ›Ländle‹ Vorarlberg und Innerösterreich, drängen es in eine Enklavenrolle. Seiner nicht zu hohen Stadtberge als prägnante Kulisse bedient sich das barocke **Salzburg**. Die weltberühmte

Oben: *Die Kuppel der Salzburger Kajetanerkirche und der Zwiebelturm des Stifts Nonnberg vor den imposanten Gipfeln der Salzburger Alpen*
Mitte: *Geradezu königliche Pracht kennzeichnet die Marmorgalerie im Unteren Belvedere in Wien*
Links: *Panoramablick auf den Zeller See mit den Ortschaften Zell am See und Schüttdorf vor dem Gebirgszug der Hohen Tauern*

Mozartstadt, alljährlich während der Salzburger Festspiele das Mekka der Theater- und Musikenthusiasten, klingt gegen Norden in einem reizvollen Hügelland aus. **Klagenfurt**, üppig, bunt, südländisch anmutend, wächst der Kärntner Seenlandschaft entgegen und hält sich die auf ihrer Nordseite österreichischen, auf der Südseite slowenischen Karawanken als ferne, im Dunst verschwimmende Bergszenerie auf Distanz. Während sich **Graz** in eine fruchtbare, weite Beckenlandschaft schmiegt, grub das burgenländische **Eisenstadt** seine Wurzeln in Rebhügel und in die sonnensatte Ebene der Puszta am Neusiedler See.

Die **Donau**, die Ober- und Niederösterreich von Passau bis Wien rund 375 km durchfließt, verleiht ihre romantische Attitüde nicht an die großen Städte. Sie streift bezaubernde Kleinstädte, verbirgt sie in einsamen Flussschlingen, in den burgenbekrönten Felstalengen der **Wachau**, zwischen steilen Rebhügeln und in geheimnisvollen Auen. **Linz** bedient sich nicht ihrer Idylle, sondern vorwiegend ihres wirtschaftlichen Nutzens als schiffbare Wasserstraße. An der niederösterreichischen Kapitale **St. Pölten** fließt sie weit im Norden vorüber. Gewiss, **Wien** liegt an der Donau. Johann Strauß übersetzte die Donau-Allianz in den Walzertakt, Poeten kleideten sie in Verse, Maler haben den Strom und den Kahlenberg darüber in Pastell gemalt. Doch das Bild täuscht. Die Donaumetropole baute ihre Schlösser Belvedere und Schönbrunn, die Palais, den Stephansdom, die majestätische Karlskirche und die Perlenkette seiner hochkarätigen Museen abseits vom Strom. Die Stadt räkelt sich behaglich in den Ausläufern der weichen Wienerwaldhügel. An den Donauufern hingegen verliert sie sich, hochgebaut und sachlich, im Dunst.

Fixpunkte im Strom der Zeit

Soll und Haben des ›Homo austriacus‹ beginnen mit den Großtaten der Kelten und Illyrer. Eisen, Salz und Gold gruben sie aus den scheinbar unwirtlichen Bergregionen des **Salzkammergutes**, deren Talorte wie Mondsee, St. Wolfgang, Bad Ischl längst zu den touristischen Lieblingsplätzen gehören. Die Grundlagen der ersten Städte schufen **Römer**. Ohne Scheu bauten sie geniale Straßen über schwindelerregende Alpenpässe, viele Routen folgen noch heute ihrem Verlauf.

Die Österreicher, längst überwiegend Städter, doch im Grunde noch immer ein alpines, bergverliebtes Volk, mussten sich damit abfinden, dass ihre ureigenste Geschichte 976 nicht zwischen Fels und Fels, sondern im sanften Hügelland der mittleren Donau begann, lange bevor sich König Rudolf von Habsburg gegen Ende des 13. Jh. in Wien niederließ. In den folgenden Jahrhunderten erhielten Landschaft und Städte eine Überfülle an baulichen Akzenten in allen kunsthistorischen Stilen. Benediktinerabteien wie St. Peter in Salzburg sowie die Zisterzienserstifte Heiligenkreuz und Zwettl tragen in Teilen die charakteristischen Züge der **Romanik**. Stephansdom und Augustinerkirche in Wien hingegen gelten als Hauptwerke der **Gotik**. Ritter und Raubritter ließen auf strategisch günstigen Hügeln entlang der Donau imposante **Burgen** errichten. Malerisch verfallen kündet die Ruine Dürnstein heute noch von den unruhigen Zeiten im 12. Jh. Zur Sicherung der habsburgischen Hausmacht entstanden später groß angelegte **Herrschaftsburgen** und wehrhafte **Burgschlösser** wie die Riegersburg und Hochosterwitz, vor allem im Osten und Süden des Landes.

Die Befreiung Wiens von der Türkengefahr 1683, der glänzende Aufstieg der ›Domus austriaca‹ zur Großmacht Ende des 17., Anfang des 18. Jh., gilt als Geburtsstunde des österreichischen **Hochbarock**. Aller Überschwang drückte sich in den triumphalen Prunkbauten eines großzügigen Mäzenatentums aus, dem weltliche Macht und sakrale Verherrlichung gleichermaßen am Herzen lagen. So ließen Kaiser Karl VI. die Wiener Karls-

Links oben: *Geniestreich Andrea Pozzos – die Umgestaltung der Wiener Jesuitenkirche*
Links Mitte: *Als Reiseziel sehr beliebt ist Österreich gerade auch bei Familien*
Links unten: *Eine Wiener Institution: Café Demel am Kohlmarkt, mit Blick auf Hofburg*
Rechts oben: *Atemberaubende Blicke bieten sich dem Wanderer im Salzburger Land*

kirche und Erzbischof Johann Ernst Graf von Thun die Kollegienkirche in Salzburg von Fischer von Erlach errichten. Mit dem barocken Umbau des Salzburger Schlosses Mirabell beauftragte Erzbischof Franz Anton Harrach den großen Lukas von Hildebrandt, der sich schließlich in Wien mit dem Belvedere für Prinz Eugen ein unvergleichliches Denkmal setzte. Stifte oder Klosterburgen wie Melk, Göttweig und St. Florian sind noch heute faszinierende Zeugnisse geistlicher Macht und Prachtentfaltung. Barocke Altarblätter und Freskenzyklen eroberten alle Kirchen, ohne Rücksicht auf Romanisches und Gotisches. Man vermauerte, erneuerte und überpinselte, bis nun in unseren Tagen wieder schönes Altes mühsam ans Licht gebracht wird. Der barocken Maßlosigkeit folgten Bauten im Stil des **Klassizismus** und bald schon des kaiserlich-bürgerlichen **Biedermeier**, z. B. die Kaiservilla in Bad Ischl und das Stadtensemble von Baden. Abgelöst wurden sie vom **Historismus** der Wiener Ringstraßenarchitektur, die mit den Museen am Maria-Theresien-Platz, mit Rathaus, Parlament und Burgtheater neue städtebauliche Akzente setzte. Vornehmlich in der Hauptstadt sind durch die Otto-Wagner-Häuser auch die figuralen Vorlieben des **Wiener Jugendstil** präsent. Mit Holleins Wiener Haas-Haus an städtebaulich sensibler Stelle spaltete die Architektur der Postmoderne die Geister. Auch die **aktuelleren Bauten** wie das MuseumsQuartier, die umgebaute Albertina, der Milleniumstower und die neuen Stadtviertel Gasometer und Wienerberg City sorgen für Gesprächsstoff.

Sommerlust und Winterspaß

Schon die zahlreichen kulturellen Highlights sind Grund genug für ausgiebige Erkundungen des sympathischen Landes, doch vor allem seine schönen, faszinierenden Naturräume ziehen alljährlich Heerscharen von Urlaubern an. Mit einem

markierten Wegenetz von rund 50 000 km ist Österreich ein **Wanderparadies** par excellence.

Wassersport jeglicher Art verschönt die Sommer. Es gibt wunderbare Segel- und Surfreviere im Salzkammergut, insbesondere an Attersee und Traunsee, an den warmen Kärntner Seen und am riesigen Neusiedler See. Auch wer den großen Kick sucht, wird fündig. Das Angebot an Outdoor-Aktivitäten reicht vom Canyoning und Rafting in Schluchten und wilden Gletscherflüssen, vom Downhill-Zorbing in riesigen Plastikkugeln bis zum Balancieren im Hochseilgarten. Man kann aber auch in den schönsten Panoramalagen **Golf** spielen, auf Saumpfaden bis knapp an die Gletschergrenze **reiten** oder mit dem **Gleitschirm** von hohen Gipfeln herabschweben. Kaum zu überbieten ist der Winterspaß in den durch Seilbahnen und Lifte bestens erschlossenen **Ski-Gebieten**. Längst scheinen sich die Jahreszeiten im Tourismus vermischt zu haben, denn man fährt im Sommer Ski auf den Alpengletschern und badet im Winter in der Dampfwolke geheizter Freibäder oder tankt Gesundheit und Fitness in den vielen Thermenanlagen mit ihrem warmen, heilkräftigen Wasser.

Die Vielfalt der Landschaft und der Elan, mit dem Österreich seine touristische Infrastruktur ständig verbessert, um allerlei Events bereichert, die manches ehedem stille Bergtal mit Trubel füllt, lässt kaum Wünsche offen. Zugleich wurden und werden jedoch durch die Einrichtung von **Nationalparks** und sonstigen Schutzgebieten ungewöhnliche Naturräume wie auch Refugien für seltene Tiere und Pflanzen zu erhalten versucht. All dies ist Garant dafür, dass Österreich eines der beliebtesten Ferienländer Europas bleibt.

Links oben: *Ferien in Tirol – schönste Aussichten für Bergwanderer und Naturfreunde*
Links Mitte: *Österreich ist bekannt für seine Mehlspeisen, wie z. B. der Kaiserschmarrn*
Links unten: *Pistengaudi bei Schruns (Montafon) – Drei Türme und Schesaplana im Blick*
Rechts oben: *Prachtvolle Bücherregale und Deckenmalereien in der Melker Bibliothek*

Geschichte, Kunst, Kultur im Überblick

Von Venus und Ötzi, Salz und Eisen, Kaisern und Klöstern, Wien und Walzer

30 000–25 000 v. Chr. Umherziehende Jäger, Sammler und Fischer schaffen im Raum Niederösterreich erste Kultstatuetten, darunter die berühmte üppige ›Venus von Willendorf‹.

um 5000 v. Chr. Die nomadische Urbevölkerung wird sesshaft, Blockhüttensiedlungen werden angelegt, an den Voralpenseen entstehen kleine Pfahlbaudörfer.

um 3300 v. Chr. ›Ötzi‹, der berühmte ›Mann im Eis‹, kommt bei der Überquerung des Ötztaler Hauslabjochs zu Tode und wird 5300 Jahre später gefunden.

1800–800 v. Chr. Die Verarbeitung von in den Alpen abgebautem Kupfererz bringt in der Bronzezeit den ersten Wirtschaftsaufschwung. Eine Vielzahl an Werkzeugen, Waffen und Schmuckgegenständen wird hergestellt. Im inneralpinen Bereich entstehen große Siedlungen.

800–400 v. Chr. Aus dem Norden eingewanderte Illyrer vermischen sich mit der österreichischen Urbevölkerung. Der Abbau von Eisen und Salz sowie die Eisenverarbeitung bilden die Grundlage für einen schwungvollen Handel. Im Salzbergtal über dem Hallstätter See wird ein ausgedehntes Gräberfeld mit einer Fülle von Totengaben in Bronze und Eisen zum späteren Namensgeber für die ›Hallstattkultur‹.

400–200 v. Chr. Keltische Stämme vermischen sich mit den Illyrern. Sie gründen das Königreich Noricum und damit die erste größere staatliche Einheit auf österreichischem Boden. Bergbau, Salzhandel und Landwirtschaft blühen, die ersten Städte entstehen.

15 v. Chr. Die Römer besetzen Noricum und wandeln es in eine kaiserliche Provinz gleichen Namens um.

1.–3. Jh. Das römische Imperium dehnt seine Grenzen bis an die Donau aus und teilt das Land in drei Provinzen: Noricum, die ›Alpenprovinz‹ Raetia und die ›Donauprovinz‹ Pannonia. Entlang des Donau-Limes werden Kastelle angelegt, Heerstraßen werden gebaut. Wichtige Städte wie Vindobona (Wien), Juvavum (Salzburg), Aguntum (bei Lienz), Veldidena (bei Innsbruck) und Brigantium (Bregenz) entstehen.

4.–7. Jh. Mit dem Zusammenbruch des römischen Imperiums beginnt die wechselvolle Epoche der Völkerwanderung. In mehreren Wellen durchstreifen Hunnen, Ostgoten, Langobarden, Awaren und Franken das Land und verwüsten es. Bayern siedeln seit dem 6. Jh. im Ostalpenraum und dehnen im 7. Jh. ihren Einfluss bis in das Gebiet des Wienerwaldes aus.

ab 700 Die Christianisierung greift immer weiter um sich. Das 739 begründete Bistum Salzburg wird Ausgangspunkt der Christianisierung der Alpenländer und des mittleren Donauraums. Bedeutende Klöster wie St. Peter in Salzburg, Mondsee und Kremsmünster werden gegründet.

788–955 Karl der Große errichtet 788 die karolingische Ostmark (das Gebiet zwischen Enns und Raab), die jedoch im Ansturm der Magyaren noch einmal zerfällt und erst 955 von Otto I. nach der siegreichen Schlacht gegen die Ungarn auf dem Lechfeld wieder hergestellt wird.

976–1156 Die Ostmark wird unter der 996 erstmals beurkundeten Bezeichnung ›Ostarrichi‹ von den Markgrafen der fränkischen Babenberger regiert. Herzog Heinrich II. verlegt seine Residenz nach Wien. Unter seiner Herrschaft wird 1156 das ›Privilegium minus‹ beschlossen, das die Ostmark zum eigenständigen erblichen Herzogtum erhebt.

1180–1220 Mit den Zisterziensern und Benediktinern hält die romanische Kunst in Österreich Einzug. Bauten wie die Stiftskirche von Heiligenkreuz und das Stift Zwettl entstehen. 1181 gestaltet Nikolaus von Verdun ein kostbares Emailbildwerk für das Stift Klosterneuburg, als ›Verduner Altar‹ heute weltberühmt.

1251–78 Durch Erlöschen der Babenberger Linie gerät Österreich unter die Herrschaft des Böhmenkönigs Ottokar II.

Weibliches Idol der Altsteinzeit, die berühmte ›Venus von Willendorf‹

In der Schlacht am Kahlenberg 1683 werden die Türken bei Wien besiegt

ab 1278 Mit Rudolf I. von Habsburg beginnt – nach seinem Sieg über Ottokar II. – die 640 Jahre währende Regentschaft der Habsburger über Österreich.

ab 1300 Die Gotik fasst allmählich Fuß in Österreich und löst die Romanik ab. Auffälligstes Beispiel dieses Stilwandels ist der Wiener Stephansdom, dessen Umgestaltung in fast 200-jähriger Bauzeit von einer romanischen Kirche in eine gotische erfolgt.

1438 Wien wird Residenzstadt des Heiligen Römischen Reiches Deutscher Nation. Bis 1806 sind die Habsburger mit einer kurzen Unterbrechung Träger der deutschen Kaiserkrone.

1493–1519 Als Kaiser formt Maximilian I. durch geschickte Heiratspolitik Österreich zur mächtigsten Dynastie in Europa. Eheliche Verbindungen mit den Erbinnen und Erben von Burgund, Spanien und seinen Nebenländern sowie Böhmen und Ungarn stärken das Land.

1521/22 Kaiser Karl V. überlässt seinem Bruder Ferdinand I. die österreichischen Erblande, damit wird der habsburgische Besitz in eine spanische und eine österreichische Linie geteilt.

1529 Unter Sultan Soliman II. belagern die Türken erstmals Wien, der Stadtkern kann jedoch gehalten werden.

um 1570 Im ganzen Land blüht der Protestantismus auf. Große Teile des Adels und des Volkes konvertieren. Religionskämpfe der protestantischen Stände erschüttern die Monarchie.

1577 Im Zuge der Gegenreformation weist Kaiser Rudolf II. Protestanten aus. Mithilfe des Jesuitenordens treibt er die Rekatholisierung des Landes durch Kirchen- und Klostergründungen voran.

1618–48 Im Dreißigjährigen Krieg kämpfen Böhmen und Schweden gegen Österreich. Wien wird belagert und große Teile des Landes werden verwüstet.

1683 Während eines Kriegszugs der Türken unter Großwesir Kara Mustafa wird Wien erneut belagert. Ein kaiserliches Entsatzheer und verbündete deutsche und polnische Truppen befreien die Stadt in der Schlacht am Kahlenberg.

1687 Ungarn wird zum Habsburger Erbreich.

1690–99 Prinz Eugen von Savoyen erreicht durch Siege im großen Türkenkrieg riesigen Gebietszuwachs im Osten und auf dem Balkan und gibt Österreich den Großmachtstatus zurück. Ende des Türkenkrieges mit dem Frieden von Karlowitz 1699.

ab 1700 Auf die endgültige Bannung der Türkengefahr und das Wiedererstarken der katholischen Kirche folgt eine Architekturblüte: In Wien schaffen Johann Bernhard und Josef Emanuel Fischer von Erlach mit Karlskirche und Nationalbibliothek zwei der prächtigsten Bauten des Hochbarock. Lukas von Hildebrandt schmückt Salzburg mit Schloss Mirabell. Ein imposanter Stiftsbau der Barockzeit ist Melk von Jakob Prandtauer.

1740–80 Maria Theresia, Königin von Böhmen und Ungarn, Erzherzogin von Österreich, ab 1745 Kaiserin, schafft die Grundlagen für eine zentralistische Verwaltung und ein modernes Bildungswesen. In den Erbfolgekriegen (1740–48 und 1756–63) muss sie sich gegen fremde Gebietsansprüche verteidigen. – Trotz der

Kriegshändel blühen die Kunst des Spätbarock und des Rokoko. Wien wird durch Gluck, Haydn, Mozart und Beethoven zum Zentrum der klassischen Musik und durch die Gründung des Burgtheaters wichtige Theaterstadt.

1780–90 Kaiser Josef II., Maria Theresias Sohn und seit 1765 Mitregent, formt einen Musterstaat im Sinne des aufgeklärten Absolutismus. Neben der Aufhebung der Leibeigenschaft erlässt er u.a. ein Toleranzpatent für Protestanten und löst alle nicht gemeinnützigen Klöster auf. Adel und Klerus verhindern weitere Reformen.

1792–1806 Österreich ist in drei Koalitionskriege gegen Frankreich verwickelt. 1805 besetzt die französische Armee Wien. Unter dem Druck Napoleons legt Franz II. 1806 die römisch-deutsche Kaiserwürde nieder, behält aber den schon 1804 angenommenen Titel ›Kaiser von Österreich‹.

1810 Österreich und Frankreich nähern sich durch Napoleons Heirat mit der Kaisertochter Marie Louise an.

1814/15 Nach dem Sturz Napoleons wird auf dem Wiener Kongress unter Leitung des österreichischen Außenministers Fürst von Metternich zwischen den europäischen Fürsten und Staatsmännern die Neuordnung Europas verhandelt. Österreich verliert die habsburgischen Niederlande und vorderösterreichische Besitzungen, erhält aber die während der napoleonischen Kriege verlorenen Landesteile Tirol und Vorarlberg zurück. Es übernimmt 1815 den Vorsitz im ›Deutschen Bund‹.

1815–48 Mit seinen innerösterreichischen Reformen erstickt Metternich (seit 1821 Staatskanzler) jeden Liberalismus im Keime. Dennoch blühen Kunst und Literatur: In Wien erklingen die Kompositionen Ludwig van Beethovens, Franz Schuberts, Johann Strauß' Vater und Josef Lanners. Die Operette und der Wiener Walzer entstehen. Franz Grillparzer, Ferdinand Raimund, Johann Nestroy und Adalbert Stifter schaffen Glanzpunkte der Literatur, Malern wie Ferdinand Georg Waldmüller, Friedrich von Amerling und Moritz von Schwind gelingen meisterliche Natur- und Menschendarstellungen.

40 Jahre lenkte Maria Theresia die Geschicke Österreichs (van Meytens, um 1743)

1848–65 Nach der französischen Februarrevolution von 1848 wird im März desselben Jahres auch das streng absolutistisch regierte Kaiserreich von einer Revolution erschüttert. Sie führt zum Rücktritt Metternichs und zur Abdankung Kaiser Ferdinand I. Sein Neffe Franz Joseph besteigt den Thron (1848–1916). Das ganze Land wird von einer Aufbruchsstimmung erfasst. Die Industrialisierung setzt ein.

1866 Der Krieg Österreich-Preußen um die Vorherrschaft in den deutschen Ländern endet noch im ersten Kriegsjahr mit der Niederlage Österreichs bei Königgrätz; der ›Deutsche Bund‹ löst sich auf.

1867/68 Ungarn wird als selbstständiger Teil des Reiches anerkannt. Es folgt die Proklamation der Österreichisch-Ungarischen Doppelmonarchie. Kaiser Franz Joseph wird König und seine Gemahlin Elisabeth (Sisi) wird Königin von Ungarn.

1870–90 Wien entwickelt sich zur Großstadt. An der 1858–65 angelegten Ringstraße entstehen Monumentalbauten des Historismus (u.a. Staatsoper, Kunsthistorisches Museum, Parlament).

1895–1910 Als Gegenpol zur etablierten Künstlergenossenschaft gründen Gustav Klimt, Koloman Moser u.a. 1897 die ›Wiener Secession‹, die eine österreichische Variante des Jugendstil entwickelt. Um die Jahrhundertwende erreicht die Literatur mit Hugo von Hofmannsthal, Arthur Schnitzler, Karl Kraus, Georg Trakl, Rainer Maria Rilke und Anton Wildgans eine Hochblüte. Musik von Weltgeltung komponieren Gustav Mahler und Arnold Schönberg.

1914 Die Ermordung des österreichischen Thronfolgerpaares Erzherzog Franz Ferdinand und Herzogin Sophie durch serbische Nationalisten in Sarajewo löst den Ersten Weltkrieg aus.

1918 Der Erste Weltkrieg endet mit der Zerschlagung der Österreichisch-Ungarischen Monarchie. Das einstige 52-Mio.-Einwohner-Reich mit zwölf Nationalitäten, sechzehn Kulturen und einem Dutzend Sprachen zerfällt in selbstständige Staatengebilde. Österreich wird als Republik zum Kleinstaat mit 6,6 Mio. Einwohnern (heute 8 Mio.).

1919–31 Wirtschaftskrisen, Inflation und Arbeitslosigkeit plagen das Land.

1933/34 Die politisch brisante Lage spitzt sich zu. Bundeskanzler Dollfuß hebt die Verfassung auf und bildet eine autoritäre, austrofaschistische Regierung. Zwischen christlich-sozialen Gruppen und Sozialisten brechen bewaffnete Kämpfe aus. Am 25. Juli 1934 wird Dollfuß von Nationalsozialisten ermordet.

1938 Auf Befehl Adolf Hitlers marschieren deutsche Truppen in Österreich ein. Der ›Anschluss der Ostmark an das Großdeutsche Reich‹ wird aufgrund der traumatischen Erfahrungen während der wirtschaftlich ruinösen 30er-Jahre von der Mehrheit der Österreicher gutgeheißen. Viele jüdische Mitbürger, unter ihnen die Schriftsteller Franz Werfel, Stefan Zweig, Joseph Roth und Robert Musil verlassen das Land.

1939–45 Im Zweiten Weltkrieg kämpft die Ostmark an der Seite Deutschlands. Die Städte werden von Bombenangriffen der Alliierten zum Teil erheblich verwüstet. Bei Kriegsende werden Österreich und Wien in vier Besatzungszonen geteilt. Es erfolgt die Ausrufung der Zweiten Österreichischen Republik.

1955 Die Siegermächte USA, Frankreich, Großbritannien und UdSSR unterzeichnen zusammen mit Österreich den Österreichischen Staatsvertrag, der dem Land die volle Souveränität zurückgibt. Der Nationalrat beschließt die dauernde Neutralität Österreichs.

1956 Die Internationale Atomenergiekommission erwählt Wien zu ihrem Sitz.

1961–79 Im neutralen Wien finden 1961 und 1979 amerikanisch-sowjetische Gipfelkonferenzen statt.

1995 EU-Beitritt Österreichs.

1999–2000 Nach den gescheiterten Gesprächen mit der SPÖ koaliert die Österreichische Volkspartei, die den Kanzler, Dr. Wolfgang Schüssel, stellt, mit der zweitstärksten Freiheitlichen Partei. Die EU-Staaten verhängen wegen der Regierungsbeteiligung der FPÖ zeitweise Sanktionen gegen Österreich.

2001 In Wien öffnet das neue, seither viel besuchte MuseumsQuartier (MQ).

2003 Graz ist Kulturhauptstadt Europas.

2004 Eröffnung des neuen Messegeländes in der Nähe des Wiener Praters.

2005 Zum 50-jährigen Jubiläum der Unterzeichnung des Staatsvertrages in Wien finden viele Feierlichkeiten und Ausstellungen statt.

2006 Der 250. Geburtstag von Wolfgang Amadeus Mozart wird mit zahlreichen Veranstaltungen gefeiert.

2008 Neuwahlen führen zu einer Koalition aus SPÖ und ÖVP. Erstmals sind Jugendliche ab dem 16. Lebensjahr wahlberechtigt.

2009 Linz ist Kulturhauptstadt Europas. – Ein Wassereinbruch in die Depots der Wiener Albertina macht eine Umlagerung von fast 1 Mio. Kunstwerken notwendig.

2010–15 Der groß angelegte Bau des neuen Wiener Hauptbahnhofs, der West-, Ost- und Südbahn verbinden soll, umfasst einen eigenen neuen Stadtteil in Wien Mitte und wird 2015 fertiggestellt sein.

Hypermoderne Hülle für die Kunst – das Ludwig-Museum ist Teil des MuseumsQuartiers Wien

Wunderbarer Panoramablick über den in sanfte grüne Hügellandschaften gebetteten Millstätter See vor imposanter Hochgebirgskulisse

Unterwegs

Salzburg und Salzkammergut – Festspieltrubel und Sommerfreuden

Dramatisch fallen die dunkelgrünen Hänge von **Mönchsberg, Kapuzinerberg** und **Festungsberg** zur sanft fließenden Salzach ab. In einer Mischung aus Flusstalenge und Öffnung zum lichtdurchfluteten Flachland liegt **Salzburg**, Österreichs nordwestliche Eingangspforte. Die Musikstadt, Mozartstadt, Festspielstadt, Stadt der Türme und barocken Kuppeln, der frommen Klöster und sinnenfrohen Schlösser, eine theatralisch gebaute, dennoch nicht ins Kolossale abgleitende Stadt, versucht Kunst und Kommerz, Weltläufigkeit und Intimität, Traum und Wirklichkeit harmonisch zu vereinen. Sie ist außerdem Ausgangspunkt für Reisen ins **Salzkammergut**, wo berühmte und weniger berühmte, schroffe und sanfte Berge in einem fantastischen Wechselspiel 70 Seen rahmen.

1 Salzburg

Die ganze Stadt ist eine Bühne.

Aufgeschlossenheit, erlesener Geschmack und der Reichtum von sieben *Fürsterzbischöfen* trugen dazu bei, die städtebauliche Pracht der Salzachmetropole voll zur Entfaltung zu bringen. Heute lebt Salzburg, mit fast 150 000 Einwohnern die viertgrößte Stadt Österreichs, während der *Festspielmonate* wie im Fieber: Gäste aus aller Welt schieben sich durch die schmale, vom gewaltigen Gemäuer der Hohensalzburg überragte Altstadt am linken Flussufer. Sie bewundern die magischen, pompös umbauten Plätzen und strahlenden Kirchen der einst glänzenden Barockresidenz. Sie lauschen dem Nachhall der schaurigen ›Jedermann‹-Rufe auf dem *Domplatz*, drängen sich durch die Getreidegasse zu *Mozarts Geburtshaus*, erblicken vom Mönchsberg den bewaldeten Kapuzinerberg und das Mirabellviertel am jenseitigen Ufer und pilgern abends durch die Hofstallgasse zum Großen Festspielhaus.

Geschichte *Juvavum*, ›Sitz des Himmelsgottes‹, nannten die Illyrer den Ort. Kelten, die bereits die wertvollen Salzvorkommen am südlich gelegenen Dürrnberg bei Hallein nutzten, bescherten der Siedlung die erste Wirtschaftsblüte. Die Römer und ihre im 1./2. Jh. angelegten Straßen gaben ihr Ansehen und Glanz. Die eigentliche Geburtsstunde der Stadt schlug jedoch 696, als Bayernherzog Theodo dem fränkischen Bischof Rupert das Gebiet von Salzburg als Schenkung überließ. Frömmigkeit und Missionierungsbestrebungen waren die Triebfedern der frühen Bautätigkeit: Im 8. Jh. entstanden die Klöster Nonnberg und St. Peter, 774 weihte man den ersten Dom, 798 wurde die Stadt, seit 755 als *Saltzpurc* beurkundet, Erzbistum. **Erzbischöfe**, seit 1184 ›Legaten des Heiligen Stuhles‹ und später zugleich Landesfürsten (Fürsterzbischöfe), formten als reiche Mäzenaten das Stadtbild nach ihren Vorstellungen. Im 12. Jh. ließ Erzbischof Konrad I. im Stil der Hochromanik bauen. Leonhard von Keutschach (reg. 1495–1519), ein eigensinniger und kriegerischer Erzbischof, veranlasste, Romanisches in Gotisches umzuwandeln. Im Stil eines Bilderstürmers zwang der junge Erzbischof Wolf Dietrich von Raitenau (reg. 1587–1612), ein Mann mit dem Blut der Medici, allen gotischen Bauten frühbarocken Glanz auf. Der von ihm berufene Vincenzo Scamozzi plante die ›Città ideale‹, die teilweise verwirklichte Idealstadt. Dass diese Summe von Umwandlungen, beeinträchtigt durch mehrere Stadtbrände und einen gewaltigen Bergsturz des Mönchsberges 1669, zu einem prächtigen Ergebnis führte, grenzt fast an ein Wunder.

Schon früh wurden Kunst und Kultur gepflegt. Bereits 1614 erfolgten erste Opernaufführungen im Carabinieri-Saal der *Residenz*. 1622 wurde die Universität gegründet. *Wolfgang Amadeus Mozart* (1756–1791) komponierte und musizierte in seiner Heimatstadt, ehe ihn ein Zerwürfnis mit Erzbischof Colloredo vertrieb. Dieser dankte 1803 im Zuge der **Säkularisation** des geistlichen Fürstentums ab. Nach kurzer bayerischer Herrschaft kam Salzburg 1816 endgültig zu Österreich. Auf der Suche nach einer neuen Identität besann man sich schließlich auf den großen Sohn der Stadt: 1842 fand das erste **Mozart-Musikfest** statt, knapp 40 Jahre später erfolgte die Gründung der *Musikakademie Mozarteum* durch die Internationale Stiftung Mozarteum. 1920 feierten die **Salzburger Festspiele** mit Max Reinhardts Inszenierung von Hugo von Hofmannsthals Theaterstück ›Jedermann‹ auf dem Domplatz Premiere. Bald jedoch stellte man Musik an die erste Stelle: Berühmte Orchester, geniale Dirigenten und Sänger begründeten durch die heute alljährlich stattfindenden Festspiele – unter Herbert von Karajan um Osterfestspiele und Pfingstkonzerte erweitert – den guten Ruf Salzburgs als Musikstadt.

Zwar hatten die Luftangriffe des Zweiten Weltkriegs schwere Schäden am Kulturgut verursacht, doch dank des Altstadterhaltungsgesetzes wurde konserviert und restauriert. 1997 erfolgte dann die Aufnahme der Salzburger Altstadt in die UNESCO Liste des Weltkulturerbes.

Magische Plätze

In der Enge der Altstadt atmet der **Residenzplatz** ❶ Weite – der größte der fünf repräsentativen Plätze, die unter Erzbischof Wolf Dietrich nach Plänen Scamozzis angelegt wurden, um der verwinkelten mittelalterlichen Stadt eine großzügige urbane Anlage gegenüberzustellen. Flankiert von Alter Residenz, Neuer Residenz, Dom und Michaelskirche erhebt sich in seiner Mitte der vermutlich von Tommaso di Garona 1656–61 gestaltete barocke **Residenzbrunnen** mit seinen Wasser schnaubenden Pferden und den Brunnenschalen stemmenden Atlanten. Von 1120 bis zur Säkularisation des Erzstifts 1803 ging die Macht der Fürsterzbischöfe von der **Alten Residenz** ❷ (Tel. 06 62/80 42 26 90, www.salzburg-burgen.at, tgl. 10–17 Uhr), einer mächtigen, heute vom Frühbarock geprägten Anlage mit vier Innenhöfen aus. Dem mittelalterlichen Erstbau folgte um 1600 ein Neubau, der 1709–27 durch die Ausstattung der Innenräume unter Leitung von Lukas von Hildebrandt vollendet wurde. Die 15 **Prunkräume** (Führungen tgl. 10–17 Uhr), in denen schon Mozart konzertierte, sind reich mit barocken Wand- und Deckengemälden von Johann Michael Rottmayr und Martin Altomonte geschmückt. Im Rittersaal finden viel beachtete Konzerte statt. Die **Residenzgalerie** (Tel. 06 62/840 45 10, www.residenzgalerie.at, Mitte März–Jan. Di–So

Salzburgs Altstadt mit der barocken Kollegienkirche zu Füßen der Festung Hohensalzburg

Der Residenzplatz mit seinem barocken Brunnen ist fürstliches Foyer der Residenz

10–17 Uhr) wurde nach Renovierung im Mai 2010 wiedereröffnet. Die Sammlung zeigt Meisterwerke europäischer Malerei des 17.–18. Jh. sowie herausragende österreichische Werke des 19. Jh. Neu ist die spektakuläre Außenterrasse mit Blick über den Dombezirk.

Täglich um 7, 11 und 18 Uhr erklingt vom Turm der **Neuen Residenz** 3 (Mozartplatz 1) ein Glockenspiel mit Melodien von Mozart oder Haydn. Im prächtig umgebauten und modernisierten Palais der Neuen Residenz befindet sich nun das vorher am Museumsplatz ansässige **Salzburg Museum** (Tel. 0662/80 72 0, www.salzburgmuseum.at, Di–So 9–17 Uhr, Juli/Aug., Dez. tgl.). Es präsentiert mit neuem Konzept und multimedialen Installationen eindrucksvoll den Mythos Salzburg von der Frühzeit der Stadt bis zur Gegenwart. Ein Herzstück der Sammlung bilden die fünf Prunkräume und die Schatzkammer (2. OG), die wertvolle Stücke wie die bronzene Schnabelkanne vom Dürrnberg (um 400 v. Chr.), ein Meisterwerk keltischer Ziselierkunst, birgt. Das angeschlossene **Panorama Museum** (Eingang Residenzplatz 9, Tel. 0662/620 80 87 30, tgl. 9–17, Do bis 20 Uhr, Nov.–25. Dez. geschl.) zeigt u.a. das rund 125 m^2 große Panoramagemälde (1829) der Stadt und ihres Umlandes von *Johann Michael Sattler*. Eine Multimediainstallation macht Vergleiche zwischen der historischen und der heutigen Ansicht Salzburgs möglich.

Vergleichsweise bescheiden fügt sich die zuletzt im 18. Jh. umgestaltete **Michaelskirche** 4 (8.–12. Jh.) mit rot getünchter Fassade und barockem Turm in das Residenzplatzensemble ein.

Durch einen Bogen gelangt man nun zum **Domplatz** 5. Er beeindruckt durch die in der Platzmitte 1771 errichtete **Mariensäule** und die bewegte, reich gegliederte Doppelturm-Fassade des **Doms** 6 aus hellem Untersberger Marmor. Vier Vorgängerdome, der erste 774 geweiht, wurden im Lauf der Jahrhunderte überbaut, abgerissen oder brannten ab. Den Dombrand von 1598 nahm Erzbischof Wolf Dietrich als willkommenen Anlass für megalomane Neubaupläne. Doch erst sein Nachfolger Markus Sittikus verwirklichte 1614–28 nach Plänen von *Santino Solari* (1576–1646) aus Lugano den größten Frühbarockbau nördlich der Alpen. Die drei mächtigen, von Kolossalstatuen der Landespatrone Rupert und Virgil sowie der Apostel Petrus und Paulus (17. Jh.) flankierten *Bronzetore* (1957/58) sind den Christlichen Tugenden gewidmet und stammen von Toni Schneider-Manzell (Glaube), Giacomo Manzù (Liebe) und Ewald Mataré (Hoffnung). Der Domvorplatz bildet alljährlich die Kulisse für Hugo von Hofmannsthals ›Jedermann-Spiele‹. Für 10 000 Gläubige gedacht, überreich an Stuck und Deckenbildern, wirkt der *Innenraum* des Domes gewaltig, doch eher kühl. Fast magisch zieht die

Lichtfülle der kuppelüberwölbten Vierung Besucher vom düsteren Mittelschiff in das erhellte Querhaus und zum *Hochaltar* mit der ›Auferstehung Christi‹ von Donato Mascagni. Kostbarkeiten sind die barocken *Altarblätter* und die Stuckdekoration (um 1630) in den Seitenkapellen. Ein von vier Löwen (12. Jh.) getragenes *Bronzetaufbecken* (1321) in der ersten Kapelle links stammt noch aus dem Vorgängerbau. Die *Orgel* mit ihren 10 000 Pfeifen ist die zweitgrößte Österreichs nach der des Wiener Stephansdoms. In der Vorhalle der **Erzbischofsgruft**, die in den 1950er-Jahren unter der Vierung angelegt wurde, findet sich ein Fußbodenmosaik mit den Grundrissen der Vorgängerbauten. Das **Dommuseum** (Tel. 06 62/84 41 89 12, Mitte Mai–29. Okt., 26. Nov.–8. Jan. Mo–Sa 10–17, So/Fei 11–18 Uhr) im Südtrakt zeigt den Domschatz mit prachtvollen Goldschmiedearbeiten und die erzbischöfliche Kunst- und Wunderkammer. In der Chorkrypta befindet sich das **Domgrabungsmuseum** (Juli/Aug. tgl. 9–17 Uhr) mit römischen und mittelalterlichen Gebäuderesten.

Der Domplatz leitet durch die südlichen Arkaden zum **Kapitelplatz** 7 über. Die **Kapitelschwemme**, ein marmornes Wasserbassin für die Pferdewäsche mit barocker Neptungruppe, entstand 1732 nach Plänen Franz Anton Danreiters, der sich römische Brunnen zum Vorbild nahm. An der Westseite des Kapitelplatzes, im *Mönchsviertel* zu Füßen des Mönchsberges, steht die **Erzabtei St. Peter** 8 (www.stift-stpeter.at), eine weitläufige Anlage mit drei Innenhöfen. Uralt ist sie, vom hl. Rupert Ende des 7. Jh. als Benediktinerkloster gegründet, in ihrem Kern aber aus dem 8. Jh. Sie gilt als geheimnisvolle, Kunst und Wissenschaft pflegende Keimzelle Salzburgs. Durch den Haupteingang in der Franziskanergasse gelangt man in den Äußeren Stiftshof mit dem *Petrusbrunnen* von 1673. In die Gestaltung des anschließenden Klosterhofes wurde die Felswand des Mönchsberges eindrucksvoll miteinbezogen. Das nicht öffentlich zugängliche *Collegium Benedictinum* (1925/26) bewahrt Kulturschätze und eine kostbare Bibliothek. Die im 12. Jh. erbaute **Stiftskirche St. Peter** trägt trotz vieler baulicher Veränderungen im 17./18. Jh. unter der spätbarocken Verkleidung noch immer romanische Züge. Auch die erst Mitte des 13. Jh. entstandene *Vorhalle* und das *Hauptportal* mit den später hinzugefügten Rokokotüren weisen romanische Stilmerkmale auf. Durch reiche Rokokoausstattung, herrliche Rocaillestuckaturen und bewegt gemalte Wand- und Deckenfresken (18. Jh.), die Vita des hl. Petrus darstellend, wirkt der Innenraum der Basilika strahlend hell, verspielt, nahezu schwerelos. Fast alle Altarblätter, auch das *Hochaltarbild* (1778) stammen von Martin Johann Schmidt, dem berühmten ›Kremser Schmidt‹. Kostbar, von großer Lebendigkeit und Zartheit ist das um 1420 datierte *Gnadenbild* des Maria-Säul-Altars im nördlichen Querhaus. Mit Recht zählt es zur Gruppe der ›Schönen Madonnen‹. Das *Felsengrab* des hl. Rupert im rechten Seitenschiff enthält seit dem 15. Jh. seine Schädelurne.

Der älteste christliche Salzburger Friedhof, der **Friedhof St. Peter** 9 (tgl. 6.30–18/19 Uhr), ist eine schmale Idylle zwischen Kirche und steil aufragendem Mönchsberg mit romanischen und gotischen Kapellen, Epitaphen und barocken Arkaden. Er setzt sich in der Felswand mit Arkadengräbern alter Salzburger Familien fort. Die frühchristlichen *Felsenkatakomben*, vielleicht einstmals von Eremiten bewohnte Höhlen, sind im Rahmen von *Führungen* zugänglich.

In der nahen Festungsgasse, befindet sich die Talstation der **Festungsbahn**

Prachtvolle Schlichtheit: Blick vom Eingang in Langhaus und Apsis des Doms

Schwindelerregend steil und doch bequem: Hohensalzburgbesuch mit Festungsbahn

(Mai/Juni, Sept. tgl. 9–20, Juli/Aug. bis 22, Okt.–April tgl. 9–17 Uhr), einer Standseilbahn, die Besucher bequem zur TOP TIPP **Festung Hohensalzburg** 10 (Tel. 06 62/84 24 30 11, www.salzburg-burgen.at, Mai–Sept. tgl. 9–19, Okt.–April tgl. 9.30–17 Uhr) hinaufbringt. Aus einer romanischen Holzburg des 11. Jh. entwickelte sie sich zur Wohnburg und zum Zufluchtsort der Salzburger Erzbischöfe, die hier zuweilen den sicheren Abstand zu aufständischen Bauern und Bürgern suchten. Ihre heutige Gestalt und Ausstattung erhielt die Festung im 15. Jh. unter Erzbischof Leonhard von Keutschach (reg. 1495–1519). Auf 30 000 m² Felsgrund, 120 m hoch über der Stadt, entstand die größte heute noch vollständig erhaltene Burg Mitteleuropas. Mächtige, wie aus dem Fels wachsende Außenwerke umgeben den alten Palas, weitere Wohn- und Wirtschaftsgebäude sowie die **Georgskirche** (1501/02) mit einem Erzbischof Leonhard darstellenden Marmorrelief (1515) an der Außenwand. Leonhards Gestaltungslust entstammen die prächtigen **Fürstenzimmer** (Führungen auf Anfrage) im Palas mit einem herrlichen figurengeschmückten Majolikaofen von 1501 in der *Goldenen Stube*, ferner die Kapellen und spätgotischen Wehranlagen. Im **Festungsmuseum** (Tel. 06 62/620 80 84 00, www.salzburgmuseum.at, geöffnet wie Festung) finden sich Exponate zur Burggeschichte, darunter auch Waffen und Folterwerkzeug. Der **Salzburger Stier**, eine im Palas installierte Walzenorgel samt Hornwerk von 1502, deren Melodien von grimmigem Anfangs- und Schlussakkord begleitet werden, ertönt (Palmsonntag–Okt. tgl. 7, 11 und 18 Uhr) als Antwort auf das Glockenspiel vom Residenzplatz. Schön ist der Blick vom **Reckturm** auf die Dächer der Stadt.

Einer der markanten Altstadttürme gehört zur **Franziskanerkirche** 11, die sich nördlich von St. Peter erhebt. Außen schlicht, mit auffallend hohem Chordach, verbindet sie im Inneren drei große Bauetappen zu einem erstaunlich harmonischen Ganzen. Das düstere, 1223 geweihte romanische *Langhaus* mit schwerlastigen Strebepfeilern geht in einen lichten spätgotischen *Hallenchor* (1408–60) mit einem barocken *Kapellenkranz* über. Am Hochaltar musste 1710 ein 16 m hoher gotischer Flügelaltar (1498) von Michael Pacher einer Barockkomposition des J. B. Fischer von Erlach weichen. Allein Pachers geschnitztes *Gnadenbild* der Madonna mit dem Kind fand Gnade und blieb am Altar zurück. Asyl gewährte man auch dem steinernen romanischen Löwen unter dem Kanzelaufgang.

Nur wenige Schritte sind es von der Kirche zum **Museum der Moderne Salzburg Rupertinum** 12 (Wiener-Philharmoniker-Gasse 9, Tel. 06 62/842 22 04 51, www.museumdermoderne.at, Di–So 10–18, Mi bis 20 Uhr). Den Bau des 17. Jh.

schmücken Keramikfliesen von Friedensreich Hundertwasser. Die Sammlung zeigt in Wechselausstellungen Kunst um 1900, Expressionismus, Neue Sachlichkeit, Kunst nach 1945 und Fotografie. Ein Glanzpunkt ist das druckgrafische Werk von *Oskar Kokoschka*.

Folgt man der Gasse in Richtung Salzach, gelangt man zur 1707 geweihten **Kollegienkirche** 13 von J.B. Fischer von Erlach. Die ehem. Universitätskirche bildet einen weiteren barocken Glanzpunkt. Mit ihrer konvex geschwungenen, stark gegliederten *Fassade*, den zwei eleganten Türmen und einer hoch aufstrebenden Mittelkuppel wurde sie stilbildend für den süddeutschen Barock. Ihr *Inneres* beeindruckt durch die zweigeschossigen Kapellenräume und die Hochaltarwand mit einer figurenreich inszenierten ›Glorie der Immaculata‹.

Alles ist Bühne

Zwischen Hofstallgasse und Mönchsberg, teilweise dem Felsen abgetrotzt, liegt der **Festspielbezirk**. Aus dem ehem. Hofmarstall, den Wolf Dietrich von Raitenau 1606/07 anlegen ließ und der 1693 durch die von Fischer von Erlach geplante Felsenreitschule erweitert wurde, entstanden die edlen Festspielhäuser. Der Komplex besteht heute aus der in den Fels gehauenen und neuerlich umgebauten **Felsenreitschule** 14, dem neu gestalteten **Haus für Mozart** 15 an der Stelle des Kleinen Festspielhauses und dem 1956–60 von Clemens Holzmeister errichteten **Großen Festspielhaus** 16. Die ursprüngliche barocke Fassade des Hofmarstalls und das Westportal von Fischer von Erlach wurden hier beibehalten. Dem riesigen Bühnenhaus des Theaters, dem größten der Welt (2371 Plätze), mussten 50 000 m^3 Mönchsbergfelsen weichen.

Nicht unangetastet von allen Wandlungen blieb auch die **Pferdeschwemme** 17 am nahen Herbert-von-Karajan-Platz: 1693 angelegt, wurde sie bereits 1732 von Franz A. Danreiter restauriert und um 90 Grad gedreht. Bernhard Michael Mandls plastische ›Rossebändigergruppe‹ (1695) dominiert vor einer mit Pferdeszenen bemalten Schauwand das Wasserbecken.

Von der nahen Gstättengasse kann man mit dem *Mönchsberglift* (tgl. 8–19, Mi bis 22, Juli/Aug. tgl. bis 1 Uhr) zur **Aussichtsterrasse** 18 auf dem Mönchsberg fahren, um von dort den schönen Blick über die Stadt zu genießen. In einzigartiger Panoramalage erhebt sich hier oben auch das zum Rupertinum gehörige, 2004 eröffnete **Museum der Moderne Salzburg Mönchsberg** 19 (Tel. 06 62/84 22 04 01, www.museumdermoderne.at, Di–So 10–18, Mi bis 20 Uhr). Die Sammlung wird im Rahmen von Wechselausstellungen präsentiert. Ihre Bestände reichen von Klimt über Kokoschka bis zu zeitgenössischer Fotografie, Videokunst und Multimedia-Installationen. Ein Highlight ist das Museumsrestaurant mit einer Lichtinstallation aus 400 Hirschgeweihen.

Zwischen Gstättengasse und Rudolfskai, am Museumsplatz, lädt das spannende **Haus der Natur** 20 (Tel. 06 62/84 26 53, www.hausdernatur.at, tgl. 9–17 Uhr) zur Erkundung ein. Das bedeutende Naturkundemuseum, 2009 umgebaut, lockt mit Aquarium, Reptilienzoo, Saurierhalle, Weltraumhalle, Biolabor und der interaktiven Ausstellung ›Lebensader Salzach‹.

Nun geht es zurück zum Bürgerspitalplatz. Bei der turmlosen **Bürgerspitalkirche** 21 (1330–50), der ältesten gotischen Hallenkirche der Region, nimmt die **Getreidegasse** 22 ihren Anfang. Sie ist berühmt und alle Welt drängt sich unter schönen schmiedeeisernen Ladenschildern zwischen Luxus und Kitsch. Beliebtestes Ziel ist **Mozarts Geburtshaus** 23 (Getreidegasse 9, Tel. 06 62/84 43 13, www.mozarteum.at, tgl. 9–17.30, Juli/Aug. bis 20 Uhr), wo Erinnerungsstücke aus dem

Salzburgs berühmte Getreidegasse mit ihren traditionsreichen Zunftschildern

Leben und Schaffen des Musikgenies, das hier 1756 in einer dunklen Hofstube das Licht der Welt erblickte, museal aufbereitet, aber zum Mozartjahr 2006 von einem amerikanischen Künstler neu gestaltet wurden. Zu sehen sind Mozarts Musikinstrumente, auch seine Kindergeige, Urkunden, Erinnerungsstücke, Porträts, Briefe der Familie Mozart und eine bürgerliche Wohnung im Stil der Mozartzeit. Drei neue Ausstellungen zeigen ›Alltag eines Wunderkindes‹, ›Mozart auf dem Theater‹ und ›Die Mozarts – eine Familie stellt sich vor‹.

Der **Alte Markt** 24 wird gerahmt von Bürgerhäusern des 18./19. Jh. Sehenswert ist die *Fürsterzbischöfliche Hofapotheke* (um 1760) mit schöner Rokokoeinrichtung, süße Genüsse verspricht das 1703 gegründeten *Café Tomaselli,* in dem schon Mozart zu Gast war. Der Alte Markt leitet über zur **Judengasse** 25, die bis zur Vertreibung der Juden 1498 Teil ihres Wohnviertels war. Über den Waagplatz, Zentrum der Altstadt, führt die Gasse zum Residenzplatz zurück.

Ein Schloss für Madame

Man lasse sich treiben: über die Staatsbrücke, den grünen Kapuzinerberg mit dem Kapuzinerkloster im Auge, über das Platzl und zu **Mozarts Wohnhaus** 26 (Makartplatz 8, Tel. 0662/87 42 27 40, www.mozarteum.at, tgl. 9–18, Juli/Aug. bis 19 Uhr), wo Mozart 1773–80 lebte. Heute bietet es eine ausgezeichnete Ton- und Filmsammlung. An der Schwarzstraße reihen sich wie Perlen das Landestheater, das berühmte *Salzburger Marionettentheater* (Tel. 06 62/875 18 60, www.marionetten.at) und das **Mozarteum** 27 (Tel. 06 62/88 94 00, www.mozarteum.at) aneinander. Der späte Jugendstilbau mit festlichem Konzertsaal ist Sitz der Internationalen Stiftung Mozarteum und der Musikhochschule. Und gleich nebenan lockt **Schloss Mirabell** 28 (Tel. 06 62/80 72 23 34, Marmorsaal Mo, Mi/Do 8–16, Di, Fr 13–16 Uhr, Treppenhaus tgl. ca. 8–18 Uhr). Erzbischof Wolf Dietrich von Raitenau italienisierte die Stadt, träumte von einer Idealstadt und von seiner Geliebten Salome Alt samt den zahlreichen gemeinsamen Kindern, die er vorsorglich vor den Toren der damaligen Stadt ansiedelte. Um 1606 ließ er für sie Schloss Altenau errichten. Nach dem Sturz und der Gefangennahme Wolf Dietrichs 1612 vertrieb sein Nachfolger und Vetter *Markus Sittikus,* die mittlerweile geadelte Großfamilie und gab dem Schloss den Namen

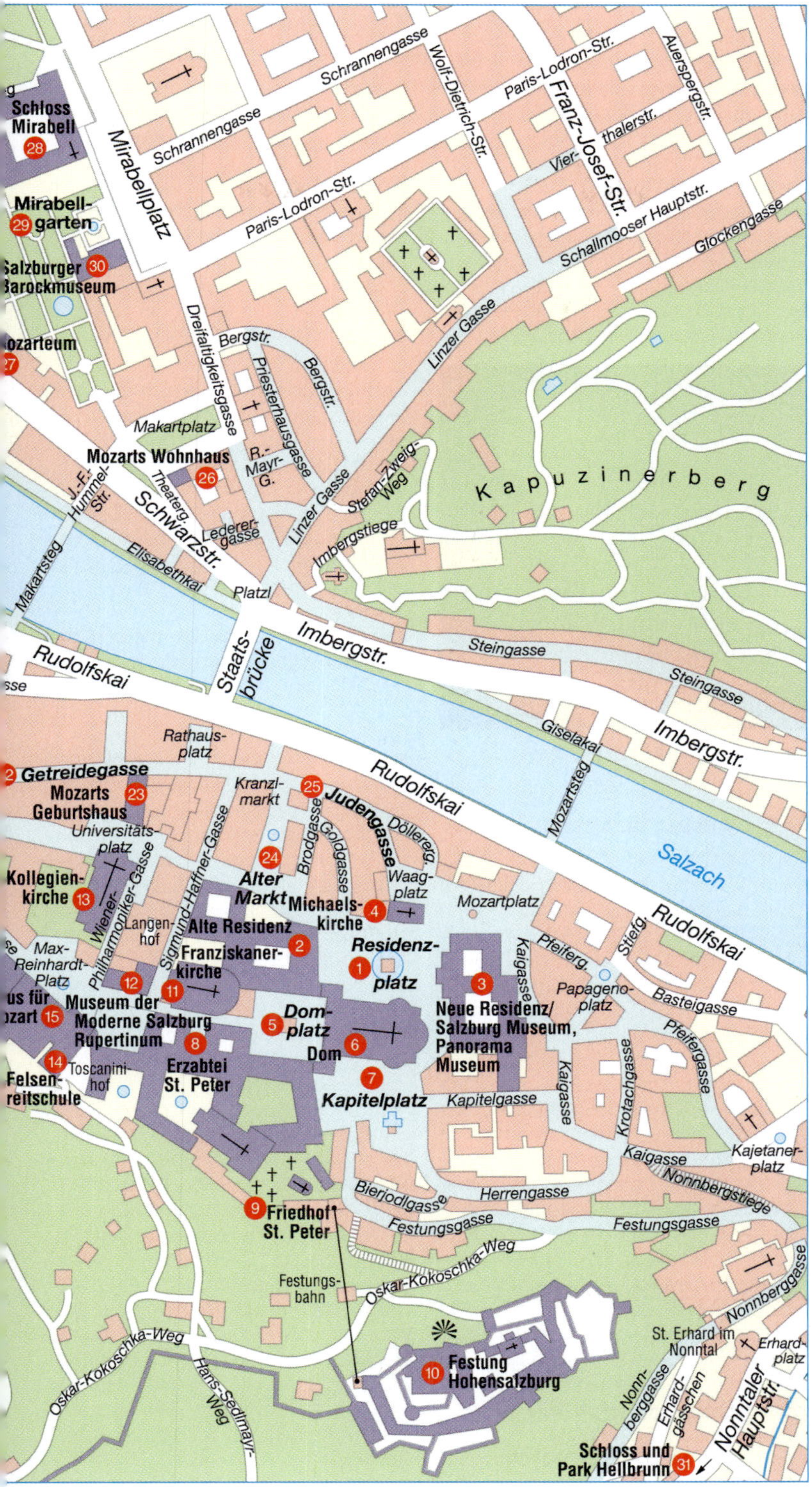
Schloss Mirabell 28
Mirabell-garten 29
Salzburger Barockmuseum 30
Mozarteum 27
Mirabellplatz
Schrannengasse
Schrannengasse
Wolf-Dietrich-Str.
Paris-Lodron-Str.
Paris-Lodron-Str.
Franz-Josef-Str.
Auerspergstr.
Vierthalerstr.
Schallmooser Hauptstr.
Glockengasse
Linzer Gasse
Dreifaltigkeitsgasse
Bergstr.
Bergstr.
Priesterhausgasse
Makartplatz
Mozarts Wohnhaus 26
J.-F.-Hummel-Str.
Theaterg.
Schwarzstr.
R.-Mayr-G.
Lederergasse
Linzer Gasse
Stefan-Zweig-Weg
Imbergstiege
Kapuzinerberg
Makartsteg
Elisabethkai
Platzl
Staatsbrücke
Imbergstr.
Steingasse
Steingasse
Rudolfskai
Giselakai
Imbergstr.
Rathausplatz
Getreidegasse 2
Mozarts Geburtshaus 23
Universitätsplatz
Kranzlmarkt
25 Judengasse
Brodgasse
Goldgasse
Döllererg.
Rudolfskai
Mozartsteg
Salzach
Kollegienkirche 13
Wiener-Philharmoniker-Gasse
Sigmund-Haffner-Gasse
24
Alter Markt
Michaelskirche 4
Waagplatz
Mozartplatz
Rudolfskai
Langenhof
Alte Residenz
2
Residenzplatz 1
Kaigasse
Pfeiferg.
Stiegl.
Max-Reinhardt-Platz
Franziskanerkirche
11
12
3
Papagenoplatz
Basteigasse
Haus für Mozart 15
Museum der Moderne Salzburg Rupertinum
Domplatz 5
Neue Residenz/ Salzburg Museum, Panorama Museum
Pfeifergasse
14
Toscaninihof
Felsenreitschule
8 Erzabtei St. Peter
Dom 6
7 Kapitelplatz
Kapitelgasse
Kaigasse
Krotachgasse
Kajetanerplatz
Kaigasse
Nonnbergstiege
Bierjodlgasse
Herrengasse
9 Friedhof St. Peter
Festungsgasse
Festungsgasse
Oskar-Kokoschka-Weg
Festungsbahn
Nonnberggasse
St. Erhard im Nonntal
Erhardplatz
Oskar-Kokoschka-Weg
Hans-Sedlmayr-Weg
10 Festung Hohensalzburg
Nonnberggasse
Erhardgässchen
Nonntaler Hauptstr.
Schloss und Park Hellbrunn 31

Mirabell. Wieder einmal war es Lukas von Hildebrandt, der später für den barocken Umbau (1721–27) sorgte. Nach einem Brand 1818 erfolgte eine Wiederherstellung in nüchtern-klassizistischem Stil, weitgehend verschont blieben jedoch Hof- und Gartenfassade und die *Schlosskapelle*. Seit 1950 fungiert das Schloss als Amtssitz des Bürgermeisters und des Magistrats. Und so drängen sich heute Paare aus aller Welt danach, im Schloss nie legalisierter kirchenfürstlicher Liebe zu heiraten. Das reich stuckierte *Treppenhaus* mit Raphael Donners fröhlichen Putten, die sich auf dem Geländer der Marmorstiege tummeln, und der golddekorierte *Marmorsaal*, in dem einst Mozart konzertierte, stellen die festliche Kulisse. Prachtvoll ist auch der barocke **Mirabellgarten** (29), dessen heutiges Erscheinungsbild noch weitgehend der von J. B. Fischer von Erlach 1690 entworfenen Anlage entspricht. Skulpturengruppen mit mythologischen Szenen bewachen Springbrunnen, die präzise gestalteten Rasenflächen und Blumenrabatten, skurrile Zwerge im *Zwerglgarten* und das in der Orangerie untergebrachte **Salzburger Barockmu-**

Porträt des 14-jährigen Musikgenies Mozart von Savario dalla Rosa, 1770

Ein Laufsteg für Mozart

›Hic habitat felicitas‹, ›Hier wohnt das Glück‹, stand auf einem römischen Mosaik, das man 1842 bei der Aufstellung des Denkmalsockels für Schwanthalers **Mozart-Standbild** auf dem gleichnamigen Platz freilegte. Wohnte es hier wirklich?

Salzburg hat seinen 1756 in der Getreidegasse 9 geborenen Bürger Johannes Chrysostomus Wolfgangus Theophilus Mozart posthum ans Herz gedrückt, vereinnahmt, lebt mit und von dem Genie, bekränzt es, hüllt es in olympische Wolken und vereint alle Memorabilien zu einem ›Laufsteg für Mozart‹. Ginge Mozart durch die Stadt, könnte er sein **Geburtshaus** frisch pastellfarben gestylt vorfinden, dürfte am Mozartplatz seinem Bronze-Standbild Referenz erweisen und auf dem Mozartsteg die Salzach überqueren. Erinnern könnte er sich an das nach einem Bombentreffer original wieder hergestellte Mozarts Wohnhaus am Makartplatz 8, in dem er ein paar Jünglingsjahre verbrachte, doch wundern würde er sich über das 1910 entstandene **Mozarteum**, wo man sein Leben und Werk archivierte, über das Mozart-Opern spielende **Marionettentheater** in der Schwarzstraße, über Mozart City-Touren, Mozart Dinner-Concerts und vor allem über das **Zauberflötenhäuschen** im Bastionsgarten, das man eigens von Wien nach Salzburg transferierte. Ganz zu schweigen von all dem Festtrubel zum Mozartjahr 2006 mit eigener Webseite (www.mozart2006.at).

Möglicherweise erinnerte er sich aber auch an dunkle Tage. Erzbischof Hieronymus Colloredo, ein aufgeklärter und tyrannischer Rationalist, hatte ihn zwar als Konzertmeister engagiert, aber ihn, als er reisen und ein wenig frei »von der Salzburger Fron« sein wollte, erbarmungslos gefeuert. Hieß der Musiker ihn dabei nicht einen Lumpen und Lausbub? Und schrieb er im Trubel der Gefühle damals nicht selbst in einem Brief: »In Salzburg war mein gemüth nicht vergnügt, … wenn von meinen Kompositionen was aufgeführt wird, so ists, als wenn lauter tisch und sesseln die Zuhörer wären.«

Mozart komponierte in Salzburg und ab 1781 in **Wien**, das er für den »besten Ort der Welt« hielt, 626 registrierte Werke, davon 20 Opern. Alle seine berühmten Opern erlebten ihre Uraufführung in Wien, nur ›Don Giovanni‹ hatte in Prag Premiere. Doch auch in Wien wohnte das Glück nicht. Im Alter von nur 35 Jahren starb Mozart in der Donaumetropole, bettelarm, zu krank, um das ›Requiem‹ zu beenden, das nun so oft im Salzburger Dom aufgeführt wird. Der ›große Sohn‹ war niemals nach Salzburg zurückgekehrt, dafür aber seine Musik.

Den barocken Mirabellgarten von Schloss Mirabell entwarf Johann Bernhard Fischer von Erlach

seum 30 (Tel. 06 62/87 74 32, www.barockmuseum.at, Mi–So/Fei 10–17, Juli/Aug. Di–So/Fei 10–17 Uhr). Gezeigt werden v. a. Entwürfe großer Meister des 17./18. Jh. zu Fresken, Gemälden und Skulpturen.

TOP TIPP Weiteren heiteren Zauber verströmen **Schloss und Park Hellbrunn** 31 (Fürstenweg 37, Tel. 06 62/820 37 20, www.hellbrunn.at, Schloss nur mit Führung, April, Okt. tgl. 9–16.30, Mai/Juni, Sept. bis 17.30, Juli/Aug. bis 21 Uhr, ab 18 Uhr nur Wasserspiele). Italienisches Ambiente im Stil römischer Villen wünschte sich Erzbischof Markus Sittikus für sein Lustschloss im Grünen. *Santino Solari* schuf das manieristisch-frühbarocke Schloss 1613–15. Im Inneren, im *Festsaal* und im *Oktogon* genannten Musikzimmer, sind die illusionistischen Wand- und Deckenmalereien des Mönches Arsenio Mascagni sehenswert. Größter Anziehungspunkt ist der manieristische Park Hellbrunn mit versteinerten Ungeheuern, Grotten, malerischen Weihern, romantischen Bühnen und den neckisch-derben **Wasserspielen** (Führungen halbstündlich). Auf Knopfdruck steigen Wasserfontänen aus den Hockern um den *Steinernen Tisch,* auch am *Fürstenweg* entlang eines schmalen Wasserlaufs ist man nicht vor nassen Überraschungen sicher. Das *Mechanische Theater* (1748–52), eine Miniaturstadt in Palastform, beeindruckt ebenso wie die dunkel-geheimnisvolle *Midasgrotte.* Neben dem entzückenden **Monatsschlössl** von 1615, das heute ein *Volkskundemuseum* (Tel. 06 62/620 80 85 00, www.salzburgmuseum.at, April–Okt. tgl. 10–17.30 Uhr) beherbergt, ließ Markus Sittikus auch das *Steinerne Theater,* eines der ersten Naturtheater Europas, erbauen. Der alte Hirschpark wurde 1960 zum *Tiergarten* umgestaltet.

i Praktische Hinweise

Information

Tourismus Salzburg, Auerspergstr. 6, 5020 Salzburg, Tel. 06 62/88 98 70, www.salzburg.info

Hotels

TOP TIPP *******Goldener Hirsch**, Getreidegasse 37, Salzburg, Tel. 06 62/808 40, www.luxurycollection.com/goldenerhirsch. Berühmtes Haus mit berühmten Gästen, im traditionellen Stil des Salzburger Landes eingerichtet.

*******Sacher**, Schwarzstr. 5–7, Salzburg, Tel. 06 62/88 97 70, www.sacher.com. Am jenseitigen Salzachufer gelegen prunkt der Schwesterbetrieb des Wiener ›Sacher‹ mit noblem Ambiente und einem Prachtblick auf die Altstadt. Gourmetrestaurant und Café verwöhnen die Gäste.

*******Schloss Mönchstein**, Mönchsbergpark 26, Salzburg, Tel. 06 62/848 55 50, www.monchstein.at. Luxuriöses Haus mit viel Grün und schöner Aussichtslage.

******Romantikhotel Gersbergalm**, Gersberg 37, Salzburg, Tel. 06 62/64 12 57, www.gersbergalm.at. Hübsch gelegenes Hotel im Landhausstil 9 km außerhalb.

****Stein, Giselakai 3–5, Salzburg, Tel. 06 62/874 34 60, www.hotelstein.at. Stilvoll-modernes Haus in der Altstadt mit Prachtblick auf die Festung.

***Amadeus, Linzer Gasse 43–45, Salzburg, Tel. 06 62/87 14 01, www.hotelamadeus.at. Gepflegtes Altstadthotel im Gehbereich vieler Sehenswürdigkeiten.

Restaurants

TOP TIPP **Alt Salzburg**, Bürgerspitalgasse 2, Salzburg, Tel. 06 62/84 14 76, www.altsalzburg.at. Hier wird klassische österreichische Küche zeitgemäß zubereitet (außerhalb der Festspielzeit So/Mo mittags geschl.).

Esszimmer, Müllner Hauptstr. 33, Salzburg, Tel. 06 62/87 08 99, www.esszimmer.com. Der freundliche Empfang harmoniert mit der exquisiten Haubenküche.

Pfefferschiff, Söllheim 3, Salzburg-Hallwang, Tel. 06 62/66 12 42, www.pfefferschiff.at. Hoch gelobte kreative Küche, perfekt serviert. Wunderschön ist der Garten (So/Mo geschl.).

Sternbräu, Griesgasse 23, Salzburg, Tel. 06 62/84 21 40, www.sternbraeu.at. Traditionelle österreichische Küche in der Altstadt.

Café

Tomaselli, Alter Markt 9, Salzburg, Tel. 06 62/844 48 80, www.tomaselli.at. Seit über 300 Jahren verkörpert das berühmte Altstadt-Café Salzburger Kaffeehaustradition.

2 St. Wolfgang und Wolfgangsee

Heute pilgern Kunstinteressierte und Sommerfrischler in den einstigen Wallfahrtsort am See.

Den Trubel Salzburgs tauscht man auf der Fahrt in östlicher Richtung (B 158) mit einer anmutigen stillen Landschaft. Die ersten Ausblicke sind Einblicke: Gewaltige Gletscher flossen in der Eiszeit vom Alpenhauptkamm nach Norden, hobelten Gipfel ab, weiteten Täler und schliffen Becken aus. Als sie schmolzen, ließen sie ein unordentliches, mit Seen durchsetztes Bergland zurück. Diese scheinbare Desorganisation macht den Reiz des TOP TIPP **Salzkammerguts** aus, der aus der Spannung zwischen samtweicher Landschaft und steilen Felsen entsteht.

Landschaftspoesie im Salzkammergut – Blick auf St. Wolfgang am Wolfgangsee

›Hofküchensee‹ nannten Erzbischöfe einst den wegen seines Fischreichtums berühmten tiefblauen **Fuschlsee**. Blickfang ist das auf einer Halbinsel im Westen gelegene *Jagdschloss* (1450) der Salzburger Erzbischöfe, heute Hotel *Schloss Fuschl Resort & Spa* (www.arabellasheraton.com).

Vom Ferienort Fuschl führt die Straße durch ein kleines bewaldetes Tal nach **St. Gilgen** am Wolfgangsee. Eingebettet in eine großartige Kulisse mit dem durch eine Seilbahn erschlossenen Zwölferhorn (1520 m), scharen sich die Häuser um den *Mozartbrunnen* (1927) mit dem geigenden Musikgenie vor dem Rathaus und verbergen modernen Hotelkomfort hinter rustikalen Fassaden. Nahe dem Rathaus steht auch das Geburtshaus von Mozarts Mutter Anna Maria Pertl, das als *Mozart-Gedenkstätte* eingerichtet ist.

Der 11,5 km lange und bis zu 2 km breite **Wolfgangsee**, kristallklar und türkisgrün, wird im Norden vom Schafberg und im Süden von der Bergkette der Osterhorngruppe malerisch gerahmt. Per Schiff oder per Auto über Strobl (rechts abbiegen) und durch einen 900 m langen Tunnel erreicht man **St. Wolfgang** am Nordostufer, das als Schauplatz von Ralf Benatzkys Operette ›Im Weißen Rössl‹ (1930) berühmt wurde. So breit sich das Hotel Weißes Rössl am Ufer auch macht, der eigentliche Blickpunkt ist die spätgotische **Pfarrkirche St. Wolfgang** (1429–77) mit ihrer charakteristischen glockenförmigen Turmhaube (18. Jh.). Das kleine *Turmmuseum* kann auf Anfrage besichtigt werden. Der Legende nach ist der hl. Wolfgang, 972 Bischof von Regensburg, der Kirchengründer. Zahlreiche Wunder, in Mirakelbüchern aus dem 16. Jh. verzeichnet, machten die Kirche zu einem bedeutenden Wallfahrtsort. Das Ende des 17. Jh. barock ausgemalte *Innere*, eine zweischiffige Halle, präsentiert sich wie ein Schatzkästchen des späten Mittelalters. Mag Thomas Schwanthalers meisterlich komponierter barocker *Doppelaltar* von 1676 mit mehr als 100 Figuren auch von erlesener Qualität sein, mögen Meinrad Guggenbichlers ›Schmerzensmann‹ (18. Jh.) und sein ›Rosenkranzaltar‹ sehr berühren, sie alle werden vom gotischen *Hochaltar* im Chor, den Michael Pacher 1471–81 schnitzte, übertroffen. 11 m hoch und bei geöffneten Flügeln 6,50 m breit ist der herrliche Wandelaltar. Seine acht Altarflügel sind beidseitig aus bemaltem vergoldeten Holz gearbeitet, sodass sie aufgeblättert werden können wie ein Buch. Zentrales Thema ist die farbig gefasste ›Marienkrönung‹ im Mittelteil. Die filigranen Türmchen des Gesprenges rahmen eine brillante Kreuzigungsgruppe.

Eine Zahnradbahn (Mai–Okt.) führt von St. Wolfgang auf den Gipfel des **Schafbergs** (1783 m). Von hier blickt man auf Wolfgang-, Mond-, Attersee und bis zu den Alpen-Dreitausendern.

Praktische Hinweise

Information

Tourismusverband St. Gilgen, Mondsee Bundesstr. 1 a, 5340 St. Gilgen, Tel. 06227/2348 – **Wolfgangsee Tourismus**, Au 140, 5360 St. Wolfgang, Tel. 06138/8003, www.wolfgangsee.at

Bergbahn

Schafbergbahn, St. Wolfgang, Tel. 06138/22320, www.schafbergbahn.at (Mai–Okt.)

Zwölferhorn Seilbahn, St. Gilgen, Tel. 06227/2350, www.12erhorn.at (ganzjähriger Betrieb, Nov. auf Anfrage)

Schiff

Wolfgangsee-Schifffahrt, Tel. 06138/22320, www.wolfgangseeschifffahrt.at

Hotels

******Cortisen am See**, Pilger Str. 15, St. Wolfgang, Tel. 06138/23760, www.cortisen.at. Modernes Boutique-Hotel direkt am See.

******Parkhotel Billroth**, Billrothstr. 2, St. Gilgen, Tel. 06227/2217, www.billroth.at. Hotel in einem Park am Wiesenhang.

Restaurants

Im Weißen Rössl, Im Stöckl 74, St. Wolfgang, Tel. 06138/23060, www.weissesroessl.at. Abends genießt man im Romantik-Restaurant *Kaiserterrasse* des Hotels Delikates bei herrlichem Seeblick.

Joseph's, Markt 17, St. Wolfgang, Tel. 06138/20460, www.josephs.at. Kleines Lokal am See mit bemerkenswerter Küche.

Timbale, Salzburger Str. 2, St. Gilgen, Tel. 06227/7587. Kleines, aber feines Lokal mit haubengekrönter Küche und freundlichem Service.

3 Mondsee

Frühes Siedlungsgebiet, seit dem 19. Jh. als Sommerfrische geschätzt.

Von St. Gilgen über Scharfling führt die B 154 unter der 600 m fast senkrecht aufsteigenden Drachenwand am Ufer des 11 km langen sichelförmigen Mondsees entlang zum Ort **Mondsee**. Im Wiesengelände über dem Nordwestufer bieten die Häuser mit ihren Bauernbarock- und Rokoko-Fassaden ein freundliches Bild.

748 gründete Bayernherzog Odilo in Mondsee das **Kloster Maninseo**, das berühmt wurde für seine Schreibschule, für Buchmalerei und die älteste Bibelübersetzung (Anfang des 9. Jh.) in deutscher Sprache. 1791 aufgehoben und zum *Schloss* umfunktioniert, birgt die Anlage heute das **Museum Mondseeland und Österreichisches Pfahlbaumuseum** (Marschall-Wrede-Platz 1, Tel. 06232/2895, Mai–Sept. Di–So 10–17/18, Okt. Sa/So 10–17 Uhr). Es zeigt Funde der *Mondseekultur* (2800–1800 v. Chr.). Die Siedler der Jungsteinzeit pflanzten ihre Pfahlbauten an das Südostufer des Sees, sie fischten, zogen Gemüse und stellten Keramik her. Die neuzeitliche Kunst ist u.a. mit Werken des Mondseer Barockbildhauers *Meinrad Guggenbichler* (1649–1723) vertreten.

Die 1470–87 im Stil der Spätgotik erneuerte **Stiftskirche St. Michael** südlich des Schlosses ist mit ihrer um 1730 vorgeblendeten barocken Zweiturmfassade auf

Fernwirkung angelegt. An der barocken Innenausstattung – das gotische Netzrippengewölbe blieb erhalten – war Meinrad Guggenbichler maßgeblich beteiligt. Aus seiner Werkstatt stammen allein fünf Altäre, darunter im linken Seitenschiff der *Corpus-Christi-Altar* (um 1680) mit hübschen säulentragenden Putten.

i Praktische Hinweise

Information

Tourismusverband MondSeeLand, Dr.-Franz-Müller-Str. 3, 5310 Mondsee, Tel. 062 32/22 70, www.mondsee.at

Schiff

Mondseeschifffahrt Hemetsberger, Mondsee, Tel. 062 32/49 34, www.mondseeschifffahrt.com

Schifffahrt Meindl, Mondsee, Tel. 06 76/60 47 6 44, www.schifffahrt-mondsee.at

Hotels

**********Seehof**, Au 30, Mondsee-Loibichl, Tel. 062 32/503 10, www.seehof-mondsee.com. Fünf elegante Häuser mitten im Park und mit eigenem Badestrand.

******Schloss Mondsee**, Schlosshof 1 a, Mondsee, Tel. 062 32/50 01, www.schlossmondsee.at. Schlosshotel in Klostermauern mit attraktivem Wellnessbereich.

Restaurant

Seegasthof Lackner, Mondseestr. 1, Mondsee, Tel. 062 32/235 90, www.seehotel-lackner.at. Österreichische und internationale Haubenküche; mit Seeterrasse.

4 Attersee

Gebirgige und sanfte Ufer mit kleinen Ferienorten versprechen ungetrübte Badefreuden am tiefblauen See.

Unter den steilen Wänden des Schafbergs scheinen sich Mond- und Attersee fast zu berühren, die beiden Ferienlandschaften sind nur durch ein kleines Waldstück voneinander getrennt. Die B 151 führt am nördlichen Mondseeufer entlang zum Attersee. Bildhübsch liegt **Unterach** am Südwestende des 20 km langen und bis zu 3 km breiten Gewässers. Im Windschatten der Berge gedeiht ein einzigartiger Edelkastanienwald, reifen Trauben, blüht Oleander. Das Panorama ist hier am Südufer alpin, das mächtige *Höllengebirge* steuert Kalksteinwände bei. Eine romantische Wanderung durch die *Burggrabenklamm* beim nahen Burgau führt zu einem tosenden Wasserfall.

Bequem kann man die Attersee-Orte mit dem Schiff erreichen oder den See, der sich nach Norden ins flache bäuerliche Vorland erstreckt, auf der B 152 und B 151 umrunden. In den malerischen Urlaubsorten Nussdorf, Attersee, Seewalchen, Schörfling, Weyregg und Steinbach haben viele Wiener Feriendomizile mit Blumengärten und Stegen, an denen Boote vertäut sind. Angeln und Wassersport aller Art, z.B. Wasserski, sind möglich, Segler und Surfer lieben den See aufgrund seiner guten Windverhältnisse.

i Praktische Hinweise

Information

Ferienregion Attersee-Salzkammergut, Nussdorferstr. 15, 4864 Attersee, Tel. 076 66/77 19, www.attersee.at (Tourist-Infobüros in allen Seeorten)

Schiff

Attersee-Schifffahrt, Tel. 076 66/78 06, www.atterseeschifffahrt.at

Hotels

******Seegasthof Oberndorfer**, Hauptstr. 18 a, Attersee, Tel. 076 66/786 40. Gut geführter Familienbetrieb direkt am See.

*****Seegasthof Stadler**, Stockwinkel 1, Unterach, Tel. 076 65/83 46, www.seegasthof-stadler.at. Angenehmer Gasthof direkt am See mit großem Freizeitbereich.

Restaurant

***1er Beisl**, Am Anger 4, Nussdorf, Tel. 075 66/80 73, www.lexenhof.at. Hochgelobte Küche der Pension Lex'nhof: die am besten zubereiteten Atterseefische.

5 Bad Ischl

Stadt mit kaiserlicher Vergangenheit und modernsten Kurbadanlagen.

Am südöstlichen Atterseeufer zweigt die reizvoll angelegte B 153 ins Trauntal ab. Bewaldete Hügel betten Bad Ischl ins Grün, die Flüsse Traun und Ischl umschlingen den Kurort.

Salz und Sole machten Bad Ischl nicht erst seit dem Bau der grandiosen Wasserwelt im modernen Eurothermen-Resort zum begehrten Kurbad. Den heute noch gegen allerlei Leiden eingesetzten

Nobles Hochzeitspräsent für Franz Joseph und seine Sisi – die Kaiservilla in Bad Ischl

Ischler **Solebädern** verdankte das österreichische Kaiserhaus wohl den lang ersehnten Nachwuchs. Der erste dieser drei ›Salzprinzen‹ war der spätere Kaiser Franz Joseph (1830–1916). In der Sommerfrische in Ischl verlobte er sich 1853 mit der bayrischen Prinzessin Elisabeth, gen. Sisi. In der **Kaiservilla** (Tel. 06132/23241, www.kaiservilla.at, Jan.–März Mi 10–16, April/Okt. tgl. 10–16, Mai–Sept. tgl. 9.30–17 Uhr) am Fuße des Jainzenberges – ein Hochzeitsgeschenk der Erzherzogin Sophie an das Kaiserpaar – verbrachte Franz Joseph die meisten Sommer seines Lebens. 1857 ließ er den Biedermeierbau um zwei Flügel in klassizistischem Stil erweitern. In der Villa unterschrieb er am 1. August 1914 jenes Ultimatum an Serbien, das zum Ersten Weltkrieg führte. Erinnerungsstücke und Trophäen, die von der Jagdleidenschaft des Monarchen zeugen, sind zu besichtigen. In der Nordwestecke des dazugehörigen *Kaiserparks* liegt das romantische, für Kaiserin Elisabeth als Teehaus erbaute **Marmorschlössl** (Tel. 06132/24422, April–Okt. tgl. 9.30–17 Uhr), das heute das *Photomuseum* von Oberösterreich beherbergt.

Des Kaisers Gunst machte Ischl zum Treffpunkt der vornehmen Gesellschaft. Den mondänen Badeort besuchten neben Literaten und Schauspielern auch Komponisten wie Johann Strauß, Emmerich Kálmán und Johannes Brahms. Franz Lehár (1870–1948) lebte von 1910 bis zu seinem Tod in der sog. **Lehar-Villa** (Tel. 06132/26992, Mai–Sept. tgl. 10–17 Uhr), einem kubischen Bau am Traunkai. In den original erhaltenen Räumen entstanden viele seiner Operetten. Sie gehören heute zum festen Repertoire des sommerlichen *Lehár Festivals Bad Ischl* [s. S. 133].

Jenseits der Traun an der *Esplanade ist* im ehem. Hotel Austria mit schöner Rokokofassade das **Museum der Stadt Ischl** (Tel. 06132/25476, Jan.–März Fr–So 10–17, April–Okt., Dez. Mi 14–19, Fr 13–17, Sa/So 10–17, Juli/Aug. auch Do 10–17 Uhr) untergebracht. Es dokumentiert die Salzgewinnung als bedeutenden Wirtschaftszweig, den Aufstieg des Ortes zum Kurbad und zur kaiserlichen Sommerresidenz.

Im **Kurpark** westlich des Zentrums finden im Sommer täglich Konzerte statt.

i Praktische Hinweise

Information

Tourismusverband, Auböckplatz 5, 4820 Bad Ischl, Tel. 06132/277570, www.badischl.com

Bergbahn

Gondelbahn, Parkplatz Katrinstraße, Bad Ischl, Tel. 06132/23788. Sie erschließt ein herrliches Wander- und Skigebiet.

Hotels

******Goldener Ochs**, Grazer Str. 4, Bad Ischl, Tel. 06132/23529, www.goldenerochs.at. Am Traunufer gelegener Familienbetrieb mit großem Wellnessbereich.

******Landhotel Hubertushof**, Götzstr. 1, Bad Ischl, Tel. 06132/24445, www.hubertushof.co.at. Feines Haus mit Atmosphäre.

******Royal**, Eurothermen Resort, Voglhuberstr. 10, Bad Ischl, Tel. 06132/2040, www.eurothermen.at. Luxuriös wohnen und die prächtigen Thermen genießen.

Restaurants

Goldenes Schiff, Adalbert-Stifter-Kai 3, Bad Ischl, Tel. 06132/24241, www.goldenes-schiff.at. Auf der Terrasse des Hotelrestaurants an der Traun isst man die frischesten Saiblinge und Forellen.

Rettenbachmühle, Hinterstein 6, Bad Ischl, Tel. 06132/23586. Bodenständiges im rustikalen Mühlenambiente (Mo/Di geschl.).

Villa Schratt, Steinbruch 43, Bad Ischl, Tel. 06132/27647, www.villaschratt.at. Besonders empfehlenswert sind die köstlichen Wildgerichte (Di/Mi geschl.).

6 Hallstätter See und Hallstatt

Ein fjordartiger See und ein dem Berg abgetrotzter Ort.

Wald säumt die B 145 zwischen Bad Ischl und dem Luftkurort Bad Goisern. Südlich davon zweigt die B 166 zum **Hallstätter See** ab und führt über eine Nebenstraße nach Hallstatt. Die Region Hallstatt-Dachstein wurde 1997 UNESCO-Weltkulturerbe.

Die Kulisse des gut 8 km langen und 1–2 km breiten Sees bildet das gewaltige **Dachsteinmassiv** und daher ist das 125 m tiefe, von der Traun durchflossene Gewässer schattig, oft dunkel, zuweilen klar wie ein Spiegel. Die *Fronleichnamsprozession* mit blumengeschmückten Booten lockt alljährlich viele Besucher an den See.

Die heute verkehrsberuhigte Ortschaft **Hallstatt** am Südwestufer mit ihren an einem steilen Berghang aufsteigenden Häusern bietet ein äußerst reizvolles Bild. Österreichs Geschichte begann in Hallstatt. Dort wo heute Wien liegt, streiften noch Bären durch die Wälder, als der Hallstätter Raum bereits europäische Geltung besaß. In den Bergen oberhalb des Ortes wurde ab 4000 v. Chr. **Salz** abgebaut. Im Hallstätter Hochtal liegt auch jenes um 1850 entdeckte berühmte Gräberfeld mit etwa 3000 Grabstellen, das dem ersten Abschnitt der europäischen Eisenzeit 800–400 v. Chr. den Namen **Hallstattzeit** gab. In den Gräbern fand man Kunstgegenstände aus dem Donauraum, Bernstein von der Ostseeküste, Glas aus Italien und Elfenbein aus Afrika. Die Objekte bezeugen, wie weit verzweigt die Hallstätter Handelsbeziehungen in jener Zeit waren und welchen Wohlstand ihre Bewohner erlangt hatten. Die schönsten Funde der 7000-jährigen Geschichte der Region sind im **Museum Kulturerbe Hallstatt** (Seestr. 56, Tel. 06134/828015, www.museum-hallstatt.at, Mai–Sept. tgl. 10–18, April, Okt. tgl. 10–16, Jan.–März, Nov./Dez. Di–So 11–15 Uhr) zu sehen.

Wohlstand dokumentiert auch die spätgotische **Pfarrkirche Mariä Himmelfahrt** auf einem Felsabsatz über dem Ort. Die 1505 errichtete zweischiffige Bürger- und Knappenkirche beeindruckt mit gestaffelter Turmhaube, Doppelchor und prachtvoll geschnitztem *Marienaltar* (um 1515). Der Platzmangel auf dem Kirchfriedhof erzwang ab 1600 die Exhumierung der Gebeine nach zehn Jahren. Etwa 1200 Totenschädel, einige bemalt, werden im Untergeschoss der *Michaelskapelle* aufbewahrt. Für das schöne Ortsbild unverzichtbar ist der spitze Glockenturm der **Christuskirche** (19. Jh.) am Seeufer.

Zu Fuß (45 Min.) oder mit der Salzbergbahn vom Ortsteil Lahn aus geht es hinauf zum **Rudolfsturm** (1284 m). Hier beginnt der Höhenweg vorüber am *Hallstätter Gräberfeld* zum ältesten **Salzbergwerk** (Tel. 06132/2002400, www.salzwelten.at, Führungen Mai–Mitte Sept. tgl. 9.30–16.30, Mitte Sept.–Anf. Okt. bis 15.30, Okt. bis 15 Uhr) der Welt. Hier wurde 1734 eine salzkonservierte Leiche aus dem 4. Jh. v. Chr. gefunden. Mit der Grubenbahn fahren Besucher in den *Christinastollen* ein. Uralte Werksanlagen, bereits um 1200 v. Chr. hat man hier Salz abgebaut, bestimmen das Ambiente. Bei einer Filmvorführung im ehem. *Laugwerk* erfährt man viel Interessantes über das ›Weiße Gold‹. Auf Bergmannsrutschen gleitet man schließlich hinunter zum märchenhaft beleuchteten *Salzsee*.

Gosauseen

Im Westen des Hallstätter Sees verläuft das zauberhafte Hochtal der Gosau. Zwei Seen – im Sommer beliebte Ausflugsziele – können hier erwandert werden: der felsumrahmte auf 933 m gelegene **Vordere Gosausee** unter den zerklüfteten Graten des Gosaukammes und der bildschöne **Hintere Gosausee**, auf 1154 m in einsame Felshänge vor dem glitzernden Gosaugletscher gebettet.

Die bildhübschen Gosauseen werden vom imposanten Dachsteingebirge überragt

TOP TIPP

Dachsteinhöhlen

Im äußersten Winkel des Hallstätter Sees liegt **Obertraun**, Talstation der Seilbahn zum *Krippenstein* (2100 m), der eine Prachtaussicht auf den Dachsteingipfel (2995 m) bietet. Die Dachsteinhöhlen zählen zu den größten Naturwundern der Alpen. Zu Fuß von Obertraun erreichbar sind die herrlichen Tropfsteingalerien der **Koppenbrüllerhöhle** (Tel. 06131/5310, www.dachsteinwelterbe.at, Führungen Mai–Anf. Okt. tgl. 9–16 Uhr). Von der Seilbahnstation Schönbergalpe gelangt man zu zwei weiteren Dachsteinhöhlen. Bizarre Eispaläste, Eisdome, Eisberge und Eiskapellen beeindrucken in der 2 km langen **Rieseneishöhle** (Führungen Mai–Mitte Okt. tgl. 9.20–16/16.30 Uhr). 60 km im Labyrinth der eisfreien **Mammuthöhle** (Führungen Mitte Mai–Mitte Okt. tgl. 10.15–14.30/15 Uhr) sind bereits erforscht. Im *Mitternachtsdom* erlaubt eine Bildprojektion Einblicke in die Welt der Höhlenforscher.

i Praktische Hinweise

Information

Tourismusverband, Seestr. 169, 4830 Hallstatt, Tel. 06134/8208, www.dachstein-salzkammergut.at

Bergbahn und Schiff

Salzbergbahn, Hallstatt, Tel. 06132/2002400, www.salzwelten.at

Seilbahn Krippenstein, Obertraun, Tel. 06131/5312804, www.krippenstein.com

Hallstättersee-Schifffahrt, Tel. 06134/8228, www.hallstattschifffahrt.at

Hotel

**** **Heritage.Hotel Hallstatt**, Landungsplatz 101, Hallstatt, Tel. 06134/200360, www.heritagehotel.at. Neues Hotel in drei historischen Gebäuden mit Restaurant.

Gasthof Weißes Lamm, Dr.-F.-Morton-Weg 166, Hallstatt, Tel. 06134/83110, www.weisses-lamm.at. Gasthof im Ortskern; helle, technisch gut ausgestattete Zimmer.

Restaurant

Gasthof Zauner Seewirt, Marktplatz 51, Hallstatt, Tel. 06134/8246, www.zauner.hallstatt.net. In der efeubewachsenen Zirbenstube wird Bodenständiges serviert.

7 Bad Aussee und Altaussee

Geheimnisvolle Seen, stille Winkel, herrliche Berge.

Bis zu 23 % Steigung und prächtige Landschaftsbilder hat das enge Sträßlein von Hallstatt über Obertraun nach Bad Aussee zu bieten (Variante: Rückfahrt zur B 145 und dieser folgend nach Bad Aussee).

Eine kleine feine Welt für sich ist das **Ausseer Land**, lieblich und archaisch zugleich. Die Literaten Nikolaus Lenau und Hugo von Hofmannsthal, die Komponisten Gustav Mahler, Wilhelm Kienzl und Johannes Brahms verbrachten hier viele Sommer. Die schöne Bergkulisse von Totem Gebirge und Dachstein wirkt keineswegs bedrohlich. Ein Meer weiß blühender Narzissen [s. S. 132] erfüllt im Frühling den Wiesengrund der Traun, in dem der Solekurort **Bad Aussee** (5100 Einw.) liegt. Die Häuser der Altstadt weisen noch Malereien des 15./16. Jh. auf. Ehrwürdig ist die ursprünglich romanische (13. Jh.), im gotischen Stil erweiterte **Pfarrkirche St. Paul**. Sie birgt in ihrer Marienkapelle eine besondere Kostbarkeit, eine um 1420 entstandene ›Schöne Madonna‹.

Eine schmale Straße führt 5 km ostwärts zum **Grundlsee** am Fuß des Toten Gebirges und an dessen Ufer entlang bis zum kleinen Ort Gössl. Von hier bietet sich eine Wanderung zum geheimnisvoll dunklen **Toplitzsee** an, der so viele Taucher auf der Suche nach einem in den letzten Tagen des Zweiten Weltkriegs versenkten Schatz in Atem hielt. Noch tiefer im Bergland, einsamer, düsterer in einem Felsenkessel liegt der kleine, von einem Wasserfall gespeiste **Kammersee**.

Von großem landschaftlichen Reiz, still und idyllisch, ist auch der etwa 6 km im Nordwesten von Bad Aussee liegende **Altausseer See**, einer der Quellseen der Traun. 3 km lang, im Osten von den hochaufragenden Felsen der Trisselwand gesäumt, im Norden vom markanten Gipfel des Loser überragt. Vom See aus bietet sich ein grandioser Fernblick zum Gosaugletscher des Dachsteins. Besonders die Holzhäuser des Kurorts **Altaussee** am Seeufer, die altmodischen Fischerzillen am Wasser, die bis ans Seeufer reichenden Blumenwiesen mit Almrausch und nicht zuletzt die Menschen, die hier noch aus Überzeugung Tracht tragen, vermitteln eine schöne, im besten Sinne altertümliche Atmosphäre. Ungewöhnlich ist auch das kulturelle Angebot: In einem Sommerzelt tanzt im Juli das Wiener Staatsopernballett. Zu den Theateraufführungen auf der mystisch-einsamen *Seewiese* gelangt man nur per Schiff.

Informatives und Vergnügliches bietet das **Altausseer Salzbergwerk** (Tel. 06132/2002400, www.salzwelten.at, Führungen Mai–Mitte Sept. tgl. 9–15, im Sommer bis 16 Uhr) im 3 km westlich gelegenen Sandling (1717 m). Eine Besonderheit ist die

St. Paul, die Pfarrkirche von Bad Aussee, ragt im grünen Wiesengrund der Traun empor

Barbarakapelle in einem der Stollen. Tief in der größten Salzlagerstätte Österreichs gibt es zudem einen See mit einer Seebühne, auf der Theaterabende, Lesungen und Konzerte stattfinden.

Mit vielen Kehren erklimmt die mautpflichtige *Loser Panoramastraße* das blumenreiche Landschaftsschutzgebiet unter dem markanten **Losergipfel** (1838 m), das durch Wanderwege erschlossen ist. Vom Dachstein bis zum Großvenediger reicht hier das Gipfelpanorama.

i Praktische Hinweise

Information

Tourismusverband Ausseerland, Bahnhofstr. 132, 8990 Bad Aussee, Tel. 03622/540400, www.ausseerland.at

Bergbahn und Schiff

Loser Bergbahnen, Tel. 03622/71315, www.loser.at (Sesselbahnen)

Schiffstouren auf dem Altausseer See und **3-Seen-Tour** auf dem Grundlsee, Toplitzsee und Kammersee, Tel. 0676/6462510, www.3-seen-tour.at

Hotels

********Erzherzog Johann**, Kurhausplatz 62, Bad Aussee, Tel. 03622/52507, www.

erzherzogjohann.at. Modernes Hotel im Zentrum mit gutem Restaurant, angenehm speist man auf der Terrasse.

TOP TIPP ****Seevilla, Fischerndorf 60, Altaussee, Tel. 036 22/713 02, www.seevilla.at. Prächtiges, dem Stil der Gegend angepasstes Hotel mit modernem Komfort, ruhig, direkt am Seeufer.

Restaurant

Jagdhaus Seewiese, Fischerndorf 155, Altaussee, Tel. 06 64/280 90 17. Auf der Terrasse dieses urigen Holzhauses sollte man Saiblinge aus dem See kosten.

8 Traunsee und Gmunden

Die Römer nannten ihn ›Lacus felix‹, den ›glücklichen See‹.

Wunderschöne Bilder: Die Salzkammergut-Bundesstraße (B 145) führt kehrenreich über die waldige Pötschenhöhe (992 m) zurück nach Bad Ischl und erreicht bei Ebensee den **Traunsee**. Er ist 12 km lang und mit fast 200 m der tiefste See Österreichs. Das Gewässer blickt im Osten auf die Wandfluchten des Toten Gebirges mit dem *Traunstein* (1691 m) und schwingt im Westen, nördlich vom seilbahnerschlossenen *Feuerkogel* (1592 m), sanft in einer lieblichen Wald- und Wiesenlandschaft aus. Die Fahrt geht am Westufer entlang zum malerischen **Traunkirchen**, dessen barocke Pfarrkirche auf einem Fels über dem See aufragt. Im dreischiffigen Inneren bietet die geschnitzte bootsförmige *Fischerkanzel* (1753) eine äußerst lebendige Darstellung des ›Wunderbaren Fischzugs‹.

Am nördlichen Seeufer erreicht die Straße **Gmunden**. Prächtige Patrizierhäuser mit Lauben, lauschigen Hinterhöfen, Erkern, Toren und puppenstubenkleinen Fenstern am sehenswerten *Markt-* und *Rathausplatz* erinnern an die einstige Wichtigkeit des Ortes als ›Salzamt im Kammergut‹. Hier kamen die Salztransporte aus Hallstatt und Aussee an und wurden weiter bis zur Donau gebracht. Seinen Wohlstand verdankt der Ort ebenso der Hafnerzunft: Bis ins 19. Jh. waren *Gmundener Fayencen*, ob grüngeflammt oder mit Jagdmotiven und Streublumen geschmückt, der Exportartikel schlechthin. So ist auch das Glockenspiel des repräsentativen *Rathauses* (18. Jh.) am Platz aus Keramik gefertigt. Fayencen sind neben Skulpturen des 16.–18. Jh. Sammlungsschwerpunkte des **Stadtmuseums** (Kammerhofgasse 8, Tel. 076 12/79 44 20, Mi–So 10–17, Juni–Aug. Di–So 10–17 Uhr). Bis heute ist die Stadt Sitz einer Keramikmanufaktur.

Einen Besuch lohnt auch die im 18. Jh. barock umgestaltete **Pfarrkirche Mariä Himmelfahrt** am Kirchplatz. Sie birgt den kostbaren geschnitzten *Dreikönigsaltar* (1678) von Thomas Schwanthaler.

Über die Kirchgasse geht es zurück zum Rathausplatz, wo die baumbestandene Esplanade beginnt. Über einen Holzsteg ist das Wahrzeichen von Gmunden, das weiße **Seeschloss Ort** (Tel. 06 76/88 79 42 80, www.schlossort.gmunden.at) mit seinem markanten Torturm und dem dreieckigen Arkaden-Innenhof zu erreichen. Das Schloss aus dem 12. Jh. wurde im 17. Jh. ausgebaut und gehörte später dem 1891 in Südamerika verschollenen Erzherzog Johann Salvator, heute kann es für Veranstaltungen gemietet werden. Besonders beliebt ist das stimmungsvolle Restaurant im durch eine TV-Serie weithin bekannt gewordenen Seeschloss.

i Praktische Hinweise

Information

Ferienregion Traunsee, Toscanapark 1, 4810 Gmunden, Tel. 076 12/744 51, www.traunsee.at

Schiff

Traunseeschifffahrt, Gmunden, Tel. 076 12/667 00, www.traunseeschifffahrt.at. Linienverkehr zu den Traunseeorten. Im Juli/August Rundfahrten mit der ›Gisela‹ (1870/71), einem der ältesten Raddampfer der Welt, oder einem neuen Motorschiff.

Hotels

****Schlosshotel Freisitz Roith**, Traunsteinstr. 87, Gmunden, Tel. 076 12/649 05, www.schlosshotel.at. Angenehmes Haus mit Seeterrasse und Seezugang.

***Landhotel Grünberg am See**, Traunsteinstr. 109, Gmunden, Tel. 076 12/777 00, www.gruenberg.at. Hübsch gelegenes Hotel, das Golf-Arrangements anbietet.

Restaurant

Seehotel Schwan, Rathausplatz 8, Gmunden, Tel. 076 12/63 39 10, www.seehotel-schwan.at. Regionale und internationale Küche mit ausgezeichnetem Fisch.

Das Donautal – barocke Stifte, Raubritterburgen und großartige Weinlagen

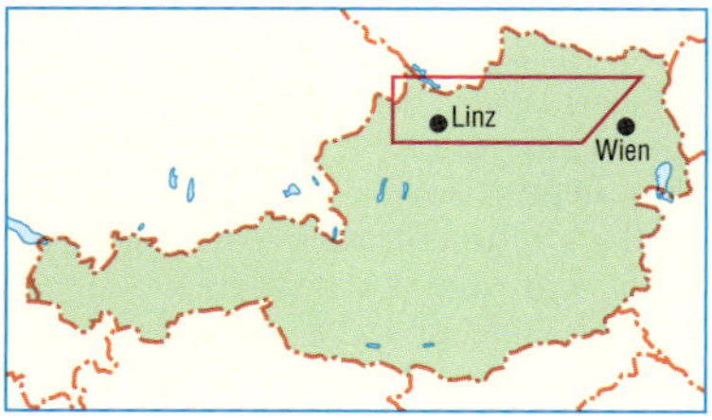

Das Donautal ist ein Landstrich für die Liebe auf den ersten Blick. An den Stromufern im **Strudengau** und **Nibelungengau**, im Engtal der **Wachau**: überall sieht man Orte wie Puppenstuben, Waldhänge sanft oder von Felswänden herabstürzend, grün und silbern schimmernde Weinterrassen und hoch über dem Strom Burgruinen, geborstene Bergfriede, verfallene Kartausen aus den turbulenten Zeiten der Kreuz- und Raubritter. Natur und Gebautes sind eng miteinander verwoben. Die gewaltigen barocken Klosterburgen **Melk** und **Göttweig** sind längst Teil der Landschaft geworden. Die Donauuferstraße B 3 zwischen **Linz** und Wien, teilweise schmal und kurvig aber aussichtsreich, erschließt zwischen **Grein** und **Krems** eine grandiose Romantikerlandschaft.

9 Linz

Mit Kunst, Natur und Industrie zur Kulturhauptstadt Europas 2009.

Erste Ausblicke vom bahnerschlossenen **Pöstlingberg** (537 m): Zwischen Mühlviertler Bergen und Alpenvorland, in einem hellen, weiten Becken, liegt Linz zu beiden Seiten der hier 250 m breiten Donau. Die Landeshauptstadt Oberösterreichs (211 000 Einw.) ist innovativ, modern, realitätsbezogen tüchtig und zukunftsorientiert. Eine Industriestadt, in der die Schornsteine der Stahlwerke rauchen, doch an Tagen, an denen im Rahmen der *Linzer Klangwolke* (www.klangwolke.at) mit großer Musikbegleitung ein feuerwerkgesteuerter Farbenregen über dem Donaupark niedergeht und sich die Kenner beim Avantgarde-Festival *Ars Electronica* (s.u.) treffen, gleitet die Stadt ins Unwirkliche ab.

Mit Sicherheit war das keltische *Lentos* schon in der Bronzezeit bewohnt. Die Römer fanden den Platz an der Donau für Salzhandel und Verkehr geeignet und errichteten 15 v. Chr. *Lentia* als Kastell am Limes. Erstmals Bedeutung erlangte die seit 799 *Linze* genannte Stadt, als Österreichs Kaiser Friedrich III. 1485 hier Einzug hielt. Ein unglücklicher, Zauberern und Sterndeutern höriger Monarch, auf der Flucht vor Ungarnkönig Matthias Corvinus, regierte sein Land acht Jahre aus dem Exil von der ›Burg zu Linze‹. Als Metropole des ›Herzogtums ob der Enns‹ reüssierte Linz trotz Kriegseinwirkungen und verheerender Brände. Zwar fehlten mächtige Bauherren, doch große Persönlichkeiten ließen sich von der Donaustadt inspirieren. *Johannes Kepler* schrieb hier sein Hauptwerk ›Harmonices mundi‹, *Mozart* komponierte die ›Linzer Symphonie‹, *Adalbert Stifter* erdachte poetische Erzählungen, *Anton Bruckner* konzertierte im Alten Dom und *Goethes* ›schöne Linzerin‹ ging am Pfarrplatz spazieren. Im 19./20. Jh. entwickelte sich Linz zum Wirtschaftszentrum und zur Universitätsstadt.

Der saalartige, im Jahr 1260 angelegte **Hauptplatz** ❶ zählt zu den größten und schönsten seiner Art. Er wird gesäumt von Häusern mit pastellfarbenen Barock- und Rokokofassaden, Schmuckstück ist die vom Salzburger Sebastian Stumpfegger nach einem Modell von Antonio Beduzzi geschaffene weiß-goldene *Dreifaltigkeitssäule* (1723) mit den Schutzpatronen Sebastian, Florian und Karl Borromäus am Sockel. Passend zum Platzensemble erhielt das **Alte Rathaus** mit dem oktogonalen Eckturm (1513/14) 1658 eine barocke Fassade. Die Arkaden im Innenhof führen zum Stadtmuseum **LinzGenesis** ❷ (Tel. 0732/70 20 19 20, www.linz.at, Mo–Fr 9–13, 14–18 Uhr), das die Höhepunkte der Stadtentwicklung im Zeitraffer zeigt.

Vom Hauptplatz sind es nur wenige Schritte zum **Alten Dom** ❸, der bedeutendsten Barockkirche der Stadt, von Pietro Francesco Carlone 1669–78 für den

Jesuitenorden erbaut. Im Äußeren schlicht, zieren Stuck und Marmor den einschiffigen *Innenraum*, geben dem Chorgestühl von 1633 (1856 erworben) mit grotesken Zwergen und Fratzen einen besonderen Rahmen. Franz Xaver Krismann aus Engelszell schuf die Orgel, auf der Anton Bruckner 1856–68 als Domorganist spielte.

Im Chor der nahen spätromanischen, 1648 barockisierten **Stadtpfarrkirche** 4 am Pfarrplatz deutet ein gotischer Wappenstein auf die Herzurne von *Kaiser Friedrich III.* hin (sein Hochgrab ist im Wiener Stephansdom). Gleich mehrfach vertreten ist der hl. Johann Nepomuk: Schöne Barockkapellen, Fresken von Bartolomeo Altomonte und eine Statue (1727) von Georg Raphael Donner in einer Außenkapelle an der Apsis verherrlichen ihn.

Die Klosterstraße leitet an der im 18. Jh. erbauten Minoritenkirche vorüber zum Frührenaissancebau des **Landhauses** 5, heute Sitz der Landesregierung. Hier nimmt das schöne, wappengeschmückte *Portal* (16. Jh.) die Stimmung des *Arkadenhofes* voraus, wo im Sommer Konzerte stattfinden.

Ein Abstecher über die Herrenstraße führt zum **Neuen Dom** 6. Österreichs größter Kirchenbau, 1862–1924 nach Plänen des Kölner Dombaumeisters Vinzenz Staz errichtet, ist der französischen Hochgotik verpflichtet und erinnert an den Wiener Stephansdom. Per Dekret durfte der Turm (134,8 m) der größeren Kirche nicht höher als der des Stephansdoms (137 m) sein. Bemerkenswert im Inneren sind die Fenster mit Glasmalereien (um 1900), u.a. das Linzer Fenster mit Darstellungen zur Linzer Geschichte.

Zwischen Hauptplatz, Landhaus und Schloss breitet sich die **Altstadt** 7 aus. Unübersichtlich, mit engen krummen Gassen und schönen hohen Häusern, beherbergt sie eine Vielzahl von kleinen stimmungsvollen Lokalen und Beiseln.

Auf einem Felssporn über der Donau ragt das **Schloss** auf. Gewaltig, schmucklos, die romanischen Ursprünge als ›Burg zu Linze‹ und als kurzfristige gotische Kaiserresidenz (Friedrich III.) leugnend, beherbergt es heute das **Schlossmuseum** 8 (Tummelplatz 10, Tel. 0732/774190, www.schlossmuseum.at, Di–Fr 9–18, Sa/So 10–17 Uhr). Seit 2009 ist es das größte Universalmuseum Österreichs mit Exponaten zur Kunst- und Kulturgeschichte Oberösterreichs. Sehenswert ist auch die Musiksammlung im Beethovenflügel.

Durch die uralte Römerstraße südlich des Schlosses gelangt man zum ältesten Linzer Gotteshaus, der kleinen, unscheinbaren **Martinskirche** 9 (Einblick durch Glastüre, Besichtigung nur im Rahmen ei-

Der Alte Dom überragt den Linzer Hauptplatz mit der barocken Dreifaltigkeitssäule

ner Stadtführung oder während der Gottesdienste: Mi 8.30 und So 8.15 Uhr). Im Kern aus dem 8. Jh., im 15. Jh. erneuert und im 20. Jh. wieder in die frühmittelalterliche Gestalt zurückversetzt, zeigt sich der nischenhafte Kirchenraum mit verblassten Fresken, römischen Grabsteinen und gotischen Holzfiguren voller Spiritualität.

Im Stammhaus des **Oberösterreichischen Landesmuseums** 10 (Museumsstr. 14, Tel. 0732/7744820, www.landesmuseum.at, Di–Fr 9–18, Sa/So 10–17 Uhr), einem Museumsbau des Historismus (1893) im Osten der Altstadt, werden die Schätze der *Landesgalerie Linz* zur Kunst des 20./21. Jh. ausgebreitet. Gemälde, Skulpturen, Installationen, aber auch Grafik und Fotografie zeichnen ein vielseitiges Bild der nationalen und internationalen Entwicklung. Das ebenfalls hier ansässige *Kubin-Kabinett* verfügt über die weltweit größte Sammlung von Werken Alfred Kubins (1877–1959). In der Nähe bietet das **Nordico – Museum der Stadt Linz** 11 (Dametzstr. 23, Tel. 0732/70701912, www.nordico.at, Mo–Fr 9–18, Sa/So 14–17 Uhr) eine Fülle Linzer Kunst- und Kultur-Dokumente von der Frühzeit bis heute – eine Vertiefung der in der Nordico-Zweigstelle LinzGenesis (s.o.) gewonnenen Eindrücke.

Die Obere Donaulände führt zur *Nibelungenbrücke,* die den Blick auf das monumentale *Neue Rathaus* am anderen Donauufer freigibt. Dort, am Urfahrer Brückenkopf, lockt das **Ars Electronica Center** 12 (Tel. 0732/727251, www.aec.at, Di/Mi/Fr 9–17, Do 9–21, Sa/So 10–18 Uhr). 40000 Leuchtdioden an der Fassade verwandeln das großzügig erweiterte ›Museum der Zukunft‹ in eine mehrfarbige, funkelnde Traumkulisse. Besucher können sich hier spielerisch und experimentell mit zeitgenössischer Kunst und Technologie auseinandersetzen. Im September findet alljährlich das *Ars Electronica Festival* statt mit grandioser Licht- und Musikshow.

Greifbarere Produkte der Kreativität locken jedoch zurück über den Fluss. Das **Lentos Kunstmuseum** 13 (Ernst-Koref-Promenade 1, Tel. 0732/70703600, www.lentos.at, tgl. 10–18, Do bis 21 Uhr) in einem klaren, eleganten Glasbau von 2003 zählt zu den wichtigsten Sammlungen moder-

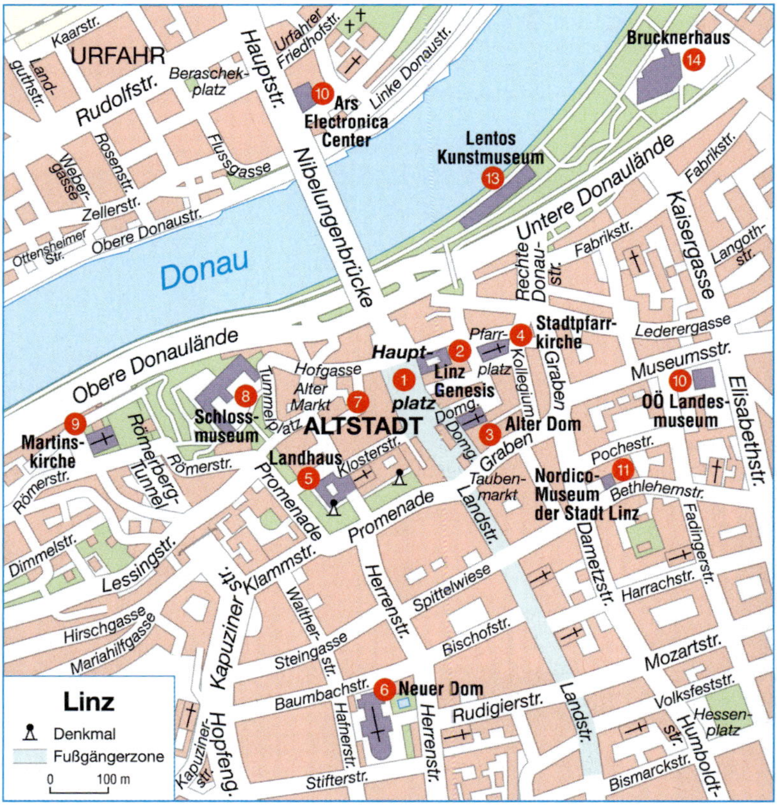

Die Nibelungenbrücke geleitet zum farbenprächtig erleuchteten Ars Electronica Center

ner Kunst in Österreich. Präsentiert werden Werke von Klimt, Schiele, Kokoschka, Corinth und Pechstein, aber auch Arbeiten von Appel, Nay, Warhol, Lüpertz etc.

Das nahe Konzertzentrum **Brucknerhaus** (14) (Untere Donaulände 7, Tel. 0732/761 20, www.brucknerhaus.at) ist ein weiteres lebendiges Kulturzentrum der Stadt. Es ist u.a. Veranstalter des *Brucknerfestes* im September und hat die musikalische Leitung der Linzer Klangwolke inne.

Ausflüge

Eine Synthese aus heimischem und italienischem Barock dokumentiert das im Jahr 800 gegründete **Augustiner Chorherrenstift St. Florian** (Tel. 07224/890 20, www.stift-st-florian.at, Führungen April–Okt. tgl. 10, 11, 14, 15 und 16 Uhr) ca. 14 km südlich von Linz. Carlo Carlone und Jakob Prandtauer schufen über dem Grab des Märtyrers Florian († 304) einen fulminanten Klosterpalast (1686–1751). Die 204 m lange *Fassade* wird durch den skulpturengeschmückten Portalbau aufgelockert und durch den *Bläserturm* akzentuiert. Die 14 *Kaisergemächer* im Stift präsentieren Luxus pur. Durchreisende Monarchen schliefen unter den Fresken von Bartolomeo Altomonte zum Sieg der Christenheit über die Türken. Eine Sammlung mit Gemälden von *Albrecht Altdorfer* (1480–1538), dem Meister der Donauschule, u.a. der *Sebastiansaltar,* und die prächtige *Bibliothek* im Rokoko-Stil zählen gleichfalls zu den Stiftsschätzen.

Die Hauptfassade findet im Norden ihren Abschluss mit den Zwillingstürmen der **Stiftskirche Mariä Himmelfahrt**. Eindrucksvoll präsentiert sich das *Innere*. Halbsäulen tragen ein reiches Kranzgesims und eine ganz von der Malerei beherrschte Decke, exzellenter Stuckdekor von Giovanni Battista Carlone schmückt die Wände. Dominiert wird das Gotteshaus von Krismanns weltberühmter *Bruckner-orgel* (Hörerlebnis Mitte Mai–Mitte Okt. tgl. außer Di und Sa 14.30 Uhr), die Anton Bruckner, der in einer Gruft unter der Orgel ruht, 1845–55 als Organist von St. Florian – vor seiner Linzer Zeit – spielte.

Von Linz führen die B 129 und B 130 nach Passau. Westwärts gehen Getreidefelder wieder in Hügelland über, das die Donau in der Schlögener Schlinge kapriziös umfließt, und in eine stimmungsvolle Talenge. Zeit nehmen sollte man sich für die *Stiftskirche* von **Wilhering**, Teil eines im 12. Jh. gegründeten Zisterzienserklosters wenige Kilometer westlich von Linz. Mit Fresken, Gemälden, Stuck, überaus bewegten Figuren und Lichteffekten schuf hier die Malerfamilie Altomonte zusammen mit Stuckateuren und Bildhauern einen heiteren, überschwänglichen Rokokoraum, dessen Bildprogramm die Marienverehrung zum Thema hat.

Über Aschach thront die **Schaunburg** der einst so raffgierigen Grafen Schaunberger. Selbst als Ruine wirkt sie noch bedrohlich. Ihre Aussichtswarte erschließt einen weiten Blick über das bewaldete Granitplateau des *Mühlviertels* im Norden und das Hügelland des *Innviertels* im Süden. Ab Schlögen folgt die Straße wieder der Donau. Bedrängt von Gneis und Granit wird sie im engen Durchbruchstal gesäumt von Dörfern wie *Engelhartszell*,

Ein Brunnen ziert den Rathausplatz des malerischen Donaustädtchens Grein

wo schweigsame Trappistenmönche im Stift Engelszell einen berühmten Kräuterlikör brauen, und unfrommen Burgen wie **Vichtenstein** (11. Jh.), eine gut erhaltene Anlage 330 m über dem Strom, die nur von außen zu besichtigen ist.

i Praktische Hinweise

Information

Tourist Information, Hauptplatz 1, 4020 Linz, Tel. 07 32/70 70 20 09, www.linz.at

Bergbahn

Pöstlingbergbahn, ab Linzer Hauptplatz, Tel. 07 32/34 00 70 00. Bergbahn zum 538 m hohen Pöstlingberg mit herrlichen Ausblicken auf Linz und Umgebung (Mo–Sa 6–20, So/Fei 7.30–22 Uhr).

Flughafen

Blue Danube Airport Linz, Flughafenstr. 1, Hörsching, Tel. 072 21/60 00, www.linz-airport.com. Bus vom Bahnhof Linz.

Schiff

Donaudampfer bieten Rundfahrten in und um Linz, Ausflugsfahrten (Tel. 07 32/70 70 20 09) in die Wachau und mehrmals wöchentlich Fahrten nach Passau und Wien (Tel. 07 32/208 00, www.donaureisen.at, Anlegestelle Urfahrmarktgelände).

Hotels

****Austria Classic Hotel Drei Mohren**, Promenade 17, Linz, Tel. 07 32/772 62 60, www.drei-mohren.at. Gut geführtes Traditionshotel inmitten der Altstadt.

****Austria Trend Hotel Schillerpark**, Schillerplatz 2, Linz, Tel. 07 32/69 50, www.austria-trend.at/spl. Komforthotel in zentraler Lage mit Restaurant und Spielkasino.

Restaurant

Prielmayers, Weißenwolffstr. 33, Linz, Tel. 07 32/774 13 10, www.prielmayerhof.at. Haubengeschmücktes Restaurant mit bester bodenständig-österreichischer und internationaler Küche.

10 Grein

Malerisches Donaustädtchen mit hübschem Rokokotheater.

Das alte Schifferstädtchen Grein am Donauknie östlich von Linz ist das Tor zum *Strudengau*. Von hier fuhren einst die mutigsten Männer aus, um Schiffe durch die gefährlichen Greiner Strudel zu lotsen. Sie wurden reich oder kamen im tobenden Fluss um, der die Urgesteinsmasse des Böhmischen Massivs durchbrechend sich furios gegen die Einengung wehrte. Heute ist die Schifffahrt gefahrlos, das Wasser wurde durch das Flusskraftwerk Ybbs-Persenbeug beruhigt.

Das imposante **Schloss Greinburg** (Tel. 07268/700718, www.schloss-greinburg.at, Mai–Okt. tgl. 9–17 Uhr), Österreichs ältestes Wohnschloss, wurde um 1490 über dem Vorgängerbau von 1284 errichtet und 1621 im Renaissancestil erweitert. Heute beherbergt es das **Österreichische Schifffahrtsmuseum** (geöffnet wie Schloss), das die bewegte Geschichte der Donauschifffahrt eindrucksvoll vermittelt. Ein Greiner Juwel des Rokkoko ist das kleine **Stadttheater** (Tel. 07268/7055, Mai–Nov. tgl. Führungen) im Alten Rathaus am Stadtplatz. 1790 wurde es erbaut, bis heute blieb es im Original erhalten und wird sommers bespielt.

Über die Donaubrücke und die B 119 erreicht man nach 10 km **Stift Ardagger**. Ein Tor ins Gestern stößt das im 11. Jh. gegründete Kollegiatsstift mit seiner 1063 geweihten Pfeilerbasilika auf. Tausend Jahre gingen zwar nicht spurlos vorüber, doch allein wegen des 1240 datierten *Margaretenfensters* im Ostchor der Kirche lohnt der kleine Abstecher. Farbkräftig und höchst eindrucksvoll erzählt es die Legende der Heiligen und ihr Martyrium.

Praktische Hinweise

Information

Tourismusverband, Stadtplatz 5, 4360 Grein, Tel. 07268/7055, www.grein.at

11 Maria Taferl

Ein Aussichtsplatz wie kaum ein anderer.

Beim großen Donaukraftwerk Ybbs-Persenbeug beginnt der **Nibelungengau**, jene Stromlandschaft, in der der unbekannte österreichische Dichter des ›Nibelungenliedes‹ Kriemhilds Brautfahrt ins Hunnenland ansiedelte.

Eine kurze Nebenstraße zweigt bei Marbach zum Wallfahrtsort **Maria Taferl** auf dem flachen Höhenrücken des Taferlberges ab. Lichte Engelprozessionen sahen Menschen in den heißen Sommertagen zwischen 1659 und 1661 zu einer Eiche schweben, in deren Zweigen ein Gnadenbild der Muttergottes, ein ›Taferl‹, hing. Georg Gerstenbrand und Carlo Lurago umbauten 1661–1711 die Eiche mit einer frühbarocken Basilika. Die Kuppel schuf Jakob Prandtauer. Das *Marmorportal* der monumentalen Doppelturmfassade führt in einen zur Gänze freskierten *Saalraum* mit überreichem Goldzierrat und einer herrlichen figurenreichen *Kanzel* (1727). Schöne Altarblätter vom Kremser Schmidt und von Antonio Beduzzi schmücken die Seitenaltäre. Eine *Pietà* im Strahlenkranz auf dem monumentalen *Hochaltar* (18. Jh.) von Josef Matthias Götz ersetzt das ursprüngliche, mit der Eiche 1755 verbrannte Gnadenbild. Die reiche Schatzkammer birgt kostbare und volkstümliche Votivgaben. Der *Tafelstein* vor der Kirche gilt als keltischer Opferstein, Rest einer frühen Kultstätte. Die Lage von Maria Taferl ist grandios. Der Blick schweift über die bukolische Landschaft bis zum Ötscher und Schneeberg.

Am anderen Ufer liegt **Pöchlarn**, als *Arelape* Donauhafen der Römer, als *Bechelaren* Heimat des sagenhaften Markgrafen Rüdiger von Bechelaren, der im ›Nibelungenlied‹ die nach Osten ziehenden Burgunder gastfreundlich aufnahm.

Mit einem düsteren Kapitel österreichischer Geschichte wird man im 4 km östlich gelegenen **Schloss Artstetten** (www.schloss-artstetten.at) konfrontiert. In der Anlage mit ihren charakteristischen Zwiebeltürmen fand das 1914 in Sarajewo ermordete Thronfolgerpaar Franz Ferdinand und Gemahlin Sophie die letzte Ruhestätte. Habsburgs strenge Hausgesetze verwehrten dem Paar wegen der nicht ebenbürtigen Sophie eine gemeinsame Grablege in der Wiener Kapuzinergruft. Erinnerungsstücke im **Franz-Ferdinand-Museum** (Tel. 07413/80060, April–Okt. tgl. 9–17.30 Uhr) dokumentieren in der Dauerausstellung ›Für Herz & Krone‹ das facettenreiche Leben des Erzherzogs.

Praktische Hinweise

Information

Tourismusverein, 3672 Maria Taferl 35, Tel. 07413/7040, www.mariataferl.at

Hotel

******Schachner**, Maria Taferl 24, Tel. 07413/6355, www.hotel-schachner.at. Ob Hallenbad, Zimmer oder hervorragendes Haubenrestaurant *Smaragd*, alles ist auf das Panorama ausgerichtet.

Restaurant

Schlossgasthof Landstetter, Artstetten 12, Tel. 07413/8303, www.schlossgasthof landstetter.com. Hier wird Waldviertler- und Wachauer Küche serviert.

Hoch über der Donau wächst die gewaltige Klosteranlage von Melk aus einem Felsenrücken

12 Melk

Fels und Stift – wo die Grenzen von Natur und Architektur verwischen.

Die Donaubrücke bei Emmersdorf führt zum südlichen Donauufer, die B 3a und eine von ihr abzweigende Nebenstraße weiter nach Melk. Zwischen Waldviertel im Norden und Dunkelsteiner Wald im Süden tritt hier die Donau in das malerische 35 km lange Engtal der *Wachau* ein, das im Jahr 2000 zum UNESCO-Weltkulturerbe ernannt wurde. Der Ort Melk, das *Namare* der Römer, 831 erstmals urkundlich als *Medilica* erwähnt, hat eine hübsche Altstadt mit Häusern des 17./18. Jh.

Sämtliche Aufmerksamkeit auf sich ziehend, wächst hoch über ihr **Stift Melk** (Tel. 02752/555232, www.stiftmelk.at, Mai–Sept. tgl. 9–17, April, Okt. tgl. 9–16 Uhr, Nov.–März tgl. 11 und 14 Uhr nur Führungen), ein Klosterpalast von unglaublicher Größe, effektvoll aus einem begrünten Felsenrücken. Der Bauplatz ist geschichtsträchtiger Boden: Markgraf Leopold I. ließ 976 eine Burg errichten. Aus luftiger Höhe regierte er das spätere Ostarrichi, die Ostmark. 1089 siedelte Leopold II. dann in das östliche Niederösterreich um und überließ die Burg den Benediktinermönchen. Sie entwickelten Melk zu einem bedeutenden geistigen und kulturellen Zentrum. 1701 entschied sich *Abt Berthold Dietmayr* für den Neubau des Klosterensembles. Der Tiroler Jakob Prandtauer und sein Schüler Joseph Munggenast errichteten ab 1702 einen klösterlichen Palast von gewaltigen Ausmaßen, der sich wie ein Bollwerk um die Stiftskirche legt. Kühn wächst Prandtauers Stift in sonnengelbem heiteren Barock aus dem herben Granit des Felsens. Durch den Vorhof an der Ostseite gelangt man in den ernsten, würdevollen **Prälatenhof**, überraschend mit zeitgenössischen Fresken der Kardinaltugenden geschmückt. Auf der in kräftigem Rosa bemalten **Kaiserstiege** in der Südwestecke tummeln sich reizende Putten von Lorenzo Mattielli. Die Prunkstiege leitet in den 196 m langen **Kaisergang** mit 60 Gästezimmern für gekrönte Häupter über. Mehrere Säle sind als **Stiftsmuseum** (geöffnet wie Stift Melk) eingerichtet, das die Geschichte des Benediktinerordens wie die Bau- und Kunstgeschichte Melks opulent aufbereitet. Ein Teil der Klosterschätze wird gezeigt, die wertvollsten, u.a. das spätmittelalterliche *Melker Kreuz*, sind aus konservatorischen Gründen nur auf Abbildungen zu sehen.

Den donauwärts ausgerichteten *Kolomanihof* rahmen im Süden der **Marmorsaal** mit üppigen mythologischen Deckenfresken von Paul Troger (1731) und im Norden die **Bibliothek**. In den prachtvoll intarsierten Bücherregalen unter ebenfalls von Paul Troger gemalten Glaubensallegorien steht nur ein kleiner Teil des rund 100 000 Bände umfassenden Bestandes. Darüber hinaus besitzt das Stift etwa 2000 Handschriften und 850 Inkunabeln aus dem 12.–16. Jh. Die *Altane* zwischen Marmor- und Bibliothekssaal bieten herrliche Ausblicke über den Strom, ins weite Land und auf die barock geschwungene Fassade der **Stiftskirche Peter und Paul**. Einzigartig ist ihr Innenraum, harmonisch abgestimmt sind die Gold- und Ockertöne, grandios die Lichteffekte. Diese inszenieren den tonnengewölbten, von Johann Michael Rottmayr mit dem ›Triumph des hl. Benedikt‹ freskierten Raum und weisen auf den Volksaltar unter der hohen Kuppel, die einen aufgerissenen Himmel mit Dreifaltigkeit und Heiligen desselben Künstlers zeigt. Und weiter in die Lichtzone des theatralisch um die Abschiedsszene der Kirchenpatrone Petrus und Paulus komponierten *Hochaltars* (1727–35) von Peter Widerin nach Entwürfen des Italieners Antonio Galli-Bibiena. Zum Abschluss empfiehlt sich ein Spaziergang durch den **Stiftspark** (Mai–Okt. tgl. 9–18 Uhr) mit prächtigen alten Bäumen und barockem, freskengeschmückten Gartenpavillon.

Schloss Schallaburg

Etwa 5 km südlich von Melk setzt das Renaissanceschloss Schallaburg (Tel. 02754/6317, www.schallaburg.at, Ende April–Okt. Mo–Fr 9–17, Sa/So/Fei 9–18 Uhr) aus dem 16. Jh. durch seinen quadergeschmückten Bergfried unruhige Akzente ins Grün. Ebenso unruhig wie fantastisch präsentiert sich sein zweigeschossiger *Arkadenhof*, das Glanzstück der Anlage. Die Augen müssen sich erst an die Überfülle von Figuren, Wappen, Fratzen und Masken, Büsten und Medaillons, Atlanten und Karyatiden, das Geflecht von Ranken und Blattwerk aus Terrakotta gewöhnen, mit denen der Halleiner Jakob Bernecker 1573 die Wände überzog.

i Praktische Hinweise

Information

Touristinformation, Babenbergerstr. 1, 3390 Melk, Tel. 02752/52307410, www.melk.gv.at

Hotel

******Zur Post**, Linzer Str. 1, Melk, Tel. 02752/52345, www.post-melk.at. Traditionelles Haus mit einem Restaurant in geschichtsträchtigen Gewölben.

Restaurant

Stiftsrestaurant, Abt-Berthold-Dietmayrstr. 3, Melk, Tel. 02752/52555. Die wieder aufgebaute Orangerie des Stifts beherbergt heute ein gutes Restaurant.

13 Dürnstein

Idylle zwischen Donau, Weinterrassen und Kuenringerburg.

Östlich von Melk, über die Brücke wieder auf die B 3 zurückgekehrt, gelangt man zum schönsten Abschnitt der **Wachau**. Schmal ist das Durchbruchstal, das sich die Donau durch die Gneishochfläche erzwang. Eng schmiegt sich die Straße an den Flusslauf. **Schloss Schönbühel** am jenseitigen Ufer, eine friedlich wirkende Anlage, erhielt sein jetziges Aussehen Anfang des 19. Jh. Etwas weiter im Osten wächst die Ruine der **Burg Aggstein** fast übergangslos aus einer Bergkuppe 300 m hoch über dem Fluss. Kulisse unzähliger Stimmungsbilder, Sagen und Raubrittergeschichten ist die gotische Festung, die im ausgehenden 18. Jh. verfiel. Weinreben wachsen nun beinahe bis zum Donauufer. Orte wie das biedermeierliche *Spitz* mit seinem markanten Tausendeimerberg und das malerische *Weißenkirchen* sind fast in Reben gebettet.

Top Tipp

Die Ruine der *Kuenringerburg* aus dem 12. Jh. über **Dürnstein** ist nur mehr ein schöner Blickfang für das noch teilweise ummauerte Städtchen. Mit zäher Beharrlichkeit hält sich die Sage vom hier 1192/93 gefangen gehaltenen englischen König Richard Löwenherz, seinem treuen Sänger Blondel und dem großen Lösegeld, das in die Taschen des Babenberger Herzogs Leopold V. floss. Dürnstein, von Donau und steilen Weinterrassen eng zusammengedrückt, mit schmalen Gassen und Häusern aus dem 16./17. Jh., wurde im 18. Jh. von kunstsinnigen Chorherren mit schwelgerischem Barock geschmückt. Der eigenwillige, blau-weiß getünchte, reich mit plastischem Schmuck versehene Turm der ehem. Stifts- und heutigen **Pfarrkirche Mariä Himmelfahrt** (1721–25) dominiert das große 1733 vollendete **Augustiner Chorherrenstift** (Tel. 02711/227, www.stiftduernstein.at, April–Okt. tgl. 9–18 Uhr). Baumeister wie Joseph Munggenast, Jakob Prandtauer und Matthias Steinl realisierten hier die Ideen des wie ein Barockfürst agierenden Propstes

Die Wachau – fruchtbare Rebhänge, Burgruinen und hübsche Städtchen wie Dürnstein

Hieronymus Übelbacher. Ein *Prunkportal* mit Allegorien der Göttlichen Tugenden führt in das harmonische Geviert des *Stiftshofes* und ein zweites prächtiges Portal in die einschiffige Kirche. Weiß und golden, zart und licht, mit Stuckreliefs von Santino Bussi, Altarblättern vom Kremser Schmidt und verspielten Engeln erstrahlt der festliche Raum. Eine Schöpfung Antonio Galli-Bibienas ist das ›Heilige Grab‹ auf gotischen Fundamenten Anfang des 18. Jh. errichteten Kreuzgang.

Propst Hieronymus war auch der Ideengeber für das 1715 von Jakob Prandtauer fertiggestellte **Kellerschlössl** mit den barocken Volutengiebeln am Fuße der Weinberge östlich der Stadt. Es verfügt über einen Weinkeller mit Gängen von 800 m Gesamtlänge und ist heute Sitz der ›Freien Weingärtner Wachau‹.

i Praktische Hinweise

Information

Gästeinformation Dürnstein-Loiben, Dürnstein 132, 3601 Dürnstein, Tel. 02711/200, www.duernstein.at

Hotels

*****__Schloss Dürnstein__, Dürnstein 2, Tel. 02711/212, www.schloss.at. Das noble Hotel, Mitglied von Relais & Chateaux, ist im frühbarocken Schloss eingerichtet. Mit feinem Haubenrestaurant.

****__Romantik Hotel Richard Löwenherz__, Dürnstein 8, Tel. 02711/222, www.richardloewenherz.at. Das Hotel im einstigen Klarissinnenkloster ist mit Antiquitäten eingerichtet.

Restaurant

Loibnerhof, Unterloiben 7, Dürnstein, Tel. 02732/828900, www.loibnerhof.at. Regionaltypische Küche, bei schönem Wetter wird unter Obstbäumen serviert (Mo/Di geschl.).

14 Krems

Wohlhabende Bürger bauten ein Stadtjuwel inmitten von Weinbergen.

Weit und hell ist der Landstrich bei Krems (23000 Einw.). Pastellfarben strahlen die historischen Bauten in Niederösterreichs ältester Stadt. Seit 995 war sie Reichsfeste, dann frühe Rivalin Wiens, wurde reich durch Eisenhandel und war Sitz der babenbergischen *Münzstätte*, die das erste Geld im Lande prägte. Heute ist sie Heimat der Donauuniversität.

Das mächtige, von zwei Rundtürmen mit Kegeldach flankierte **Steinertor** von

1480, das einzig erhaltene der vier Stadttore, erhielt im 18. Jh. einen barocken Turmaufbau. Hier nehmen die Obere und Untere Landstraße ihren Anfang, die das Städtchen als Achsen durchziehen. Durch die Schmidgasse links gelangt man zum **Körnermarkt** mit seinen stattlichen, meist giebelständigen Häusern und einer schönen Mariensäule in der Platzmitte. An der Ostseite erhebt sich die ehem. **Dominikanerkirche** (13. Jh.), der mönchische Demut einen hohen Kirchturm verwehrte. Behutsam wurden die 1735 säkularisierte Kirche, das alte Kloster und der gotische Kreuzgang restauriert. In dem hier eingerichteten **WEINSTADTmuseum** (Körnermarkt 14, Tel. 02732/801567, www.weinstadtmuseum.at, März–Nov. Mi–Sa 10–18, So/Fei 13–18 Uhr) spannt sich der Kunstbogen von der um 30 000 v. Chr. datierten Statuette ›Fanny vom Galgenberg‹ über romanische und gotische Skulpturen bis zu den Gemälden des Kremser Schmidt.

Decken- und Wandmalereien von seiner Hand schmücken die durch die Schlüsselamtsgasse zu erreichende frühbarocke **Pfarrkirche St. Veit** (um 1630). Vorbei an dem 1553–59 von Hans von Pruch verzierten **Sgrafittohaus** (Margarethenstr. 5) gelangt man am Südende des Hohen Marktes zur **Gozzoburg**, die seit 2009 als Außenstelle des WEINSTADTmuseums im Rahmen von Führungen (März–Nov. Fr/Sa 12 und 14, April–Juni, Sept./Okt. auch So/Fei 14 Uhr) zu besichtigen ist. Stadtrichter Gozzo ließ den Bau des 11. Jh. um 1275 im Stil italienischer Palazzi umgestalten, charakteristisch ist die Loggia mit Spitzbogenarkaden.

An den Hohen Markt grenzt ein pittoresker Stadtteil, der besonders um den mittelalterlichen **Pulverturm** uralt und verwinkelt wirkt. Der Turm bietet einen Prachtausblick über die Stadt. Im Westen des Steiner Tores kommt man in das Viertel **Und**, in dessen Kloster (1614) sich heute ein gutes Weinkolleg befindet.

Von der Altstadt führt die *Kunstmeile Krems* zum mittelalterlichen Kern von **Stein**. An der Meile locken das kecke **Karikaturmuseum** (Tel. 02732/908020, www.karikaturmuseum.at, tgl. 10–18 Uhr) und die **Kunsthalle Krems** (Tel. 02732/908010, www.kunsthalle.at, tgl. 10–18 Uhr) mit Ausstellungen zu Moderne und Gegenwart.

Anfang April bis Ende Oktober fährt der Bummelzug **Krems Wachau Express** (tgl. 12–18 Uhr) stündlich ab Schiffsstation Stein durch die schönsten Gassen von Krems.

Ausflüge

Wenige Kilometer südlich, Richtung St. Pölten, liegt auf der Kuppe des Dunkelsteiner Waldes hoch über der Donau das riesige **Bendiktinerstift Göttweig** (Tel. 02732/85581231, www.stiftgoettweig.at, tgl. 10–18, im Sommer ab 9 Uhr) das ›Österreichische Montecassino‹. Abt Gottfried Bessel gab Johann Lukas von Hildebrandt 1758 den Auftrag, das 1718 durch Brand verwüstete Kloster (11. Jh.) zu einer ›Gottesburg‹ auszubauen. Die Anlage wurde jedoch nie fertiggestellt, ein beeindruckender Torso blieb zurück. Das Kostbarste im *Inneren*, die Stiftsbibliothek und die Gemäldegalerie, bleiben ein Klostergeheimnis. Besichtigen dagegen darf man die Daueraustellung *Klosterleben*, das *Museum im Kaisertrakt* und die *Kaiserstiege*, eines der schönsten Treppenhäuser des Barock, mit dem 1739 entstandenen Deckenfresko ›Apotheose Kaiser Karls VI.‹ von Paul Troger (1698–1762). Zugänglich sind auch vier *Kaiserzimmer* und der nach dem Stiftsgründer benannte, mit Veduten geschmückte *Altmannssaal*.

Architektonischer Mittelpunkt der Anlage ist die **Stiftskirche** mit klassizistischer Doppelturmfassade, Freitreppe und Säu-

Von ehemals vier Stadttoren hat in Krems einzig das Steinertor die Zeit überdauert

lenvorhalle. Bekannte Barockmaler schufen die Gemälde in den acht Seitenkapellen, der Kremser Schmidt z.B. stattete die dem hl. Benedikt und hl. Altmann geweihten Kapellen aus. Der Chor mit dem säulengeschmückten *Hochaltar* (1639) des Flamen Hermann Schmidt steht im deutlichen Kontrast zum pastellfarbenen Langhaus. Die Krypta birgt das ›Göttweiger Gnadenbild‹, eine gotische *Pietá*.

Von Krems nach Zwettl führt die B 37 in das geheimnisvolle *Waldviertel* zwischen Donau und tschechischer Grenze. Die Landschaft ist rau, teils felsig, teils hügelig mit schluchtenartigen Tälern, vielen Teichen, Mooren und seltsamen ›Wackelsteinen‹, von der Natur durch Verwitterung in Jahrtausenden geformt. Im Zentrum liegt **Zwettl**, eine einst ummauerte Kleinstadt. Geistiges und kulturelles Zentrum ist das 1138 durch Hadmar von Kuenring gegründete **Zisterzienserstift Zwettl** (Tel. 028 22/550, www.stift-zwettl.at, Mo–Sa 9–12 und 13.30–16, So/Fei 13.30–16 Uhr). Von der mittelalterlichen Klosteranlage blieben *Kreuzgang* und *Kapitelsaal* fast unverändert erhalten. Der gotischen **Stiftskirche Mariä Himmelfahrt** wurde 1722–27 eine barocke mit Heiligenfiguren und Engeln geschmückte Granitfassade vorgeblendet. Den Turm krönt eine vergoldete Christusstatue. Der gotische Innenraum weist eine reiche Barockausstattung auf. Glanzpunkte sind der von Munggenast entworfene *Hochaltar* mit den von J.M. Götz aus Lindenholz geschnitzten Figuren Mariens, der Apostel und der Dreifaltigkeit sowie ein edles Chorgestühl und eine prächtige Orgel.

i Praktische Hinweise

Information

Krems Tourismus, Utzstr. 1, 3500 Krems, Tel. 027 32/826 76, www.krems.info

Schiff

Brandner Schifffahrt, Wallsee, Tel. 074 33/25 90 21, www.brandner.at. Stimmungsvolle Wachaufahrten Krems–Melk.

DDSG Blue Danube, Krems, Tel. 027 32/782 82, www.ddsg-blue-danube.at. Donaurundfahrten, Wachau-Linienfahrten.

Hotels

******Steigenberger Avance Hotel**, Am Goldberg 2, Krems, Tel. 027 32/710 10, www.krems.steigenberger.at. In einem Weinberg liegt das gepflegte Landhaus.

Die Stiftskirche von Klosterneuburg mit ihren neogotischen Türmen des 19. Jh.

*****Alte Post**, Obere Landstr. 32, Krems, Tel. 027 32/822 76, www.altepost-krems.at. 500 Jahre alt ist dieses gemütliche Haus mit romantischem Garten.

Restaurants

Am Förthof, Förthofer Donaulände 8, Krems, Tel. 027 32/833 45. Die Küche des Gourmethotels ist bodenständig, exzellent schmeckt der Donaufisch.

TOP TIPP **Landhaus Bacher**, Südtirolerplatz 2, Mautern, Tel. 027 32/829 37, www.landhaus-bacher.at. Am jenseitigen Donauufer kredenzt eine der besten Köchinnen Österreichs Speisen für Genießer (Mo/Di geschl.).

15 Klosterneuburg

Karl VI. träumte von einem Escorial an der Donau.

Eine Au-Insel trennt Klosterneuburg von der Donau, der Kahlenberg bindet es an den Wienerwald. Schon die Römer fanden den Bauplatz für ihre Donaufestung *Asturis* höchst geeignet. 1113 verlegte der Babenberger Leopold III. seine Residenz nach Klosterneuburg und ließ auf den Resten des römischen Kastells eine neue

Burg errichten. Ein Jahr darauf gründete er ein Stift für weltliche Kanoniker, stattete es reich aus, legte den Grundstein zum Bau einer Kirche und wandelte 1133 das weltliche Stift in ein Stift der Augustiner Chorherren um. Reichtum, Wissenschaft und Kunstverstand schlossen im TOP TIPP **Stift Klosterneuburg** (Tel. 02243/411253, www.stift-klosterneuburg.at, tgl. 9–18 Uhr) eine glänzende Allianz: So fertigte man hier z.B. im 15. Jh. die damals besten Karten der Welt. Seit der Heiligsprechung Leopold III. anno 1485 gilt sein Stift als österreichisches Nationalheiligtum.

Als Karl VI. 1711 aus Spanien zurückkehrte, der Traum vom Universalreich war endgültig begraben, beauftragte er die Barockbaumeister Jakob Prandtauer, Donato Felice d'Allio und Josef Emanuel Fischer von Erlach, das Stift zu einer Art ›österreichischem Escorial‹ auszubauen. Karl VI. starb 1740, ehe seine hochfliegenden Pläne verwirklicht werden konnten. Maria Theresia ließ das erst zu einem Drittel verwirklichte Projekt einstellen, denn ihr Interesse galt dem Bau von Schloss Schönbrunn in Wien. Von den geplanten acht Kuppeln wurden nur zwei gebaut, sie tragen die deutsche Kaiserkrone und den niederösterreichischen Erzherzogshut. 1836–42 konnte die Anlage unter Leitung von Josef Kornhäusel in verkleinerter Form fertiggestellt werden. Heute dient die pächtige **Sala Terrena** als Eingangsfoyer.

Der Stiftsplatz mit der gotischen Lichtsäule leitet zur **Stiftskirche** über. Die ursprünglich romanische Basilika (1136) mit kreuzförmigen Grundriss wurde im 17. Jh. barockisiert und im 19. Jh. durch die neogotisch vollendeten Türme nicht eben veredelt. Schöner ist der barocke, vornehm freskierte *Innenraum*. Der Chorraum, 1723–30 nach Plänen von D. F. d'Allio umgestaltet, erhält seine Stimmung von Rottmayrs Kuppelfresko der ›Himmelfahrt Mariens‹. Der marmorne, figurengeschmückte Hochaltar wurde von Matthias Steinl konzipiert.

In den Räumen des **Kreuzgangs**, der die Verbindung zur **Leopoldskapelle**, der Grabkapelle Leopold III., herstellt, wird Kunst des Mittelalters gezeigt. Aus nächster Nähe kann man nun in der Kapelle den größten Schatz des Stiftes, den weltberühmten **Verduner Altar**, besichtigen. *Nikolaus von Verdun* schuf die feuervergoldeten Emailtafeln, die 1181 als Ambоverkleidung in den Besitz des Klosters kamen. Nach einem Brand 1330 wurden sie zur Altarwand (1,08 x 2,63 m) umgestaltet. Die Szenen der 51 Tafeln zeigen die ›Zeit vor dem Gesetz Moses‹, die ›Zeit unter dem Gesetz‹ und die ›Zeit der Gnade‹, d.h. das christliche Zeitalter. Der Altar gilt als das bedeutendstes Email- und Goldschmiedewerk des 12. Jh.

Der Kreuzgang erschließt auch das *Brunnenhaus* mit einem Bronzeleuchter (1. Hälfte 12. Jh.), die *Grabkapelle* des Bischofs Wehinger von 1410 und das *Lapidarium* mit der ›Klosterneuburger Kalksteinmadonna‹ (um 1310). Bei Führungen werden auch die barocke Hauptstiege, der Marmorsaal mit den Fresken von Daniel Gran, die Kaiserzimmer und das **Stiftsmuseum** besichtigt, das bedeutende Kunstwerke, darunter den 8 m breiten Bilderbogen des Babenberger-Stammbaums und eine wunderbare Elfenbeinsammlung, beherbergt. Den Stiftshof querend gelangt man zur **Sebastianikapelle** mit dem wertvollen gotischen *Albrechtsaltar* von 1439. In der Stiftsbinderei gehen die Klosterneuburger Weinberge eine Allianz mit dem Stift ein: Ein Tausendeimerfass von 1704 lädt an jedem Leopolditag (15. Nov.) zum Fasslrutschen ein.

Im Weinbergschatten bietet das hochmoderne **Essl Museum – Kunst der Gegenwart** (An der Donau-Au 1, Tel. 02243/37050150, www.essl.museum, Di–So 10–18, Mi bis 21 Uhr) eine ausgezeichnete Kollektion österreichischer und internationaler Kunst nach 1945. Mit seinen über 4000 Werken, u.a. von Arnulf Rainer, Siegfried Anzinger, Georg Baselitz und Lucio Fontana, zählt es zu den wichtigsten Privatsammlungen Europas.

Inferno – die Verdammten im Höllenschlund, Detail aus dem Verduner Altar

Wien – Hauptstadt und Perle in einer Muschel aus Wald

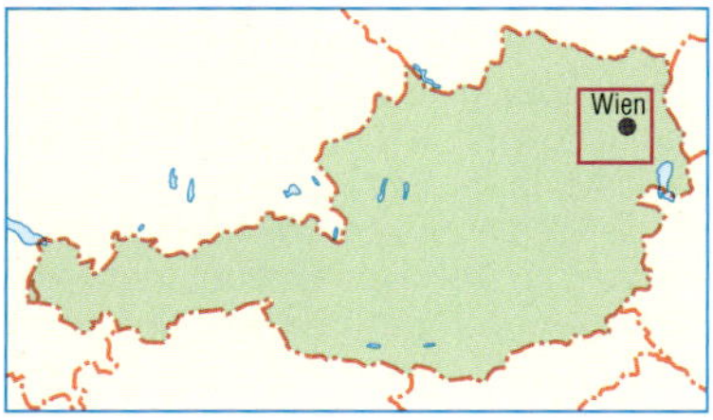

Wien – in einer Studie 2009 zur lebenswertesten Metropole der Welt erkoren – ist widersprüchlich: Weltstadt und Dorf, extravagant und kleinbürgerlich, mittelalterlich und zukunftsorientiert, imperial und gemütlich, ist urbane Realität und ein Ort nie enden wollender Festesfreude. Üppiger Mischwald und das zarte Pastell der Rebhügel rahmen die Metropole, umfangen 2000 Jahre Kultur und 1000 Jahre bewahrte Architektur. Viele Glanzpunkte teilen sich die Intimität der **Inneren Stadt**: der gotische **Stephansdom**, wurzelnd im mittelalterlichen Wien, die magische **Hofburg** der Habsburger und die Renaissance-Stallburg **Spanische Hofreitschule** der Lipizzaner, weihrauchumflorte **Barockkirchen**, eitle Palais mit kraftstrotzenden Karyatiden und Wappenlöwen, **Staatsoper**, **Burgtheater** und eine **Museenlandschaft** von fast unglaublicher Dichte mit weltberühmten Sammlungen.

Nach so viel Kultur lässt es sich in den **Heurigendörfern** der Umgebung oder bei einem Ausflug in den nahen **Wienerwald** herrlich entspannen.

16 Wien

In der kosmopolitischen, charmanten Hauptstadt leben heute fast 20 % der Österreicher.

Die Wiener Stadtlandschaft, ein Konglomerat aus 23 Bezirken von ganz unterschiedlichem Charakter, liegt großräumig rechts und kleinräumig links der Donau. Die 1,7-Mio.-Metropole ist in konzentrischen Kreisen angelegt, was sie überschaubar macht: Im **Zentrum** breitet sich die imposante Bausubstanz des höfischen Wien aus, eingekreist von der Pracht liebenden Ringstraße mit ihrer Gründerzeitattitüde, in der sich immer mehr Luxushotels etablieren, und mit der Museumsmeile. Der fast kreisförmige Gürtel umfängt die Inneren Wohnbezirke. Sie finden ihre Entsprechung in den Außenbezirken, diese gehen am grünen, aufgelockerten Stadtrand in schöne Villen- und Heurigenviertel über. Die **Donau** selbst nimmt nur am Rand des Stadtbildes teil. Sie leiht der exterritorialen UNO-City an ihrem Ostufer den Charme einer Ferienlandschaft, ehe sich die Stadt mit ausufernden Hochhaussiedlungen in der konturlosen Weite verliert.

Geschichte Bären durchstreiften die bewaldeten Berge über der Donau, ehe jungsteinzeitliche Jäger Unruhe ins Dickicht brachten. 800 v. Chr. siedelten **Kelten** auf dem Leopoldsberg und der Name ihrer Siedlung *Vedunia* ging 15 v. Chr. als *Vindobona* auf das römische Kastell in der Ebene über. Im 3. Jh. n. Chr. zählte die bedeutende Stadt bereits 20 000 Einwohner, ging aber 100 Jahre später im Getrampel der Völkerwanderung unter.

Erst **Bajuwaren** hatten im 8. Jh. wieder genügend Mut, um in der entvölkerten Öde eine neue Siedlung anzulegen. *Wenia* wurde erstmals 881 in den Salzburger Annalen genannt. **Herzog Heinrich II.** verlegte dann 1156 seine Residenz nach Wien. Der kontinuierlich wachsende Ort wurde 1221 zur Stadt erhoben, am Hof gaben sich im 12./13. Jh. berühmte Dichter und Minnesänger wie Walther von der Vogelweide ein Stelldichein. **Rudolf I. von Habsburg** konnte 1278 nach dem Sieg über Böhmenkönig Ottokar bereits in eine beachtliche urbane Siedlung einziehen. Doch die Baudenkmäler der Romanik sind heute nur mehr marginal vorhanden. Von der im 14./15. Jh. in höchster Blüte stehenden Gotik jedoch zeugen die Wiener Sakralarchitektur und die Hofburg. Und auch die Wissenschaft spielte seit der Gründung der Universität 1365 eine große Rolle.

1438 wurde Wien zur **Residenzstadt** des *Heiligen Römischen Reiches Deut-*

Plan S. 52/53

Café mit Aussicht – vom modernen Haas-Haus sieht man auf den ehrwürdigen Stephansdom

scher Nation und blieb es fast 370 Jahre lang. Nachdem die Türken unter Sultan Soliman 1529 erstmals vertrieben worden waren, entstanden die bedeutendsten *Renaissance-Bauwerke* im Bereich der Hofburg. Nach dem Abzug der schwedischen Soldateska am Ende des Dreißigjährigen Krieges öffnete sich die Metropole schließlich dem *Barockstil*, der sich in der Euphorie einer glücklich überstandenen zweiten Türkenbelagerung (1683), Stärke demonstrierend, vollends und grandios entfaltete. Johann Bernhard Fischer von Erlach und sein Sohn Josef Emanuel, Lukas von Hildebrandt und Georg Raphael Donner waren die großen Baumeister und Bildhauer dieser Zeit.

Während der Regentschaft **Kaiserin Maria Theresias**, die 1740 den Thron bestieg, lebten fast 160 000 Menschen innerhalb des heutigen Wiener Gürtels. Fließend ging damals der *Spätbarock* in die Ausdrucksformen des *Rokoko* über, die das neue Bauen in Schloss Schönbrunn Mitte des 18. Jh. bestimmten. ›Vienna gloriosa‹ wurde auch zum Musik- und Theaterzentrum. Wolfgang Amadeus Mozart (1756–1791) schrieb in Wien Meisteropern, Ludwig van Beethoven (1770–1827) und Josef Haydn (1732–1809) verfassten begnadete Sinfonien.

1805 und 1809 besetzte **Napoleon** die Stadt. Nach Napoleons Verbannung wurde im **Wiener Kongress** von 1814/15 die

Neuordnung Europas verhandelt. In den Jahrzehnten danach breitete sich die liebenswürdige Kultur des leichtfüßigen österreichischen *Biedermeier* aus. Franz Schubert (1797–1828) dominierte die Musik des beginnenden 19. Jh., Johann Strauß Vater (1804–1849) und Johann Strauß Sohn (1825–1899) schufen die unwiderstehliche Walzerseligkeit. Moritz von Schwind (1804–1871), Friedrich von Amerling (1803–1887) und Ferdinand Georg Waldmüller (1793–1865) waren die herausragenden Maler dieser Epoche, Franz Grillparzer (1791–1872), Ferdinand Raimund (1790–1836) und Johann Nestroy (1801–1862) prägten die Literatur.

Nach der Wiener Revolution von 1848 entwickelte sich unter Kaiser **Franz Joseph I.** schließlich die moderne Großstadt. Die Monarchie etablierte mit den Ringstraßenbauten der *Gründerzeit* einen letzten raumgreifenden Baustil, ehe *Jugendstil* und *Secession* mit Architekten wie Otto Wagner (1841–1918), Josef Hoffmann (1870–1956), Adolf Loos (1870–1933) und Malern wie Gustav Klimt (1862–1918) und Egon Schiele (1890–1918) neue Wege einschlugen.

Die 1918 erfolgte **Auflösung der Monarchie** ließ Wien reich an glänzenden Baudenkmälern, zugleich als viel zu große Metropole eines republikanischen Kleinstaates zurück. Sieben Jahre nach dem Einmarsch Hitlers wurde 1945 die **Zweite Republik** ausgerufen. Nach 1945 reüssierte die *Wiener Schule des Phantastischen Realismus* mit Malern wie Rudolf Hausner (1914–1995), Ernst Fuchs (*1930) und Arik Brauer (*1929). In den letzten Jahrzehnten gab Wien den Bauten der *Postmoderne* Raum. Friedensreich Hundertwasser (1928–2000), Fritz Wotruba (1907–1975), das Architektenteam Coop Himmelblau, Hans Hollein (*1934) mit seinem Haas-Haus und die Bauten im Innenhof des MuseumsQuartiers setzten ausgefallene Akzente. Im neuen Stadtteil Donaucity jenseits der Donau türmen sich modernste Hochhäuser gen Himmel. Bei der im Bau befindlichen Bahnhofscity entsteht ein neuer Hauptbahnhof und ein ganzer Stadtteil für 13 000 Menschen.

Mitten im Herzen von Wien

Im Zentrum herrscht Weite und Gelassenheit. Der **Stephansplatz** ❶ war jahr-

Stephansdom

1 Kreuzkapelle
2 Bischofstor
3 Kanzel
4 Nordturm
5 Katakomben
6 Zahnwehherrgott
7 Barbarakapelle
8 Hochaltar
9 Wiener Neustädter Altar
10 Hochgrab Friedrichs III.
11 Dienstbotenmadonna
12 Katharinenkapelle
13 Südturm
14 Leopoldsaltar
15 Singertor
16 Pötscher Madonna
17 Eligiuskapelle

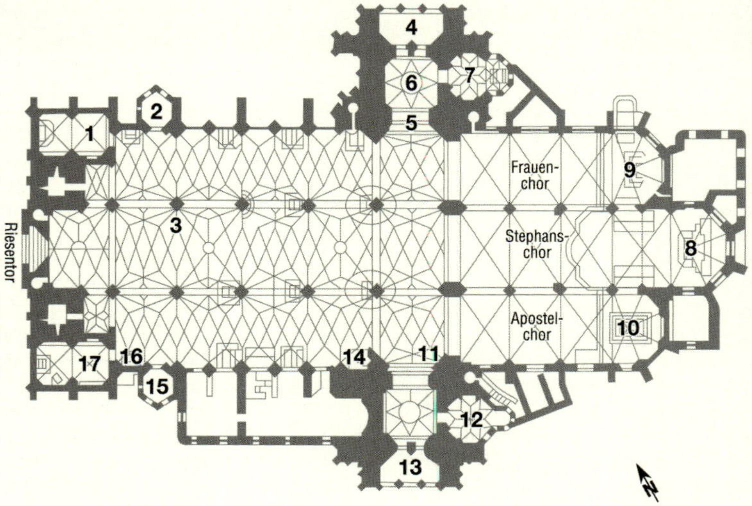

hundertelang ein Friedhof, wurde Ende des 18. Jh. urban umgestaltet und verschmolz mit dem Stock-im-Eisen-Platz. So bot er nun dem **Stephansdom** 2 (Tel. 01/515 52 35 26, www.stephanskirche.at, Mo–Sa 8–22, So/Fei 7–22 Uhr) eine große, würdige Bühne. Ein wichtiger Hinweis: Wegen des Besucherandrangs ist eine kostenlose Besichtigung von Juni–Sept. nur mehr in einem Teil des Seitenschiffs möglich, von dem man einen Blick ins Dominnere werfen kann. Eine ausgedehnte Besichtigung von Dom und Schatzkammer ist nur bei *Führungen* (Mo–Sa 9–11.30, 13–16.30, So/Fei 13–16.30 Uhr) oder mit kostenpflichtigem Audioguide (Mo–Sa 8.30–11.30, 13–17.30, So/Fei 13–17.30 Uhr) möglich. Das aus 230 000 bunt glasierten Ziegeln gefertigte Satteldach der Kirche wird dominiert vom Südturm: 137 m hochragend, filigran und wuchtig zugleich. Dieser berühmte, 1359 begonnene und 1433 vollendete *Stephansturm* (liebevoll ›Steffl‹ genannt) ist aufgrund von Restaurierungsarbeiten derzeit im unteren Turmdrittel noch eingerüstet.

TOP TIPP

Weit zurück reicht die **Geschichte** des Bauwerks. Nach neuesten Erkenntnissen entstanden mindestens drei Vorgängerbauten über einem spätantiken Gräberfeld des 4. Jh., ehe der Dom gegründet wurde. Dieser entstand als romanischer, im 12. Jh. geweihter Bau, eine spätromanische Erweiterung erfolgte im 13. Jh. Im Schaffensrausch der Gotik (14./15. Jh.) wurde der Südturm vollendet, der Nordturm jedoch erst 1511 als Torso mit einer Renaissancehaube bekrönt. Die teilweise Barockisierung im Innern erfolgte im 17./18. Jh.

Bei einem Rundgang um den Dom fallen viele architektonische Besonderheiten ins Auge: Grabmonumente, Wappen, figuraler Schmuck, Wasserspeier mit dämonischen Tiergestalten, Torgiebel mit plastischem Zierrat. Durch das überreich ornamentierte, von den Heidentürmen flankierte spätromanische **Riesentor** im Westwerk mit dem thronenden Christus im Tympanon betritt man den Dom. Die dreischiffige Hallenkirche besticht durch reich profilierte, mit Steinfiguren und wunderschön gearbeiteten Baldachinen geschmückte Bündelpfeiler, die das gewaltige Netzrippengewölbe tragen.

Der Rundgang beginnt bei der kreuzrippengewölbten Tirna- oder **Kreuzkapelle** [1] mit dem marmornen Grabmal des Prinzen Eugen (1754) links vom Eingang. Mit dem benachbarten schönen Altarbaldachin und den qualitätvollen Skulpturen des **Bischofstores** [2] von 1515 steht Anton Pilgrams exzellente spätgotische **Kanzel** [3] (1511–15) in Konkurrenz. Aus ihrem kunstvoll durchbrochenen Sandsteingeflecht ragen die ausdrucksstarken Büsten der vier Kirchenväter hervor. Am Kanzelfuß hat sich der Meister selbst in der Pose des ›Fenstergucker‹ dargestellt. Links neben dem Fuß der 1720 verschwundenen Orgel, den ein weiteres Konterfei Meister Pilgrams ziert, führt ein Lift auf die Aussichtsterrasse des unvollendeten, 60 m hohen **Nordturms** [4] (tgl. 8.30–17.30, Juli/Aug. bis 18 Uhr), in dem seit 1957 die ›Pummerin‹ hängt, die nach Kriegszerstörung 1951 neu gegossene drittgrößte Glocke Europas. Von der Turmhalle gelangt man in die **Katakomben** [5] (Führung Mo–Sa 10–11.30, 13.30–16.30, So/Fei 13.30–16.30 Uhr), wo in Kupferurnen die Eingeweide der Habsburger aufbewahrt werden. Am gotischen **Zahnwehherrgott** [6] vorüber, einer Halbfigur des Schmerzensmannes, die sich als Kopie an der Chorfassade wiederfindet, erreicht

Barocke Pracht – der Hochaltar im gotischen Chor des Stephansdoms

man die von Meister Puchsbaum als Pendant zur südlichen Katharinenkapelle entworfene **Barbarakapelle** [7]. Monumental, in imperialem Wiener Barock, schwelgt im Chorraum der schwarzmarmorne **Hochaltar** [8] (um 1650) mit Statuen von Johann Jakob Pock und dem Altarbild ›Marter des hl. Stephanus‹ (1640) von Tobias Pock. Er wird im Vordergrund links vom reich geschnitzten **Wiener Neustädter Altar** [9] (1447) und rechts vom **Hochgrab Friedrichs III.** [10] begleitet, dessen rotmarmornen Sarkophag und die in Wappen gebettete Liegefigur (1467–1513) der Niederländer Niclas Gerhaert van Leyden entwarf. Die gotische Statue der **Dienstbotenmadonna** [11] (um 1325) an der Südseite des Doms erwarb sich als Helferin aller Hausangestellten Ruhm. Sie leitet zur sterngewölbte **Katharinenkapelle** [12] mit bemerkenswerten Taufbeckenreliefs von 1481 über. Zur Turmstube des **Südturms** [13] führen 343 Stufen hinauf.

In den Dom zurückgekehrt, kann man den vermutlich von Hans Puchsbaum gearbeiteten spätgotischen Baldachin über dem 1448 gestifteten **Leopoldsaltar** [14] bewundern. Den Reigen der Sehenswürdigkeiten beschließen das **Singertor** [15] (1450) mit dem dramatischen Saulussturz im Tympanon, das Gnadenbild der **Pötscher Madonna** [16], eine Ikone von 1676, und die **Eligiuskapelle** [17] mit dem spätgotischen Valentinsaltar (1507).

Viel Kostbares zeigt das **Dom- und Diözesanmuseum** 3 (Tel. 01/515 52 36 89, www.dommuseum. at, Di–Sa 10–17 Uhr) im Erzbischöflichen Palais am Stephansplatz 6. So sind eine qualitätvolle ›Anna Selbdritt‹ (um 1505) von Veit Stoß, eine barocke ›Wurzel-Jesse-Monstranz‹ sowie Gemälde von Maulbertsch und Rottmayr zu bewundern. Das Bildnis *Herzog Rudolf des Stifters* (1339–65), das älteste gemalte Porträt des Abendlandes, ist wertvollstes Exponat der Schatzkammer.

Hinter dem gewaltigen Stephansdom verlockt ein malerisches Gewirr von altersgrauen Gassen und stillen Gässchen zum Schlendern. Im nach Renovierung 2006 eröffneten **Mozarthaus Vienna** 4 (Domgasse 5, www.mozarthausvienna.at, tgl. 10–20 Uhr), der einzigen erhaltenen Wohnung Mozarts in Wien, schrieb der geniale Komponist ›Die Hochzeit des Figaro‹. Ausgestellt sind u.a. Partituren, Porträts und die kolorierten Kupferstiche (1793) zur ›Zauberflöte‹ von Joseph und Peter Schaffer. In der zur Alten Universität

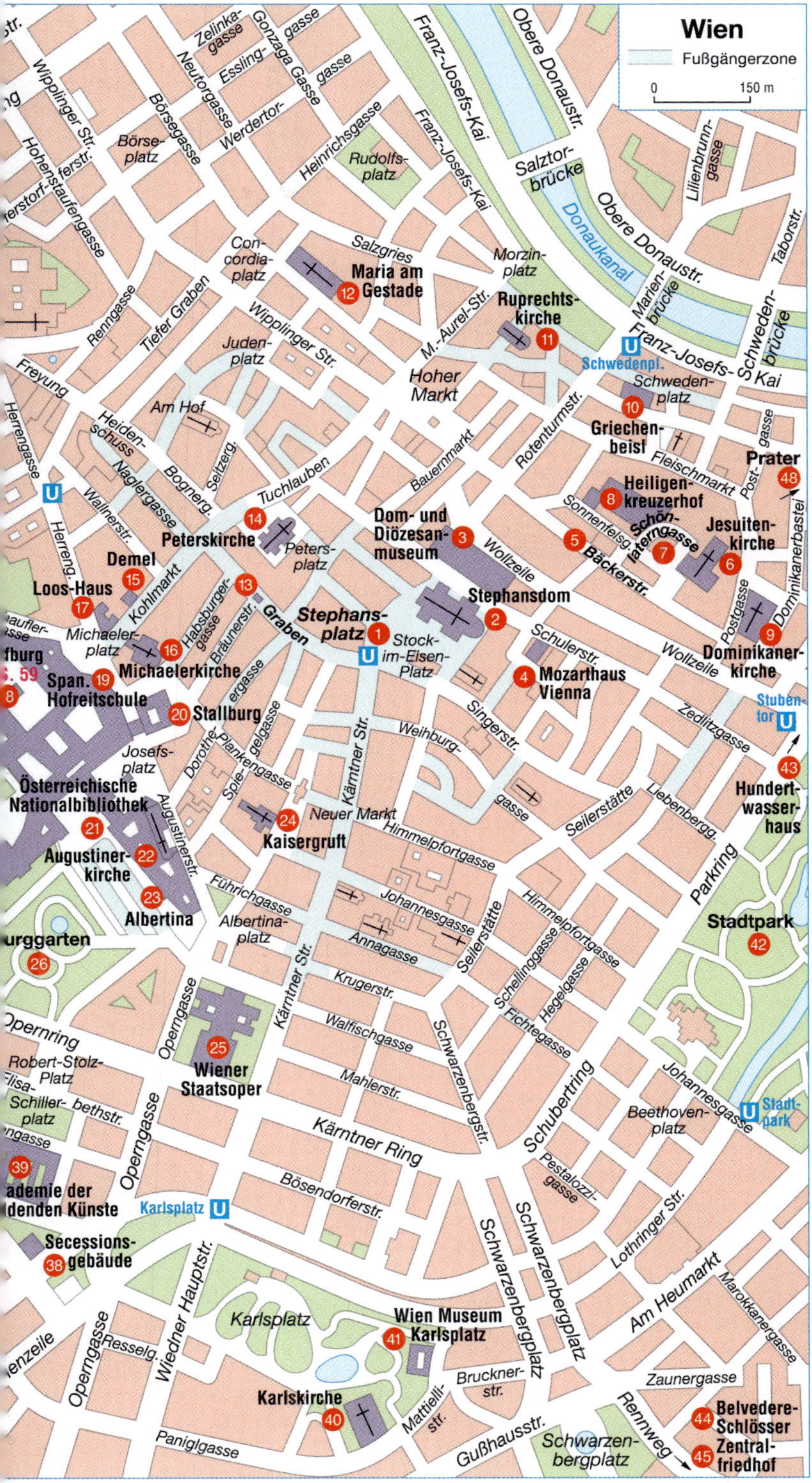
Wien
Fußgängerzone
0
150 m
Wipplinger Str.
Hohenstaufengasse
Börsegasse
Börse-
platz
Zelinka-
gasse
Neutorgasse
Gonzaga Gasse
Essling-
gasse
Werdertor-
gasse
Heinrichsgasse
Rudolfs-
platz
Franz-Josefs-Kai
Obere Donaustr.
Salztor-
brücke
Donaukanal
Lilienbrunn-
gasse
Taborstr.
Con-
cordia-
platz
Salzgries
Maria am
Gestade
12
Morzin-
platz
Ruprechts-
kirche
11
Marien-
brücke
Schweden-
brücke
Schwedenpl.
Schweden-
platz
Renngasse
Tiefer Graben
Wipplinger Str.
Juden-
platz
M.-Aurel-Str.
Hoher
Markt
Freyung
Am Hof
Herrengasse
Heiden-
schuss
Naglergasse
Bognerg.
Seitzerg.
Tuchlauben
Bauernmarkt
Rotenturmstr.
10
Griechen-
beisl
Fleischmarkt
Postgasse
Prater
48
Heiligen-
kreuzerhof
8
Wallnerstr.
Herreng.
14
Peterskirche
Peters-
platz
Dom- und
Diözesan-
museum
3
Wollzeile
Sonnenfelsg.
Schön-
laterngasse
7
5
Bäckerstr.
Jesuiten-
kirche
6
Dominikanerbastei
Demel
15
Loos-Haus
17
Kohlmarkt
13
Habsburger-
gasse
Bräunerstr.
Graben
Stephans-
platz
1
Stephansdom
2
Postgasse
9
Dominikaner-
kirche
Michaeler-
platz
16
Michaelerkirche
Stock-
im-Eisen-
Platz
Schulerstr.
Wollzeile
Span.
19
Hofreitschule
S. 59
20
Stallburg
Dorotheergasse
Plankengasse
Spiegelgasse
Kärntner Str.
Weihburg-
gasse
Singerstr.
4
Mozarthaus
Vienna
Stuben-
tor
Zedlitzgasse
43
Hundert-
wasser-
haus
Josefs-
platz
Österreichische
Nationalbibliothek
21
Augustinerstr.
Augustiner-
kirche
22
24
Kaisergruft
Neuer Markt
Himmelpfortgasse
Seilerstätte
Liebenbergg.
Parkring
23
Albertina
Führichgasse
Albertina-
platz
Johannesgasse
Annagasse
Seilerstätte
Himmelpfortgasse
Schellinggasse
Hegelgasse
Stadtpark
42
Burggarten
26
Krugerstr.
Walfischgasse
Fichtegasse
Opernring
Operngasse
25
Wiener
Staatsoper
Kärntner Str.
Schwarzenbergstr.
Robert-Stolz-
Platz
Elisabethstr.
Schiller-
platz
Mahlerstr.
Schubertring
Johannesgasse
Beethoven-
platz
Stadt-
park
Kärntner Ring
Pestalozzi-
gasse
39
Akademie der
bildenden Künste
Operngasse
Bösendorferstr.
Karlsplatz
Lothringer Str.
Schwarzenbergplatz
Secessions-
38
gebäude
Wiedner Hauptstr.
Karlsplatz
Wien Museum
Karlsplatz
41
Am Heumarkt
Marokkanergasse
Operngasse
Resselg.
Bruckner-
str.
Zaunergasse
Karlskirche
40
Mattielli-
str.
Rennweg
Schwarzen-
bergplatz
Gußhausstr.
Paniglgasse
44
Belvedere-
Schlösser
45
Zentral-
friedhof

Der Graben, Wiens elegante Fußgängerzone, mit Brunnen und der hochbarocken Pestsäule

führenden **Bäckerstraße** 5, gesäumt von alten Palais mit Renaissancearkaden, Laubenhöfen und barocken Architekturdetails, wohnten einst Grillparzer und Beethoven. Am nahen Dr.-Ignatz-Seipel-Platz prangt die meisterliche Rokokofassade der *Akademie der Wissenschaften* (ehem. Universität) gegenüber der **Jesuitenkirche** 6 (Mo–Sa 7–19, So 8–20 Uhr). Der frühbarocken Fassade der einstigen Universitätskirche fügte der Architekt und Maler Andrea Pozzo beim Umbau (1703–07) Türme und Fassadendetails hinzu. Den *Innenraum* schmückte er mit mächtigen Säulen und vorschwingenden Brüstungen, der barocken Vorliebe für den Zentralkuppelbau entsprach er mittels einer gemalten Scheinkuppel im Tonnengewölbe des Langhauses.

Ein besonderer Zauber geht von den im Kern gotischen, teilweise barockisierten Gebäuden der **Schönlaterngasse** 7 aus. Als ältestes zeigt das *Basiliskenhaus* von 1212 (Nr. 7) eine Sandsteinfigur des sagenhaften Untiers in einer Fassadennische. Es bildet einen herben Kontrast zum strahlend barockgelben **Heiligenkreuzerhof** 8. Das malerische Ensemble aus Gebäuden und Höfen erhielt seine heutige Gestalt im 17. Jh. Angefügt ist die barocke *Bernhardskapelle* mit Altarfiguren von Giovanni Giuliani und dem Hochaltarblatt ›Maria erscheint dem hl. Bernhard‹ (um 1730) von Martino Altomonte.

Wo die Schönlaterngasse in die Postgasse mündet, zeigt die im 13. Jh. gegründete und im 17. Jh. umgebaute **Dominikanerkirche** 9, seit ihrer Erhebung zur ›Basilica minor‹ 1927 auch Rosenkranzbasilika, eine vom römischen Barock geprägte Fassade. Die prächtige Stuckdecke im *Inneren* der Saalkirche zeigt Darstellungen aus dem Marienleben. Nach so viel sakraler Würde sorgt das weinumrankte historische Wirtshaus **Griechenbeisl** 10 (Fleischmarkt/Griechengasse) für Entspannung. Signaturen an den Wänden zeugen von den Berühmtheiten, die hier ein- und ausgingen. Tatsache ist, dass Mark Twain an einem der Tische seine ›Millionenpfundnote‹ schrieb. Schöne Mär aber ist, dass in der Pestzeit ein unbekannter Bänkelsänger – auf den eine Fassadenfigur hinweist – hier das Spottlied vom ›Lieben Augustin‹ kreierte.

Die **Ruprechtskirche** 11 (www.ruprechtskirche.at, Mo–Fr 10–12, Mo/Mi/Fr 15–17, Fr auch 21–24 Uhr) am Ruprechtsplatz steht seit 1000 Jahren auf Mauerresten des römischen Castrum, dort wo sich ehemals das unterirdische Bethaus der Glaubensapostel Cunard und Gisalrich befand, und führt so den Altersreigen der Wiener Kirchen an. **Maria am Gestade** 12 in der Salvatorgasse, die aus einem romanischen Bau von 1158 entstandene gotische Kirche mit einem schönen filigranen Turmhelm, hat ähnlich lange überdauert.

Rund um die Hofburg – das imperiale Wien

Der **Graben** ⑬, halb Platz, halb Straße mit römischen Wurzeln, nun elegante Fußgängerzone, lädt zum Bummeln ein. Hans Hollein, einer der Stars der Postmoderne, entwarf das **Haas-Haus** an der Ecke zum Stephansplatz, dessen unruhige Fassade so spekulativ vom Spiegeleffekt bestimmt wird und den Stilbruch zur Domarchitektur zu augenfällig vertritt. Theatralisch, weiß geputzt mit goldenen Akzenten, dominiert die hochbarocke **Pestsäule** den Graben – während der Pestepidemie 1679 von Kaiser Leopold I. gestiftet. Die Sockelreliefs fertigte Johann Bernhard Fischer von Erlach, die Skulpturen (1682–93) Paul Strudel. Den Wolkenobelisk entwarf Lodovico Burnacini.

Von den hohen Hausfronten des einmündenden *Petersplatzes* bedrängt, fehlt der barocken **Peterskirche** ⑭ (Tel. 01/533 64 33, www.peterskirche.at) auf uraltem Kirchenbaugrund des 8. Jh. der große Auftritt. Der heutige *Zentralbau* über ovalem Grundriss, von einer mächtigen Kuppel überwölbt, mit schräg gestellten Türmen und einem Portalvorbau von Andreas Altomonte, entstand im ersten Drittel des 18. Jh. unter der abschließenden Bauaufsicht Lukas von Hildebrandts. Michael Rottmayrs eindrucksvolles *Kuppelfresko* (1713/14) ›Himmelfahrt Mariens‹ verleiht dem ovalen Innenraum die weihevolle Stimmung. *Altarblätter* von Altomonte und Leopold Kupelwieser, eine reich geschnitzte *Barockkanzel* von Matthias Steinl und ein von Antonio Galli-Bibiena effektvoll inszenierter Hochaltar, ausgeführt von Santino Bussi, bilden die Glanzpunkte. In der *Krypta* finden in der Weihnachtszeit Krippenausstellungen statt. Der Graben endet am *Kohlmarkt*, heute eine Luxusgeschäftsstraße, in die sich die frühere Hofzuckerbäckerei **Demel** ⑮ (Tel. 01/53 51 71 70, www.demel.at, tgl. 10–19 Uhr) einschmiegt, nach wie vor eine der feinsten Konditorei-Adressen Wiens.

Historisch und fromm, trivial und imperial gibt sich der *Michaelerplatz*. Seine aufgerissene Erde erlaubt einen Tiefblick auf Grabungsreste aus der Römerzeit. Gleichzeitig mit der Alten Hofburg entstand die **Michaelerkirche** ⑯ (Tel. 01/533 80 00, www.michaelerkirche.at, tgl. 7–22 Uhr). Viele Herrschergenerationen versuchten sich seit dem 13. Jh. als Bauherren an der spätromanischen dreischiffigen Pfeilerbasilika, die zur Hofkirche avancierte. Die architektonische Spurensuche zeigt eine maßvolle klassizistische *Fassade* mit hochbarockem Portalvorbau und einen im 15. Jh. in gotischen Formen erneuerten Turm. Im *Innenraum* treffen spätromanische Fresken in der Turmkapelle und gotische Herbheit in der Nikolauskapelle auf einen üppig inszenierten spätbarocken *Hochaltar* des Jean Baptiste d'Avrange von 1781 mit überlebensgroßen Evangelistenfiguren von Johann Martin Fischer. Karl Georg Merville war der Schöpfer des wandfüllenden weißen Stuckreliefs, ein überaus drastisch konzipierter *Engelssturz* (1782), der sich vom Chorgewölbe bis zum Altar hinunterzieht. Qualitätvolle Altarbilder wie Franz

Wiener Kaffeehauskultur pflegt die frühere Hofzuckerbäckerei Demel am Kohlmarkt

In der Neuen Hofburg am Heldenplatz sind heute mehrere Museen beheimatet

Anton Maulbertschs ›Anbetung des Kindes‹ in der linken Chorkapelle verdeutlichen neben Carlo Carlones Deckengemälde in der Pauluskapelle die barocke Neugestaltung der mittelalterlichen Altäre im 18. Jh. Barock ist auch die pompöse Orgel, die größte Wiens.

Provokant schmucklos im römisch-barocken Ambiente des Michaelerplatzes wirkt Adolf Loos' elegant proportioniertes **Loos-Haus** 17 (www.adolfloos.at) im Stil der Neuen Sachlichkeit – getreu seinem Diktum ›Ornament ist Verbrechen‹.

Vier kraftstrotzende Herkulesse und zwei Kolossalbrunnen als Machtdemonstration ›zu Lande‹ und ›zu Wasser‹ geleiten den Besucher durch das Michaelertor in die **Hofburg** 18 (www.hofburg-wien.at). Sechs Jahrhunderte europäischer Geschichte, Kultur und Architektur repräsentiert die weitläufige *Habsburgerresidenz*. 18 Trakte, 54 Stiegen, 19 Höfe und 2600 Räume fügen sich zu einem gigantischen Komplex. Aller Baustile zwischen Gotik und Gründerzeit bediente sich die kaiserliche Gestaltungslust. Mittelalterlicher Kern der Anlage ist die **Alte Hofburg**, der 1279 fertiggestellte *Schweizerhof-Trakt*, den Ferdinand I. 1552/53 in ein Renaissanceschloss umbauen ließ. Ebenfalls im 16. Jh. entstanden *Stallburg* und *Amalienburg*. Repräsentanten des Barock sind der *Leopoldinische Trakt* (17. Jh.), der *Reichskanzleitrakt* (18. Jh.) und der im 19. Jh. nach Plänen von Josef E. Fischer von Erlach fertiggestellte *Michaelertrakt*. Als letzter Komplex entstand 1881–1913 im Zuge der Ringstraßenbebauung die **Neue Hofburg**, die sich zum Heldenplatz hin in flacher Halbkreisform mit Doppelsäulenreihe im Obergeschoss öffnet. Der Gesamtplan Hasenauers und Sempers für ein gewaltiges *Kaiserforum* wurde nie verwirklicht, lediglich ein Burgflügel entstand 1913. Heute sind hier Museen beheimatet.

Die Kuppelhalle hinter dem Michaelertor ist Ausgangspunkt für die Besichtigung der **Schauräume** (Tel. 01/5337570, Führungen tgl. 10, 11.30, 14 und 15.30, April–Okt. auch 12.30 Uhr) der Hofburg. Kostbares kaiserliches Prunkgeschirr in Gold und Silber wird in der **Silberkammer** [1] (tgl. 9–17.30, Juli/Aug. bis 18 Uhr), der *ehem. Hofsilber- und Tafelkammer*, gezeigt. Nicht weit davon gewähren die **Kaiserappartements** [2] (tgl. 9–17.30, Juli/Aug. bis 18 Uhr) Einblicke in die ehem. kaiserlichen Wohn- und Repräsentationsräume. Die ersten sechs dieser Räume beherbergen das 2004 eröffnete **Sisi-Museum** mit Erinnerungen an Kaiserin Elisabeth (1837–98). In den *Franz-Joseph-Appartements* des barocken Reichskanzleitraktes herrscht kühler Prunk mit belgischen Gobelins, böhmischen Kristalllüstern, Palisandermöbeln und Franz Xaver Winterhalters

Elisabeth-Porträts. Mehr Wärme, behagliche Eleganz und Kaprice strahlen die *Elisabeth-Appartements* der unvergessenen Sisi in der Amalienburg aus. Russlands Zar Alexander bewohnte während des Wiener Kongresses die anschließenden *Alexander-Appartments*. Ihre historisch bedeutendste Dimension: Im Arbeitszimmer konzipierte Karl I., Österreichs letzter Kaiser, 1918 seine Abdankungserklärung. Nicht zu besichtigen ist der *Leopoldinische Trakt* – einst von Maria Theresia und ihrem Sohn Josef II. bewohnt. Hinter der frühbarocken Fassade amtiert nun Österreichs Bundespräsident.

Der türmebewehrte, um einen Innenhof angelegte *Schweizerhof* zeigt eine Renaissancefassade des 16. Jh., im gleichen Stil prangt das prächtige Schweizertor. Im Hof befindet sich der Zugang zur **Burgkapelle Mariae Himmelfahrt** [3] (Mo–Do 11–15, Fr 11–13 Uhr, außer bei Proben der Sängerknaben). 1296 erstmals erwähnt, im 15 Jh. vergrößert, später barockisiert und regotisiert, gewinnt die einschiffige Kapelle durch die Konzerte der alle 14 Tage (außer im Hochsommer und zur Zeit der Konzertreisen) die Sonntagsmessen begleitenden Wiener Sängerknaben an Glanz.

Europas reichste **Schatzkammer** [4] (Tel. 01/525240, www.khm.at, Mi–Mo 10–18 Uhr) ist im Nordtrakt des Schweizerhofes zu bestaunen. Die *Weltliche Schatzkammer* birgt Stücke von historischer Bedeutung und unermesslichem Wert. Jahrhundertelang trugen die Habsburgerkaiser die hier ausgestellten Insignien und Kleinodien des Heiligen Römischen Reiches zusammen: Schmuck, Kronen, Krönungsinsignien, den Schatz vom Goldenen Vlies, den Burgunderschatz sowie zahllose Erb- und Erinnerungsstücke. Die *Geistliche Schatzkammer* bewahrt Reliquien, kostbare Gebetbücher, Elfenbeinarbeiten, Reliquiare, Liturgiegerät und prunkvolle Messgewänder.

In der Neuen Hofburg birgt die **Hofjagd- und Rüstkammer** [5] (Tel. 01/52524460, www.khm.at, Mi–Mo 10–18 Uhr) kaiserliche Prunkharnische und Prunkwaffen. Unikate und Kuriosa aus Renaissance und Frühbarock sind in der **Sammlung alter Musikinstrumente** [6] (Tel. 01/52524471, www.khm.at, Mi–Mo 10–18 Uhr) zusammengetragen. Staunen macht im **Ephesos-Museum** [7] (Tel. 01/52524476, www.khm.at, Mi–Mo 10–18 Uhr) neben Architekturteilen des Artemision von Ephesos der 40 m lange *Partherfries* aus Kleinasien (2. Jh. n. Chr.). Das **Museum für Völkerkunde** [8] (Eingang Heldenplatz, Tel. 01/525240, www.khm.at, Mi–Mo 10–18 Uhr) beherbergt eine der bedeutendsten ethnografischen Sammlungen der Welt, darunter großartige Objekte, die James Cook von seinen Weltreisen mitbrachte, eine riesige Brasiliensammlung und wertvolle afrikanische Bronzen aus Benin.

Zurück zum Ausgangspunkt der Besichtigung: Links vom Michaelertor befindet sich die **Spanische Hofreitschule** 19 (Tel. 01/5339031 13, www.srs.at, öffentl. Training Juni/Juli, Sept./Okt., Dez. Di–Sa 10–12 Uhr, Vorführungen Jan./Febr., April,

Wie Kaiser zu tafeln pflegten, verrät die Silberkammer der Alten Hofburg

Mai, Juli/Aug., Okt./Nov., Kartenbestellungen nur schriftlich Wochen vorher unter ticket@srs.at oder über Wiener Theaterkarten- und Reisebüros). Im prächtigen barocken Ambiente, während des Wiener Kongresses Schauplatz zahlreicher glanzvoller Feste, wird hier seit 1894 die Hohe Schule der Reitkunst vorgeführt. Angemessen nobel sind die weißen Pferde in der **Stallburg** (20) untergebracht. Ursprünglich wurde die vierflügelige Anlage als Residenz für den späteren Kaiser Maximilian II., damals noch König von Böhmen, 1558–65 erbaut.

Schräg gegenüber der Stallburg leitet der intime, einheitlich im Stil des Spätbarock umbaute Josefsplatz zur **Österreichischen Nationalbibliothek** (21) (www.onb.ac.at, Di–Sa 10–18, Do bis 21, Führungen Do 18 Uhr) über. Der ursprünglich frei stehende Barockbau mit Quadriga in der Attika, nach Plänen von Vater und Sohn Fischer von Erlach 1726 fertiggestellt, wurde durch den Redoutentrakt mit der Hofburg verbunden. Er besitzt mit dem zweigeschossigen barocken **Prunksaal** den wohl ›schönsten Bibliothekssaal der Welt‹. In der Kuppel prangt Daniel Grans figurenreiche Apotheose von Kunst und Wissenschaft (1730). Zusammen mit den Kaiserstatuen von Paul und Peter Strudel gibt sie den 15 000 kostbaren Büchern aus der Sammlung des Prinzen Eugen einen kongenialen Rahmen. Der Gesamtbestand der Nationalbibliothek umfasst derzeit etwa 7 Mio. Objekte, darunter 42 000 kostbare Handschriften, 8000 Inkunabeln, 234 000 Autografen sowie eine grandiose Globen- und Kartensammlung. Auch ein bemerkenswertes **Papyrusmuseum** (Di–Sa 10–18, Do bis 21 Uhr) ist hier eingerichtet.

Vom Ostflügel der Bibliothek gelangt man zur eher schlichten **Augustinerkirche** (22) (tgl. 8–18 Uhr) mit schlankem Turm, die Dietrich Ladtner von Pirn 1330–39 als gotische Hallenkirche erbaute. Hier, in der einstigen Hofkirche, heirateten zahlreiche Habsburger: Marie Louise und Napoleon – der sich vertreten ließ –, Franz Joseph I. und Elisabeth, Kronprinz Rudolf und Stephanie von Belgien. Glanzpunkt der Ausstattung: Antonio Canovas klassizistisches *Marmorgrab* (1798–1805) mit trauernden allegorischen Gestalten für Erzherzogin Maria Christina, eine Tochter Maria Theresias. Bewegend: Im **›Herzgrüftel‹** (Tel. 01/533 70 99, www.kaisergruft.at, Besichtigung nur mit Führung Juli/Aug. So nach dem Gottesdienst, ca. 12.15 Uhr) ruhen in silbernen Urnen 54 Herzen von Habsburgern.

Glanzvolle Komödie: Opernball

Weil alles Noble in Wien an Donnerstagen stattfindet, ist auch der Opernball für alle Donnerstage vor Aschermittwoch festgeschrieben. Eine kurze heftige Nacht lang, die erst um 22 Uhr beginnt, beschwört eine meisterhafte Inszenierung in der **Wiener Staatsoper** das längst vergangene kaiserliche Wien herauf. Nach einer langen Reihe von Soireen fand der Opernball erstmals 1935 statt, und obwohl ihn nie ein Monarch besuchte, herrschte und herrscht traditionell höfische Etikette. Noch immer knicksen krönchengeschmückte Jungdamen vor Jungherren mit bedeutenden Familiennamen. Bestickte Seide windet sich um teuer verpackte Pfunde. An sonnengebräunten Männerhälsen baumeln Ehrenkreuze. Ordenssterne halten sich an gestärkten Frackbrüsten fest, breite schräge Schärpen in rotweiß-rot schlingen sich wie Banderolen um wichtige Körper.

Aber der angenehmste Pflichtparcours der Welt hat auch seine Tücken. Die Opernstars sind der unhonorierten Opernnacht längst müde geworden. Manch ein Gast kauft sich für den Aufputz seines Egos exotische Altmimen als Begleiter ein. Die **Politsociety** formt sich zu karrierenützlichen Gruppenbildern vor dem creme-rot-goldenen Hintergrund, der so staatstragend rahmt. In den teuren Logen über duftenden Blumenbuketts fließt edler Champagner

Umstritten, aber immer wieder schön - der jährliche Wiener Opernball

und die Geschäftsgespräche der Wirtschaftsbosse fliegen wie Bälle über die zu Glitzerbergen aufgetürmten Frisuren von mehr oder minder gelangweilten Damen. Doch das lustvolle **Spiel der Eitelkeiten** verströmt immer noch einen eigenen Zauber. Trotz Demonstrantengeschrei vor der Tür wird beim Opernball ein Faschingsabschied von der elitären Sorte zelebriert. Er ist nicht ernst zu sehen, sondern mit einem verschmitzten Augenzwinkern wie all die rührenden oder kitschigen, die lächerlichen oder bösen Wien-Klischees, die so wenig Substanz haben.

In der benachbarten **Albertina** 23 (Tel. 01/53 48 30, www.albertina.at, tgl. 10–18, Mi bis 21 Uhr), dem ehem. Palais Taroucca, ist die bedeutendste grafische Sammlung der Welt untergebracht. Sie wurde 1769 von Herzog Albert von Sachsen-Teschen gegründet. Heute ist die Sammlung in drei Schwerpunkte gegliedert: Unter den Handzeichnungen der **Grafischen Sammlung** (u.a. 41 000 Zeichnungen und Aquarelle, 300 Skizzenbücher sowie 90 000 druckgrafische Blätter) befinden sich Meisterwerke von Dürer und Rembrandt. Die **Architektursammlung** umfasst Arbeiten von Johann Bernhard Fischer von Erlach, Otto Wagner und Ludwig Mies van der Rohe, die **Fotosammlung** spannt einen Bogen von den Anfängen bis zur neueren amerikanischen Fotografie.

Auf den Albertinaplatz mündet links die Tegetthoffstraße, in der sich die 1618 von Kaiserin Anna gestiftete **Kapuzinerkirche** bescheiden gibt, den Regeln des Bettelordens entsprechend. Rechts neben der Kirche steigt man hinab zur Kapuziner- oder **Kaisergruft** 24 (Tel. 01/ 512 68 53, www.kaisergruft.at, tgl. 9.30–15.40 Uhr), in der 138 Mitglieder des Hauses Habsburg in teilweise prachtvoll gestalteten Metallsarkophagen ruhen. Bemerkenswert ist der reich geschmückte Doppelsarkophag mit den halb aufgerichteten Gestalten Maria Theresias und Franz I. in der *Maria-Theresien-Gruft*, den der Rokokokünstler Balthasar Ferdinand Moll 1753 schuf. Die letzte Kaiserin, Zita, wurde hier 1989 bestattet, ihr Sohn, Erzherzog Carl Ludwig Habsburg-Lothringen wurde am 12.1.2008 an ihrer Seite beigesetzt. Für den auf Madeira gestorbenen letzten Kaiser Karl I. gibt es nur einen Gedenkstein.

Die Ringstraße – Ort der Selbstdarstellung

Die **Kärntner Straße**, einstige Luxuseinkaufstraße wienerischer Handwerkskunst, heute von den gängigen Modefilialen vereinnahmt, führt vom Stephansplatz zur **Wiener Staatsoper** 25 (Tel. 01/514 44 22 50, www.wiener-staatsoper.at, Führungen ganzjährig, wegen häufiger Schließtage vorher anrufen unter Tel. 01/514 44 26 14), einem der schönsten Musiktheater der Welt, in dem glanzvolle Aufführungen mit berühmten Dirigenten und Solisten stattfinden. In dem klar gegliederten Bau (1861–69) von Eduard van der Nüll und August Siccardsburg findet alljährlich der legendäre *Wiener Opernball* statt. Die Schauseite mit der zweigeschossigen Loggia im Mittelbau öffnet sich zum Ring hin. Das 1869 mit Mozarts ›Don Giovanni‹ eröffnete Hofoperntheater brannte 1945 aus. Verschont blieben der prächtige *Treppenaufgang* und das mit Opernszenen des romantischen Malers Moritz von Schwind dekorierte *Foyer* im ersten Stock. Nach zehn Jahren war das weltberühmte ›Haus am Ring‹ rekonstruiert und öffnete 1955 mit Beethovens ›Fidelio‹ wieder seine Pforten.

Der Opernring führt am **Burggarten** 26 vorüber. Gepflegte Bäume beschatten wohlgestaltete Denkmäler. Viktor Tilgners 1896 meisterhaft gearbeitetes Mozart-Memento mit Reliefszenen aus Don Giovanni am Ringstraßeneingang wirkt wie eine späte, reuige Huldigung an den in einem Armengrab beigesetzten Künstler. Behäbig, im Kreise ihrer steinernen Generäle, thront Kaiserin Maria Theresia auf dem Denkmalsockel zwischen den beiden klassizistischen, kuppelbekrönten Museumsbauten, die Carl Hasenauer und Gottfried Semper 1871–91 errichteten. Das **Kunsthistorische Museum** 27 (Burgring 5, Tel. 01/52 52 40, www.khm.at, Di–So 10–18, Do bis 21 Uhr) zählt zu den berühmtesten Sammlungen der Welt. Spektakulär sind die *Ägyptisch-orientalische Sammlung* und die *Antikensammlung* mit Kunstwerken aus drei Jahrtausenden. Die **Kunstkammer** (bis Ende 2012 geschl.) mit Elfenbeinschnitzereien, Steinschneidekunst, Marmorreliefs und Büsten aus dem Füllhorn habsburgischer Schatzkammern wird derzeit umgebaut, die Hauptwerke sind jedoch in die Gemäldegalerie ausgelagert.

Familienbild – Raffaels ›Madonna im Grünen‹ im Kunsthistorischen Museum

Die Prunktreppe mit Dekorationen von Gustav Klimt (Zwickel-Allegorien) und Antonio Canovas plastischer Theseus-Gruppe führt zur **Gemäldegalerie** im ersten Stock. Alles was Kaisermacht und Reichtum zusammentragen konnten, ist hier präsent. Die Galerie holländischer, flämischer und deutscher Malerei im Ostflügel zeigt Hauptwerke von Dürer, Cranach, Holbein, Pieter Brueghel d. Ä., Rubens, Rembrandt und Vermeer. In der Galerie italienischer, spanischer und französischer Malerei im Westflügel findet man Meisterwerke von Tizian, Velasquez, Raffael, Bellini, Veronese, Tintoretto und Murillo. Das **Münzkabinett** im zweiten Stock, eines der bedeutendsten seiner Art, umfasst etwa 700 000 Exponate.

Internationales Renommee genießt das gegenüberliegende **Naturhistorische Museum** 28 (Tel. 01/52 177 0, www.nhm-wien.ac.at, Do–Mo 9–18.30, Mi 9–21 Uhr). Besuchermagnete sind hier die Meteoriten- und Edelsteinsammlungen in der *Mineralogisch-petrografischen Abteilung* und die *Prähistorische Sammlung* mit der berühmten Steinfigur ›Venus von Willendorf‹ und zahlreichen Funden aus der Hallstätter Nekropole [s. S. 32].

Nur ein paar Schritte sind es von hier zum neuen **MuseumsQuartier** 29 (www.mqw.at) am Museumsplatz 1. Aus den ab 1719 von Vater und Sohn Fischer von Erlach erbauten barocken *Hofstallungen* ging einer der größten Museumskomplexe der Welt hervor. Drei Neubauten der Architekten Ortner & Ortner verbergen sich hinter der Barockfassade des **MQ**: Im modernen Kubus aus

Pallas Athene wacht als kolossale Brunnenfigur über Theophil von Hansens Parlamentsbau

hellem Muschelkalk zeigt das **Leopold Museum** (Mi, Fr–Mo 10–18, Do 10–21 Uhr) Meisterwerke der österreichischen Moderne, u.a. die weltweit größte Schiele-Sammlung, sowie österreichisches Kunstgewerbe von Otto Wagner, Josef Hoffmann u.a. Im anthrazitfarbenen Basaltbau des **Museum Moderner Kunst Stiftung Ludwig Wien** (MUMOK, Tel. 01/525 00, www.mumok.at, tgl. 10–18, Do bis 21 Uhr) repräsentieren auf fünf Etagen 450 Spitzenwerke die Kunstströmungen des 20. Jh. von Pop Art über Fotorealismus und Fluxus bis zum Wiener Aktionismus. Die **Kunsthalle** (www.kunsthallewien.at, tgl. 10–19, Do bis 21 Uhr) zeigt in einem roten Ziegelsteinbau Gegenwartsströmungen in wechselnden Ausstellungen auf. Außerdem finden ein Architekturzentrum, das ZOOM Kindermuseum und weitere Institutionen auf den insgesamt 60 000 m² Ausstellungsfläche Platz.

Üppiges Grün, eine Nachbildung des Athener Theseus-Tempels sowie Denkmäler für Kaiserin Elisabeth (1907) und Franz Grillparzer (1889) machen den **Volksgarten** 30 beliebt. Ruhe und Raum für Entspannung bietet er mitten im Stadtzentrum. Gegenüber erhebt sich das **Parlament** 31 (Tel. 01/40 11 00, www.parlament.gv.at, Führungen außer an Sitzungstagen Mo–Do 11, 14, 15, 16, Fr 11, 13, 14, 15, 16, Sa und Juli–Sept. stündlich 11–16 Uhr). Eine goldbehelmte *Pallas Athene* als monumentale Brunnenfigur bewacht Theophil von Hansens klassizistischen Bau (1873–83) mit korinthischem Säulenportikus und reichem Giebelschmuck.

Der nördlich anschließende, mit Denkmälern gespickte *Rathauspark* verschafft dem **Rathaus** 32 (Tel. 01/525 50, Führungen außer an Sitzungstagen Mo, Mi/Fr 13 Uhr) Luft. Es zeigt neogotisch begriffene Monumentalität: Friedrich von Schmidt erdachte 1872–83 Arkaden, Loggien, Türmchen und Türme, aufsteigend zum fast 100 m hohen Mittelturm, der den eisernen ›Rathausmann‹ trägt. Dieses Wiener Wahrzeichen ist rechts vor dem Rathaus als Kopie in Augenschein zu nehmen. Feststiegen und Repräsentationsräume sind bei einem Rundgang zu bewundern. Hohes Niveau haben die Sommer-Konzerte im *Arkadenhof.*

Das **Burgtheater** 33 (Tel. 01/514 44 41 40, www.burgtheater.at, Führungen tgl. 15 Uhr) an der gegenüberliegenden Stadtseite des Rings, ein Gründerzeitbau aus den Jahren 1874–88, wurde von Carl Hasenauer nach Semper-Plänen errichtet. Es erinnert – vor allem mit seinem halbrund vorgewölbten Mitteltrakt – an die kurz zuvor entstandene Dresdner Semperoper und zeigt sich außen überladen mit

Büsten, Relieffriesen und Kolossalfiguren. Die eleganten Innenräume, üppig im Stil des französischen Barock, wurden nach den Kriegszerstörungen wieder hergestellt. Erhalten blieben die Feststiegen in den Seitenflügeln mit *Deckenmalereien*, u.a. ›Vor dem Theater in Taormina‹ von Klimt. Der edle, gold-rot gehaltene Zuschauerraum verfügt über 1500 Plätze.

Der Ringspaziergang durch die Gründerzeit schließt die von Heinrich Ferstel im Stil der italienischen Renaissance 1883 erbaute **Universität** 34 ein, an der Kapazitäten wie der Mediziner Ignaz Semmelweis, der Physiker Christian Doppler und der Nervenarzt Sigmund Freud lehrten. Er endet bei der 1856–79 ebenfalls von Ferstel erbauten, neogotischen, doppeltürmigen **Votivkirche** (www.votivkirche.at), die seit Jahren schon restauriert wird.

Nur wenig stadtauswärts erreicht man über die Liechtensteinstraße das grandiose **Liechtenstein Museum** 35 (Fürstengasse 1, Tel. 01/3195767252, www.liechtensteinmuseum.at, Fr–Di 10–17 Uhr). In zehn Sälen des fürstlichen Palais werden Meisterwerke europäischer Kunst aus vier Jahrhunderten gezeigt, unter denen die großen Schulen des italienischen Barock, zahlreiche Werke Peter Paul Rubens' und die niederländische Porträtmalerei herausragen. Auch Gemälde der Wiener Waldmüller und Amerling sind vertreten.

Ein Triumphsäulenpaar und eine gewaltige Kuppel – die barocke Wiener Karlskirche

Vom Naschmarkt zum Schloss Belvedere

Mit Stuck, Gold, Medaillons und floralem Fliesendekor in reinem Jugendstil erinnern die beiden **Otto-Wagner-Häuser** 36 an der Linken Wienzeile (Nr. 38, 40) an das nie vollendete Projekt eines nach Schönbrunn führenden Nobelboulevards. Die Musterbauten überblicken noch heute hoheitsvoll den **Naschmarkt** 37 mit seinen Bergen von Gemüse, Pyramiden von Obst, Gerüchen von Döner Kebab und ungarischen Langos.

Jugendstil als Trotzhaltung zur Ringstraßenarchitektur verkörpert auch das von Wagner-Schüler Joseph Olbrich 1898 erbaute **Secessionsgebäude** 38 (Tel. 01/5875307, www.secession.at, Di–So 10–18, Do bis 20 Uhr) in der nahen Friedrichstraße 12. »Der Zeit ihre Kunst. Der Kunst ihre Freiheit« steht über dem Portal des Repräsentationstempels der Secessionisten, die sich 1897 von der konservativen ›Genossenschaft der bildenden Künstler Wiens‹ losgesagt hatten. Den kubischen Gebäudeblock bekrönt ein vergoldeter Riesenball aus eisernen Lorbeerblättern: ›Goldenes Krauthappel‹ nennen ihn die Wiener. Im inzwischen weitgehend veränderten Inneren prangt noch Klimts 34 m langer ›Beethovenfries‹, eine malerische Interpretation der Neunten Sinfonie. Die Ausstellungshalle wird heute für Kunstschauen und Musikveranstaltungen genutzt. Am Schillerplatz errichtete Parlamentsarchitekt Theophil von Han-

sen 1872–77 ein weiteres Ehrfurcht gebietendes Gebäude, die **Akademie der bildenden Künste** 39 (Tel. 01/58 81 60, www.akbild.ac.at) im Stil der italienischen Renaissance. Aus ihr gingen Wiener Maler wie Amerling, Waldmüller, Kupelwieser, Schwind, Schiele, Gütersloh, Fuchs, Hutter, Hausner und Lehmden hervor. Hier fanden einst auch einige kleine Kunstkriege statt. In der **Gemäldegalerie** (www.akademiegalerie.at, Di–So 10–18 Uhr) im Westflügel beeindrucken Hieronymus Boschs Weltgerichtsvisionen sowie Werke von Botticelli, Tizian, Holbein, Murillo, venezianische Veduten von Guardi und Rembrandts ›Junge Frau im Sessel‹. Das dazugehörige *Kupferstichkabinett* besitzt mit 160 000 Werken die zweitgrößte grafische Sammlung Österreichs.

Resselpark und Karlsplatz geben der **Karlskirche** 40 (www.karlskirche.at, Mo–Do 7.30–17, Fr bis 15.30 Uhr) Raum für den großen Auftritt. Vater und Sohn Fischer von Erlach setzten das Pestgelöbnis Karls VI. 1714–37 in einen gewaltigen triumphalen Barockbau um, der in seiner Symbolik sakrale Neigung und Machtdemonstration vereint. Engel bewachen die Freitreppe, die Vorhalle wird von zwei Kaiserkrone und Reichsadler tragenden *Triumphsäulen* gerahmt, deren spiralförmig aufsteigende Reliefbänder Szenen aus dem Leben des Pestheiligen Borromäus zeigen. Die mächtige, 72 m hohe, ovale Kuppel gibt das Raumgefüge im Inneren des Zentralbaus vor. J. M. Rottmayr malte das bewegte *Kuppelfresko* (1735) mit den Fürbitten des Pestheiligen. Das Thema steigert sich auf dem von J. B. Fischer von Erlach entworfenen *Hochaltar* zur ›Himmelfahrt des hl. Karl Borromäus‹. Die Altarblätter in den Seitenkapellen stammen von hervorragenden Barockkünstlern wie Daniel Gran und Martino Altomonte.

Neugierde sollte zu einem Besuch des **Wien Museum Karlsplatz** 41 (Tel. 01/50 58 74 70, www.wienmuseum.at, Di–So/Fei 9–18 Uhr) am nordwestlichen Ende des Karlsplatzes verführen. Eine chronologisch von der Jungsteinzeit bis ins 20. Jh. aufgebaute Schausammlung bietet hier einen interessanten Spaziergang durch die Geschichte und die Schicksale der Donaumetropole. Berührend sind vor allem die sechs *Fürstenfiguren* (um 1360/65) sowie weitere Statuen, Madonnen, Bildwerke und Bauteile, die vom Stephansdom abgenommen werden mussten, um in geschützten Räumen zu überdauern. Die Malerei des Barock wird durch Werke von Rottmayr und Troger, die des Biedermeier durch Waldmüller und Amerling, die der Periode ›Wien um 1900‹ u. a. durch Gemälde von Klimt und Schiele vertreten.

Vom nahen Schwarzenbergplatz aus bietet sich ein Spaziergang durch den denkmalgeschmückten **Stadtpark** 42 an. Besonders augenfällig in der den Fluss Wien einbeziehenden grünen Oase ist das vergoldete Standbild des Walzerkönigs Johann Strauß Sohn von 1921.

Wenn Utopisten bauen

Der Maler **Friedensreich Hundertwasser** (1928–2000), der eigentlich Friedrich Stowasser hieß, fand die Wohnbautenwelt seiner Geburtsstadt Wien zu grau, zu trist, zu hässlich. Er zog nach Neuseeland, baute sich an der Bay of Islands ein Haus, säte Gras und Farne auf dem Dach und wurde nicht müde, seine Vorstellung vom ›menschenwürdigen Wohnen der Zukunft‹ zu propagieren. Dass er seinen Traum in Wien realisieren konnte, grenzt fast an ein Wunder. Der 1983–85 entstandene ungewöhnliche Gemeindebau des **Hundertwasserhauses** (www.hundertwasserhaus.at) steht im 3. Bezirk, Ecke Kegelgasse/Löwengasse: buntscheckig wie ein Clownsgewand, jeder geraden Linie Hohn sprechend, in versteinerten Wellen einer unruhig auslaufenden Brandung, mit schiefen Balkönchen und Bäumen auf den Dächern, von goldenen Zwiebeltürmen gekrönt. Lustige, unbefangene Kinder zeichnen so schief, kraus und farbenfroh. Mehr konnte man herkömmliche Architektur nicht negieren. Doch alle Welt will das Haus sehen, staunen, den Kopf schütteln. Vielleicht ist es spleenig und sehr reparaturanfällig. Hell, heiter und fröhlich ist es auf jeden Fall.

Ein Abstecher führt zum fröhlich-bunten **Hundertwasserhaus** 43 (Kegelgasse/Löwengasse) von 1983–85. Hier hat der Wiener Hundertwasser seiner Idee vom ›Wohnen der Zukunft‹ Gestalt gegeben.

Vom Schwarzenbergplatz selbst führt der Rennweg zu den prächtigen **Belvedere-Schlössern** 44 (Tel. 01/79 55 70 Band, 01/79 55 71 34 Besucherservice, www.belvedere.at). Das Schloss von Versailles im Auge nahm Türkensieger Prinz Eugen den noblen Dank Österreichs gerne entgegen. 1700–24 ließ er sich von Johann Lukas von Hildebrandt das Untere Belvedere als *Wohnschloss*, das Obere Belvedere als *Repräsentationsschloss* erbauen. Vergleichsweise bescheiden gibt sich das lang gestreckte, lediglich im Mittelteil zweigeschossige Wohnschloss, dessen Flügel zur Stadtseite hin einen Ehrenhof rahmen. Die Schauseite dagegen ist zum Garten gewandt. Die Hauptfassade des luxuriöseren Oberen Belvedere, dessen dreigeschossiger Baukörper von vier Eckpavillons eingefasst wird, betont ein oktogonaler Mittelpavillon. Die beiden Schlösser verbindet ein ansteigender, vom Pariser Gartenarchitekten Dominique Girard ab 1717 gestalteter *Terrassengarten* (April–Okt. 6 Uhr bis Sonnenuntergang) voll Kaskaden, Hecken und Alleen. Der Skulpturenschmuck führt gedanklich aus der Unterwelt des Pluto über die Wassergottheiten Neptun und Thetis zur oberen Brunnenzone mit Apoll und Herkules.

Die Prachtbauten bilden heute einen wunderbaren Rahmen für sehenswerte Sammlungen. Im **Unteren Belvedere** (Tel. 01/79 55 70, tgl. 10–18, Mi bis 21 Uhr) faszinieren Besucher vor allem die Prunkräume, der Groteskensaal, der Marmorsaal mit dem Deckenfresko von Altomonte, das Prinz Eugen als Türkenbezwinger feiert, sowie das Goldene Zimmer mit seinen Malereien auf Goldgrund im Rahmen gewaltiger Spiegel. Nach einer großen Umstrukturierung dient die Orangerie nun bedeutenden Sammelausstellungen, während im früheren Prunkstall nahe der Orangerie das **Schatzhaus Mittelalter** (tgl. 10–12 Uhr) untergebracht ist. Gezeigt werden Meisterwerke der spätgotischen sakralen Kunst: Tafelmalereien, Skulpturen und Flügelaltäre.

Das **Obere Belvedere** (tgl. 10–18 Uhr) bietet in seinen lichtdurchfluteten, edlen Räumen einen ausgezeichneten Rahmen für die **Österreichische Galerie**, die vorwiegend heimisches Kunstschaffen vom Mittelalter bis zur Gegenwart präsentiert. Im Westflügel findet man hervorragende Werke der Gotik (Hauptwerke der Tafelmalerei und Bildhauerei). Zu den Meisterwerken des Barock im Erdgeschoss des Ostflügels zählen Skulpturen von Georg Raphael Donner, Gemälde von Paul Troger, Daniel Gran, Maulbertsch und Kremser Schmidt. Ein Rundgang führt weiter durch die Abteilungen des Klassizismus, der Romantik, des Biedermeier und Historismus. Hier findet man berühmte Arbeiten von Caspar David Friedrich, Moritz von Schwind, Waldmüller und Amerling. Im augenfälligen Kontrast zu diesen Idyllen stehen die Werke der Wiener Secessionisten Egon Schiele und Gustav Klimt, aber

◁ *Das Obere Belvedere war das noble Repräsentationsschloss von Prinz Eugen*

auch die kantigen Arbeiten von Albin Egger-Lienz und die Werkauswahl von Oskar Kokoschka. Ergänzt werden die Sammlungen durch Vertreter der Wiener Schule des Phantastischen Realismus (Ernst Fuchs, Friedensreich Hundertwasser, Albert Paris Gütersloh). Die zeitgenössische Kunst ist mit Heimo Zobernig und Markus Schinwald vertreten.

Im oberen Teil des 1754 entstandenen **Botanischen Gartens der Universität Wien** (Tel. 01/42 77 54 100, tgl. 9 Uhr bis Sonnenuntergang), der an den Belvedere-Park grenzt, befindet sich der 1803 gegründete, mithin älteste *Alpengarten* (Tel. 01/798 31 49, März–Anfang Aug. tgl. 9 Uhr bis Sonnenuntergang) Europas.

In südöstlicher Richtung geht der Rennweg in die Simmeringer Hauptstraße über, an der die größte Begräbnisstätte der Stadt, der **Zentralfriedhof** 45 (Tel. 01/760 41, Mai–Aug. tgl. 7–19, Sept.–2. Nov. und März/April 7–18, sonst 8–17 Uhr) liegt. Von den 3 Mio. Gräbern sind vor allem die Ruhestätten berühmter Persönlichkeiten im *Ehrenhain* [s. S. 66] von Interesse.

Schönbrunn – eine Oase im Grünen

Die lebhafte Linke Wienzeile führt vom Zentrum in Richtung **Technisches Museum** 46 (Mariahilfer Str. 212, Tel. 01/89 99 80, www.tmw.at, Mo–Fr 9–18, Sa/So/Fei 10–18 Uhr), das einen Querschnitt der gesamten technischen Entwicklung von der Dampfmaschine zu modernster Kommunikationstechnik zeigt. Im Kellergeschoss ist ein originalgetreu nachgebautes Bergwerk von 1900 zu besichtigen.

TOP TIPP Doch eigentlicher Zielpunkt ist **Schloss Schönbrunn** 47 (Tel. 01/81 11 30, www.schoenbrunn.at) das seit 1996 mit dem Park Schönbrunn zum Weltkulturerbe der UNESCO zählt.

In der Euphorie des Sieges über die Türken träumte Kaiser Leopold I. 1683 vom schönsten Schloss der Welt. J. B. Fischer von Erlach zeichnete es, gebaut wurde es so nie. Das heutige, vergleichsweise maßvolle Schloss entstand in zwei Etappen 1694–1749, wobei Nikolaus Pacassi unter Maria Theresia die letzte Bauphase für die Residenz leitete und die würdig-strenge Barockarchitektur seines Vorgängers in rokokonaher Manier auflockerte. Die Kaiserin und ihre Nachfolger hielten in Schönbrunn Hof, Napoleon mietete sich als Sieger ein, der Wiener Kongress tagte, Kaiser Franz Joseph wurde in Schönbrunn geboren und starb auch dort.

Das breit gelagerte dreigeschossige Schloss, weder gigantisch noch überschwänglich, dominiert den von niedrigen Kavalierstrakten gerahmten **Ehrenhof**. Rechts vom Eingangstor befindet sich das 1747 gebaute, später im Rokokostil ausgestattete **Schlosstheater** (Tel. 01/71 15 50), einst ein Lieblingskind des Hofes, heute eine liebenswürdige, verspielte Bühne für Kammeropern und Studioaufführungen des Max-Reinhardt-Seminars. Nebenan in der ehem. Winterreitschule ist die **Wagenburg** (Tel. 01/877 32 44, April–Okt. tgl. 9–18, Nov.–März Di–So 10–16 Uhr, Führungen So 11 Uhr) untergebracht. Herzstück des kaiserlichen Fuhrparks mit Sänften, vergoldeten Schlitten und Karossen aller Art ist der barocke *Krönungswagen* (1764) Franz Stephans von Lothringen, der 200 Jahre lang bei Staatsfeierlichkeiten zum Einsatz kam.

Von den 1441 Zimmern des Schlosses sind 40 als **Schauräume** (Tel. 01/81 11 32 39, April–Juni und Sept./Okt. tgl. 8.30–17, Juli/Aug. tgl. 8.30–18, Nov.–März tgl. 8.30–16.30 Uhr) zu besichtigen. Nobel und zurückhaltend scheinen sie, individuell geprägt. Mit exotischer Flora und Fauna in illusionistischer Malweise schmückte der böhmische Künstlers Johann Bergl 1768–77 die **Bergl-Zimmer** (tgl. 8.30–17/18 Uhr) links vom Foyer. Am Ende der repräsentativen Blauen Stiege im westlichen Trakt des Schlosses beginnen die Rundgänge. Sie führen zuerst zu den im 19. Jh. entstandenen Gemächern von Kaiser Franz Joseph und seiner Frau Elisabeth (Sisi). Jeder Raum atmet hier Geschichte und trägt die Handschrift seiner kaiserlichen Bewohner. Während die noble Vertäfelung im **Nussbaumzimmer**, wo die kaiserlichen Audienzen abgehalten wurden, Prunk andeutet, sind Franz Josephs private Räume, wie auch sein **Schreibzimmer** mit den vielen Familienbildern, schlicht gehalten. Spartanisch mutet sein **Schlafgemach** mit dem eisernen Soldatenbett an, in dem er 1916 starb. Das gemeinsame Schlafzimmer mit Sisi wurde nur in den ersten Ehejahren benützt. Verspielter zeigt sich dagegen der 1854 im Neorokoko eingerichtete **Salon der Kaiserin** mit den Pastellporträts der Kinder Maria Theresias von Jean-Etienne Liotard. Die **Rosa-Zimmer**, so benannt nach den Landschaftsbildern von Josef Rosa, leiten zum Kernstück Schönbrunns, zur **Großen Galerie** über, dem kaiserlichen Bankettsaal, in dem heute die Republik große Feste feiert. Die Große und die Kleine Galerie verbinden den West- mit dem Ostflügel des Schlosses, wo Habsburgs vergangener Glanz in den Gemälden des **Zeremoniensaales** besonders deutlich wird. An den **Gobelinsalon**, der mit Brüsseler Tapisserien (18. Jh.) prunkt, schließen zuletzt die Gemächer von Franz Josephs Eltern, Erzherzogin Sophie und Erzherzog Franz Karl, an, die den Rundgang beenden.

Die Toten geben Audienz

Friedhöfe sagen oft ebenso viel über eine Stadt wie ein Museum – und über die Menschen allemal mehr. Im Geviert des **Wiener Zentralfriedhofs** (2,5 km^2) raffen 1500 steinerne Engel die Flügel zum Memento. Die Cherubinen haben gedrehte Locken, gefältelte Schleppen und Gesichter wie barocke Putti. Vergilbte Inschriften künden »I bin halt a Weaner, i kann nix dafür« oder »Ich liebe dich mein Wien« und »Wien, Wien, nur du allein …«

Im **Ehrenhain** leben Wiens unsterbliche Tote nach. Man hat die berühmten Musensöhne exhumiert, umgebettet, zusammengetragen und von der hierarchischen Reihenfolge auf den Grabhügeln befreit. Im Stande des Besitzes pflegt die Stadt die Gräber von Nestroy und Schnitzler, von Lanner, Ziehrer und der Strauß-Familie, von Schubert, Beethoven, Brahms, Gluck, Eysler, Millöcker, Kálmán und Stolz. Ja, auch von Mozart, den die Wiener mit posthum schlechtem Gewissen gleich zweimal – ein Grabdenkmal steht auf der mutmaßlichen Begräbnisstätte St. Marxer Friedhof – ehren. Aus den marmornen Medaillons blicken die Konterfeis der Nachgerühmten mit angedichtetem Ernst und aufgezwungener Würde.

Grabmal von Johann Strauß im Ehrenhain des Wiener Zentralfriedhofs

Im November wandern Generationen auf Zehenspitzen durch die kilometerlangen Alleen von Wiens größtem Friedhof. »Sobald der Nebel fromm vom Weihrauch ist, geben die Toten Audienz«, schrieb Josef Weinheber. Und »Nirgendwo sonst ist Wien so augenfällig Wien«. Das ist richtig. Es kostet wenig Mühe, die Fantasie so weit zu beflügeln, dass sie ein nostalgisches Bild dieser reichen, armseligen, herrlichen, tragischen, komischen, skurrilen und pathetischen Stadt zeichnet. Der Fremde aber wird wissen wollen, wer Calafatti und die Turfkarolin, die ›Dame mit der Wespentaille‹ und der Fiakergustav waren, dessen Grabstein griechische Säulen und steinerne Lorbeerkränze zieren. Ältere Spaziergänger erzählen es ihm. Unter ihnen sind viele, die mit Menschen und Steinen reden und ihre zukünftige Heimstätte noch zu Lebzeiten erforschen. »Die Wiener«, liest man bei Franz Nissel, »proben ihre Nebenrollen, bis man ihnen eines Tages die erste Partie in der Premiere zuweist. Nur einmal …«.

Über 1441 Zimmer verfügt Schloss Schönbrunn, doch ›nur‹ 40 Schauräume sind zu besichtigen

Fast 2 km² groß ist der **Schlosspark Schönbrunn** (tgl. 6/6.30–18/19 Uhr). 1705 nach einem Fischer von Erlach-Entwurf von Jean Trehet als Barockgarten im französischen Stil angelegt, wurde er 1765–80 von Steckhoven und Hetzendorf von Hohenberg erweitert. Herrlich gearbeitete Brunnen und barocke Marmorskulpturen schmücken den zur **Gloriette** ansteigenden Park. Diese klassizistische Säulenhalle lockt heute mit einem Café.

An der westlichen Parkseite verdienen zwei weitere Attraktionen einen Besuch: die grandiose Glas- und Eisenkonstruktion des **Palmenhauses** (tgl. 9.30–17/18 Uhr) von 1882, in dem exotische Flora betäubend duftet, und der vorbildlich geführte **Tiergarten** (Tel. 01/8779 29 40, www.zoovienna.at, April–Aug. tgl. 9–18.30, sonst bis 16.30/17/17.30 Uhr). Neu angelegt wurde u.a. die *ORANG-erie* für die Orang Utans, wunderbare Ausblicke auf Schloss und Tiergarten bietet ein Spaziergang auf dem neuen *Baumkronenpfad*.

Aulandschaft und Heurigendörfer – kleine Fluchten aus der Stadt

Schon von Weitem weist das *Riesenrad* den Weg zum **Prater** 48 (www.prater.at, Mitte März–Okt. tgl. 10–1 Uhr, sonst eingeschränkte Öffnungszeiten) östlich des Stadtzentrums. Das über 100-jährige Wiener Wahrzeichen hinter dem neu gestalteten Riesenradplatz dreht sich langsam aber stetig und hebt seine Kabinen bis zu 65 m über den Boden. Das **Riesenrad** (Tel. 01/729 54 30, www.wienerriesenrad.com, Mai–Sept. tgl. 9–23.45, März/April und Okt. 10–21.45, Nov.-Febr. 10–19.45 Uhr) bietet Nahsicht auf den Prater mit der kastanienbeschatteten Hauptallee, die zum 1783 erbauten kaiserlichen **Lusthaus** im Grünen führt, es bietet auch Fernsicht über die Stadt, ihre Kuppeln und Türme. Dem Rad zu Füßen dehnt sich der 1767 in Betrieb genommene Vergnügungspark, der Volks- oder **Wurstelprater** aus. Was für eine Sensation, als Basileo Calafatti 1840 hier das erste Praterringelspiel in Gang setzte. Doch der Charme dieser Jahre mit süßen Wäschermäderln und kecken Praterstrietzis ist längst dahin. Hoch technisierte und elektronisch gesteuerte Attraktionen dienen heute unromantisch dem Geschwindigkeitsrausch und dem Nervenkitzel. Der große Naturpark Prater in der **Aulandschaft** zwischen Donaukanal und Donau ist tagsüber ein gern genutztes Spaziergängerparadies, nachts allerdings eine sündige Meile.

Der Döblinger Gürtel stellt über die nach Norden abzweigende Billroth- und Döblinger Hauptstraße die Verbindung zu den Heurigendörfern **Sievering**, **Neustift**, **Grinzing**, **Heiligenstadt** und **Nussdorf** her. Überall Stadt und doch Dorf. Schmale Gassen, krumme Wege, kleine Häuser im Empire- und Biedermeier-Stil, urbanisierte Bauerngehöfte, die von ansteigenden Weingärten bedrängt werden: Sie wurden zum Synonym für *Wiener Heurige*. Längst vermischt sich Echtes mit Unechtem, sog. ›Bauernheurige‹, die nur eigenen Wein ausschenken, mit ›Großheurigen‹, die durch zugekauften Wein den Bedarf der Reisegruppen decken.

Ausflüge

Nordwärts gehen die Straßen aus den Heurigenorten in die **Wiener Höhenstraße** über, die sich von Neuwaldegg im Westen bis zum Leopoldsberg im Osten als Aussichtsroute durch den Wienerwald zieht. Prachtvoll ist der Blick auf die Metropole von Wiens Hausberg, dem **Kahlenberg** (484 m), über dessen strategische Bedeutung während der Türkenbelagerung Historiker noch immer debattieren. Besucher genießen den frischen Wind, der die Dunstschleier über der Stadt aufreißt.

Eine Stichstraße führt weiter zum **Leopoldsberg**, dem 425 m hohen letzten Ausläufer der Alpen über der Donau, den die weiße *Leopoldskirche* mit Doppelturmfassade krönt. Sie wurde 1679–93 erbaut und von Beduzzi 1720–30 erweitert. Ihre Pietà ist eine Kopie der ›Krumauer Madonna‹ (1390–1400), die in der Kunstkammer des Kunsthistorischen Museums gezeigt wird. Reizvoll ist der Rundblick über das wellige, im Osten sanft ausklingende Voralpenland.

Die ›Dörferstraße‹ über Wien West nach Süden führt durch beliebte Wein- und Heurigenorte wie Perchtoldsdorf, Gumpoldskirchen und Pfaffstätten. Hier werden berühmte Weine gekeltert und an vielen Toren stecken ›grüne Buschen‹.

In **Baden** (www.baden.at), 30 km südlich von Wien, bringt die östlich des Alpenrandes verlaufende *Thermenlinie* mehrere, 35° C warme Schwefelquellen hervor. Sie speisen Kuranstalten, ein großes Thermalstrandbad und die modernen Römerthermen. Mit Kurpark, Spielbank, Sommerarena und einem beachtlichen Theaterbetrieb ist die Kurstadt gleichwohl keine Erfindung der Moderne. Schon die Menschen der Jungsteinzeit begründeten die *Badener Kultur.* Später suchten Römer Linderung von Rheumaleiden in *Aquae pannonicae.* Kaiser Franz I. verbrachte hier in einem Bürgerhaus am Hauptplatz, dem heutigen *Kaiserhaus,* in den Jahren 1803–34 jeden Sommer. In seinem Gefolge kamen die Wiener Sommergesellschaft und alle Größen der Epoche, Komponisten, Maler und Dichter. Das klassizistisch-biedermeierliche Stadtbild resultiert übrigens aus dem Wiederaufbau der Stadt nach dem großen Brand von 1812.

Westlich von Baden offenbart der **Wienerwald** seine ganze Vielfalt: sanfte Hügel, steile Felswände, versteckte Seen, romantische Grotten, eilige Bäche, Föhren-, Ahorn-, Eichen- und Buchenbestände

Tagesausklang im Grinzinger Heurigenlokal bei Wein und Schrammelmusik

und im Süden einen tiefdunklen Schwarzföhrenforst. Eines der Glanzlichter der viel besungenen Romantiklandschaft ist das *Helenental,* 7 km nordwestlich von Baden. Idyllisch durch Wald, entlang der Schwechat, führt die B 210 zum Karmeliterinnenkloster **Mayerling** (Tel. 02258/2275, www.karmel-mayerling.org). Es wurde am Platz jenes Jagdschlosses errichtet, in dem sich 1889 der bis heute rätselhafte Freitod des Kronprinzen Rudolf und seiner jungen Geliebten Mary Vetsera zutrug (www.mayerling.net). Im Kloster ist dazu eine **Gedenkstätte** (Mo–Sa 9–17/18, So/Fei ab 10 Uhr) eingerichtet.

4 km nördl. von Mayerling (ab Alland über die B 11) liegt das **Zisterzienserstift Heiligenkreuz** (www.stift-heiligenkreuz.org, Führungen tgl. 11, 14, 15, 16, Mo–Sa auch 10 Uhr), eine Babenbergergründung von 1133. Die romanische Stiftskirche beeindruckt im Inneren mit Wänden und Pfeilern aus rohem Stein, mit 800-jährigen Glasfenstern und reich geschnitztem *Chorgestühl* (1707). Matthäus Rueff war der Tischler, der Venezianer Giovanni Giuliani schuf die herrlichen Büsten von Ordensheiligen, Päpsten und Herrschern über den Sitzen. Außerdem sehenswert sind das Grabmal des letzten Babenberger Herzogs Friedrich II. und der romanisch-gotische Kreuzgang. Von Giuliani stammt auch die barocke *Dreifaltigkeitssäule* im Stiftshof vor der Kirche.

Von Heiligenkreuz geht es in die Lieblingslandschaft des Malers Waldmüller, in die **Hinterbrühl**. Eine Attraktion ist die labyrinthische *Seegrotte* (www.seegrotte.at, April–Okt. tgl. 9–17, Nov.–März Mo–Fr 9–12 und 13–15, Sa/So/Fei 9–15.30 Uhr). Sie birgt Europas größten unterirdischen See, der 1912 durch einen spektakulären Wassereinbruch in ein Gipsbergwerk entstand. Über die liebenswerte Weinstadt *Mödling*, der Beethoven in den 11 ›Mödlinger Tänzen‹ und mit Teilen der hier entstandenen ›Missa solemnis‹ ein klingendes Denkmal setzte, erreicht ostwärts die B 11 wieder die Autobahn nach Wien.

Praktische Hinweise

Information

Tourist-Info, Albertinaplatz/Maysedergasse (hinter der Staatsoper), Wien 1, Tel. 01/245 55, www.wien.info

Verkehrsmittel

Vom **Flughafen Wien-Schwechat (VIE)** Busse zum City Air Terminal, City Airport Train (18 Min. in die City) und Schnellbahnverbindungen nach Wien-Mitte. Am neuen großen **Hauptbahnhof** in Wien Mitte jedoch, der erst 2015 voll betriebsfähig sein wird, ist während der Umbauphasen mit Behinderungen und Unbequemlichkeiten zu rechnen. **U-Bahnlinien** mit zentralen Kreuzungspunkten Westbahnhof, Karlsplatz und Stephansplatz. **Schnellbahn** als Ringlinie zur Verbindung der äußeren Bezirke.

Einkaufen

Noble Läden im Bereich Graben, Kohlmarkt, Wollzeile und Kärntner Straße (Galerien). Kaufhäuser in der Kärntner und Mariahilfer Straße.

Hotels

*****Bristol, Kärntner Ring 1, 1010 Wien, Tel. 01/51 51 60, www.westin.com/bristol. Unaufdringlich vornehmes Haus gegenüber der Oper mit Gourmetrestaurant.

*****Imperial, Kärntner Ring 16, 1010 Wien, Tel. 01/50 11 00, www.luxurycollection.com/imperial. Das luxuriöse, einstige Hofhotel beherbergt seit jeher illustre Gäste.

*****Residenz Palais Coburg, Coburgbastei 4, 1010 Wien, Tel. 01/51 81 80, www.palais-coburg.com. Kleines, feines Hotel in prächtigem Palais aus dem 19. Jh.

*****Sacher, Philharmonikerstr. 4, 1010 Wien, Tel. 01/51 45 60, www.sacher.com. Ein berühmtes Haus, in dem Geschichte und Geschichterln lebendig sind.

****Hilton Vienna Danube, Handelskai 269, 1020 Wien, Tel. 01/72 77 70, www.hilton.de/wiendanube. Einziges Hotel an der Donau, viele Sportangebote.

****Kaiserin Elisabeth, Weihburggasse 3, 1010 Wien, Tel. 01/51 52 60, www.kaiserinelisabeth.at. Traditionsreiches Haus mit dem Charme der Altstadt.

****König von Ungarn, Schulerstr. 10, 1010 Wien, Tel. 01/51 58 40, www.kvu.at. Insbesondere Romantiker lieben dieses gemütliche alte Hotel mit stimmungsvollem Innenhof im Zentrum.

****Römischer Kaiser, Annagasse 16, 1010 Wien, Tel. 01/51 27 75 10, www.bestwestern.at. Situiert in einem barocken Stadtpalais verströmt das elegante Haus das Flair des klassischen Wien.

***Viktoria, Eduard-Klein-Gasse 9, 1130 Wien, Tel. 01/877 11 50, www.hotelviktoria.co.at. Komfortables Jugendstilhotel nahe bei Schloss Schönbrunn.

***Wandl, Petersplatz 9, 1010 Wien, Tel. 01/53 45 50, www.hotel-wandl.com. Familiäres, ruhiges Zentrumshotel.

Cafés und Restaurants

Demel, Kohlmarkt 14, 1010 Wien, Tel. 01/53 51 71 70, www.demel.at. Einzigartig ist die Atmosphäre in der ehem. k. und k. Hofzuckerbäckerei.

Do & Co, Stephansplatz 12, 1010 Wien, Haas-Haus, Tel. 01/535 39 69, www.doco.com. Erstklassige Gerichte konkurrieren mit dem Prachtausblick von der Terrasse.

Landtmann, Dr.-Karl-Lueger-Ring 4, 1010 Wien, Tel. 01/24 10 01 00, www.landtmann.at. Treffpunkt von vielerlei Prominenz und Mehlspeisliebhabern.

Plachutta, Wollzeile 38, 1010 Wien, Tel. 01/512 15 77. Wienerischer als im ›Rindfleischparadies‹ kann man kaum essen.

Steirereck im Stadtpark, Am Heumarkt 2 A, 1030 Wien, Tel. 01/713 31 68, www.steirereck.at. Bleibt auch nach der Übersiedlung ins Parkgrün eines der höchstgelobten Restaurants des Landes (Reservierung erforderlich, Sa/So/Fei geschl.).

Umar, Naschmarkt 76–79, 1040 Wien, Tel. 01/587 04 56. Kleines Szenelokal beim Naschmarkt mit exzellenter Fischküche.

Zu ebener Erde und erster Stock, Burggasse 13, 1070 Wien, Tel. 01/523 62 54. In den winzigen Biedermeier-Stuben gibt es österreichische Küche mit modernem Touch (Sa/So geschl.).

Burgenland – Störche, Puszta und ein salziger Steppensee

Ohne Unterlass wechseln die Bilder: Die konturlose Tiefebene südöstlich von Wien schwingt sich im *Leithagebirge* zu waldigen Hügeln und hellgrünen Rebhängen auf. Der große warme **Neusiedler See**, in dessen Schilfgürtel rund 300 Vogelarten ihre Nester bauen, geht im Osten in eine herbe, von der Sonne ausgeglühte Salzsteppen- und Pusztalandschaft über. Störche nisten auf den niedrigen altertümlichen Häusern von **Rust** mit ihren charakteristischen Rundbogenportalen und Einfahrtsgewölben. In **Eisenstadt** hallt die Musik Joseph Haydns nach und im waldreichen Mittel- und Südburgenland stehen jene mächtigen, wehrhaften **Burgen**, die der einst chronisch gefährdeten Existenz des Grenzlandes Sicherheit gaben.

17 Neusiedl und Neusiedler See

Kleinstadt am westlichsten Steppensee Europas.

Die A 4 führt südöstlich von Wien durch eine weite, im Sommer hitzeflirrende Ebene, leer bis auf die Akazienalleen, die sich im Dunst verlieren. Bei Parndorf zweigt die B 50 nach **Neusiedl** am Nordende des Neusiedler Sees ab. Das früher von Kriegen, später vom Verkehr geplagte Städtchen am Rande der Parndorfer Platte besitzt als bemerkenswerteste Kunstwerke eine barocke *Fischerkanzel* von 1780 mit einer Darstellung der Seepredigt in der Ortskirche und eine prächtige *Dreifaltigkeitssäule* am Marktplatz.

Vom Aussichtspunkt Tabor überblickt man den 35 km langen, 5–12 km breiten, leicht salzhaltigen und abflusslosen

TOP TIPP

Neusiedler See, den ein breiter Schilfgürtel umgibt. Geringe Wassertiefe (1,5 m) und ein feinkörniger Sedimentboden lassen ihn hell, aus der Entfernung matt silbern erscheinen. Der westlichste Steppensee des euroasiatischen *Salzsteppengebietes* verbindet zwei Landschaftsräume, den Ostrand der Alpen und die Kleine Ungarische Tiefebene sowie die zwei Staaten Österreich und Ungarn. Das südlichste See-Fünftel gehört den ungarischen Nachbarn. Durch einen von zahlreichen Tierarten bewohnten Dschungel verläuft die Grenze.

Abendstimmung am Jachthafen von Mörbisch am Neusiedler See ▷

Von Neusiedl führt die B 51 am östlichen Seeufer zum *Nationalpark Neusiedler See-Seewinkel*. Wiesen, Weiden und Weinreben prägen diesen Landstrich. Der **Seewinkel**, die Seenplatte rund um Illmitz mit 45 großen und kleinen vor 2000 Jahren entstandenen Salz-Lacken (Tümpel), bietet mit seinen Wasserflächen und Uferzonen Brut- und Raststätten für eine ungemein artenreiche *Vogelwelt*. Im Sommer haben die Lacken weiße Ränder und im Uferbereich bilden sich gleißende Böden aus kristallisiertem Salz oder ›Sodaschnee‹ auf ausgetrocknetem Erdreich. Mitten in der Steppe wachsen auf dem mit Glauber- und Bittersalz durchsetzten Boden sogar die salztoleranten Pflanzen der Meeresküsten.

TOP TIPP

Die kleinen Ferienorte im Naturschutzgebiet, Weiden, Podersdorf, Illmitz und Apetlon, sind Ausgangspunkte für Exkursionen in die Bewahrungszonen, zu den botanischen Kostbarkeiten der Zitzmannsdorfer Wiesen, den Sodaschneefeldern und zu den Vogelbrutplätzen Illmitz-Hölle. Man kann den eleganten Flug der Silberreiher und die Zugvögel auf dem Weg in den Süden beobachten oder auf den Trockenwiesen schneeweiße Esel und Ungarische Graurinder mit ihren riesigen Hörnern entdecken.

Praktische Hinweise

Information

Tourismusverband, Untere Hauptstr. 7, 7100 Neusiedl, Tel. 021 67/22 29, www.neusiedlamsee.at

Nationalpark Neusiedler See-Seewinkel Informationszentrum, Hauswiese, Illmitz, Tel. 021 75/344 20, www.nationalpark-neusiedlersee-seewinkel.at

Hotels

**** **Nationalpark**, Apetloner Str. 56, Illmitz, Tel. 021 75/36 00, www.hotel-nationalpark.com. Nobles Haus inmitten des Nationalparks mit Restaurant.

**** **Wende**, Seestr. 40–42, Neusiedl, Tel. 021 67/81 11, www.hotel-wende.at. Komfortables Haus mit ruhiger Atmosphäre.

Restaurants

Johannes Zeche, Florianigasse 10, Illmitz, Tel. 021 75/23 35, www.johannes-zeche.at.

In dem Haus mit Schilfdach und Storchennest gibt es guten Fisch und ungarisches Kesselgulasch. Mit angeschlossenem Hotel.

Landgasthaus am Nyikospark,
Untere Hauptstr. 59, Neusiedl,
Tel. 021 67/402 22, www.nyikospark.at.
Der schönste Platz, um die einheimische Küche zu genießen, ist unter den Nussbäumen im Garten (Mo/Di geschl.).

18 Rust

Auf den Dächern des Weinbauorts brüten Störche.

Es ist Spätfrühling, wenn die Störche aus Afrika einfliegen und ihre Eier in den vorbereiteten eisernen Horstunterlagen auf den Ruster Dachfirsten bebrüten. Nach etwa 30 Tagen schlüpft die niedliche Nachkommenschaft mit weißem Flaum und schwarzem Gefieder aus und wird bald in den Horsten heimisch.

Funde aus der Bronze-, Hallstatt- und Römerzeit verraten das Alter der Siedlung am westlichen Neusiedler Seeufer. Wein verhalf dem Ort später zur Blüte. Um Freistadt zu werden, schenkten die Ruster 1681 Kaiser Leopold I. 500 Eimer ihres besten Tropfens und 60 000 Gulden. Mehrere Straßenzüge haben ihren historischen Baubestand des 17./18. Jh. geschlossen erhalten, die Altstadt steht heute unter Denkmalschutz. Schön ist das Ensemble der Barock- und Renaissancefassaden mit ihren attraktiven Fenster- und Portalrahmungen, den Erkern, Wappen- und Stuckdekorationen in oft kapriziöser Farbgebung.

Unscheinbar von außen, mit Ringmauer, Schießscharten und romanischen Architekturelementen, zeigt sich am Rathausplatz die heute turmlose St. Pankratius- oder **Fischerkirche**, heute Museum, deren Wurzeln ins 12. Jh. zurückreichen. Ihre wertvollsten *Fresken* (14./15. Jh.) befinden sich in den Fensterlaibungen der angebauten Marienkapelle. Weniger wertvoll, aber aufschlussreich bezüglich der Quellen städtischen Wohlstands sind die üppigen Dekorationen im Querschiff, bei denen Akanthusranken, Weinstöcke, Früchte, Männlein im Weingarten, Hauermesser und Fische im Seekraut eine Rolle spielen. Sie dokumentieren das hohe Alter der heute etwa 500 ha großen **Weingärten** an den Lößhängen des Ruster Hügellandes. Die für ihren Wein berühmte Stadt wurde 1989 zum Sitz der ersten deutschsprachigen Weinakademie der Welt.

Kennzeichnend für das nahe **Mörbisch** am Osthang des Ruster Hügellandes sind die stimmungsvollen *Hofgassen* mit säulengeschmückten Lauben und reichem Blumenschmuck. Die größte Attraktion sind die im Juli und August auf der Freilichtbühne stattfindenden *Seefestspiele* (Tel. 026 82/66 21 00, www.seefestspiele-moerbisch.at). In stimmungsvoller Naturkulisse, mit schönen Bühnenbildern und Lichteffekten, bekommt die Operettenromantik eine neue Dimension.

i Praktische Hinweise

Information

Tourismusverband, Conradplatz 1, 7071 Rust, Tel. 026 85/502, www.rust.at

Hotel

******Seehotel Rust,** Am Seekanal 2–4, Rust, Tel. 026 85/38 10, www.seehotelrust.at. Moderne Anlage mit Badestrand.

Restaurant

Inamera, Oggauerstr. 29, Rust,
Tel. 026 85/64 73, www.inamera.at.
Ausgezeichente regionale Sterne-Küche in angenehm edlem Ambiente.

19 Eisenstadt

Die Musik Joseph Haydns liegt in der Luft.

Eisenstadt, die Burgenländer Landeshauptstadt mit 13 250 Einwohnern, »allwo ich zu leben und zu sterben mir wünsche« wie Joseph Haydn anmerkte, geht an ihren Rändern fließend in den Wald des südlichen Leithagebirges über. Das Burgenland, eine Art Wechselbalg der Geschichte, wurde 1622 an die ungarischen Fürsten Esterházy verpfändet und ging 1648 in deren Eigentum über. Noch immer namenlos kam es 1919 zu Österreich. Die Burgen und Schlösser auf den Hügeln jedoch gehören noch heute den Esterházy, Almássy, Batthyány und Nádasdy. 1925 wurde Eisenstadt Hauptstadt des jüngsten österreichischen Bundeslandes.

Schloss Esterházy (Tel. 026 82/638 54 12, www.schloss-esterhazy.at, April–Juni und Sept.–Mitte Nov. tgl. 9–18, Juli/Aug. tgl. 9–19, Mitte Nov.–Mitte Dez. Do–So 9–18 Uhr), 1663–72 von Carlo Carlone im Barockstil um eine alte Burg gebaut, be-

In Schloss Esterházy von Eisenstadt war Joseph Haydn einst Kapellmeister

herrscht noch immer das Stadtbild. Zu prunkvoll erscheint die vorgeblendete Fassade mit den ›Maskarons‹ genannten Konsolfratzen, zu verwirrend durch die vielen Steinbüsten finster blickender ungarischer Heerführer. Untrennbar mit dem Schloss ist der Name **Joseph Haydn** (1732–1809) verbunden. Jahrzehntelang war er Kapellmeister der Fürstenfamilie in Eisenstadt und im ungarischen Schloss Esterháza in Fertöd südöstlich des Neusiedler Sees. In Eisenstadt schrieb er einen Großteil seiner Meisterwerke. Im prachtvollen *Haydn-Saal* des Schlosses finden noch immer Konzerte mit seiner Musik statt. Die übrigen Prunkräume und Kostbarkeiten aus fürstlichem Besitz werden im Rahmen von *Führungen* gezeigt.

Die Joseph-Haydn-Gasse führt zum **Haydn-Haus** (Tel. 02682/7193900, www.haydnhaus.at, April–11. Nov. tgl. 9–17 Uhr, im Winter Führungen auf Voranmeldung), dem einstigen Wohnsitz des Komponisten, und weiter zur **Franziskanerkirche** (1630) mit einer Haydnorgel. Im anschließenden Kloster befinden sich das Diözesanmuseum und die Gruft der Esterházy.

Anfang des 18. Jh. wurde der **Kalvarienberg** westlich des Schlosses aufgeschüttet. 24 Stationen und 260 bemalte Holzfiguren bilden einen szenisch und theatralisch inszenierten Kreuzweg, der zur 1715–22 errichteten **Bergkirche** Mariä Heimsuchung mit dem *Haydn-Mausoleum* führt. Haydn wurde kopflos beigesetzt, da Wiener den Kopf geraubt hatten. Erst 1954 konnten die vollständigen sterblichen Überreste beigesetzt werden.

Burg Forchtenstein

Von Eisenstadt führt die S 31 nach Forchtenstein im Herzen der Rosalia. Hoch über der Streusiedlung liegt auf einem Dolomitfelsen Burg Forchtenstein (Tel. 02626/81212, www.burg-forchtenstein.at, Führungen April–Okt. tgl. 9–18 Uhr), eine der bedeutendsten Burgen Österreichs. Im 13. Jh. erbaut, mehrmals erweitert, 1622 von Kaiser Ferdinand II. an Fürst Nikolaus Esterházy verpfändet und später an ihn verkauft, wurde sie schließlich in ein befestigtes, prächtiges Wohnschloss umgewandelt. Da die Burg im Türkensturm uneinnehmbar war, blieb viel Kostbares erhalten, darunter die größte Waffensammlung Europas. Nun drängen sich in 32 Sälen 20000 Exponate, Kunstschätze und Waffen aus dem 17./18. Jh.

i Praktische Hinweise

Information

Eisenstadt Tourismus, Gloriettealllee 1, 7000 Eisenstadt, Tel. 02682/67390, www.eisenstadt.at

Hotel

******Burgenland**, Franz-Schubert-Platz 1, Eisenstadt, Tel. 02682/6960, www.hotelburgenland.at. Gediegenes großes Stadthotel mit Spezialitätenrestaurant ›G'würzstöckl‹.

Vom Semmering ins Steirische Himmelreich – Spurensuche in der grünen Mark

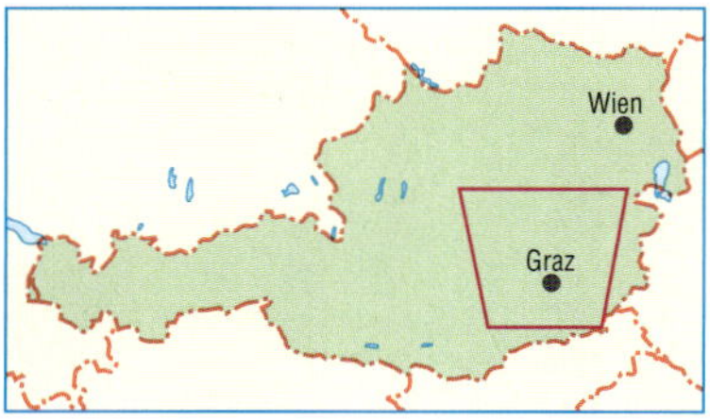

Dunkle Wälder, samtige Wiesen, schroffe Berge, schäumende Flüsse, wogende Maisfelder, fruchtschwere Kulturen und Landschaften, die in riesigen Wogen grün- und goldgetönter Reben versinken – unsere Route ist voll davon. Von Roseggers **Waldheimat** führt sie, Haken schlagend und Ausflüge zulassend, über die Landeshauptstadt **Graz** in die weite Hügellandschaften der südlichen Steiermark, die in idyllischen **Weinstraßen** ausklingend das ›Steirische Himmelreich‹ umfassen.

20 Semmering

Ein Höhenluftkurort möchte an seinen alten Glanz anknüpfen.

Einen Saumweg über den Semmering (985 m), die Passhöhe zwischen Niederösterreich und der Steiermark, gab es schon vor fast 1000 Jahren. Mit zunehmendem Warenfluss wurden die Anforderungen an das Wegenetz größer und die Planer kühner. 1728 ließ Kaiser Karl VI. in nur 48 Tagen die erste Straße anlegen. Sie wurde 1839 erweitert und 1956 ausgebaut. Die Anreise aus Richtung Wien kann entweder über die B 306, die sich in eleganten Kehren auf die Passhöhe schwingt, oder über die Schnellstraße S 6, die durch zahlreiche Tunnels führt, erfolgen. Eine große Nebenbuhlerin der Straßen ist seit 1854 die kaiserlich-königliche Bahnlinie, die **Semmeringbahn**, ein Geniestreich der Ingenieurkunst. Karl Ritter von Ghega konzipierte, 1848–54 die erste große Gebirgsbahn Europas, um die letzte Lücke im Bahnverkehr Wien–Steiermark zu schließen. Sie führt von Gloggnitz bis Mürzzuschlag durch 15 Tunnels, überwindet die Schluchten des Semmering durch mehrstöckige Bogenviadukte und kühn gespannte Brücken. Nach Eröffnung der Strecke erlebte der Semmering einen enormen Aufschwung als Sommerfrische. Seit 1998 zählt die Semmeringbahn samt umgebender Landschaft zum UNESCO-Weltkulturerbe.

Prächtig ist die Aussichtslage des Ortes knapp nördlich der Passhöhe. Luxusherbergen wurden in der Euphorie von leicht erreichbarer alpiner Kulisse, gepaart mit würziger Höhenluft, für die fashionable Fin-de-Siècle-Gesellschaft erbaut. Als Urlaubsziel in den 1960er-Jahren durch den Fernreise-Boom etwas aus der Mode gekommen, wurde der sonnenreiche Höhenkurort Semmering dank guter Skipisten und exzellenter Wandermöglichkeiten seit den 1980er-Jahren wieder zum beliebten Ferienziel.

i Praktische Hinweise

Information

Tourismusbüro, Passhöhe 248, 2680 Semmering, Tel. 026 64/200 25, www.semmering.at

Bergbahn

Zauberberg-Kabinenbahn, Tel. 026 64/80 38, www.zauberberg.at

Hotel

******Panhans**, Hochstr. 32, Semmering, Tel. 026 64/818 10, www.panhans.at. Das am Wald liegende Grandhotel vermittelt Stil und Eleganz des Fin de Siècle.

21 Mariazell

Berühmtester österreichischer Wallfahrtsort in herrlicher Gebirgslage.

Die B 23 zweigt bei Mürzzuschlag westwärts ab und führt durch eine wunderschöne Landschaft zwischen Rax-, Schnee- und Veitschalpe nach Mürzsteg. Hier sollte man die sehr reizvolle, aber teils steile Straße nach *Niederalpl* (1223 m)

wählen. Sie mündet bei Wegscheid in die B20 nach Mariazell ein. Bewaldete Berge und Wiesen rahmen den Ort auf einer flachen Geländestufe des Salzatales. Übermächtig beherrscht die dreitürmige **Wallfahrtsbasilika Mariazell** (Tel. 038 82/25 95, www.basilika-mariazell.at) den Ort. Das mit 1157 angegebene Gründungsjahr ist nicht beweisbar und der Mönch, der ein wundertätiges hölzernes Gnadenbild in die Wieseneinsamkeit brachte, eine Legende, dennoch in der Volksfrömmigkeit tief verwurzelt. Wahrscheinlich ließ Markgraf Heinrich Vladislav von Mähren die erste romanische Kapelle für das Gnadenbild im 12. Jh. bauen. Die folgende gotische Kirche wurde im Auftrag König Ludwigs von Ungarn errichtet. Eines großen Sieges über die Türken (1370) froh, stiftete er das den Ungarn heilige *Schatzkammerbild,* die ›Magna hungarorum domina‹. Die Basilika in ihrer heutigen Form mit den zwei gedrungenen Zwiebeltürmen beidseits des gotischen Portalturms ist das Werk des italienischen Barockbaumeisters Domenico Sciassia aus dem 17. Jh. Kunstvoll sind die Stuckaturen im barock ausgestatteten Innenraum, überaus imposant der von J.B. Fischer von Erlach gestaltete *Hochaltar* (1704). Berührend ist der *Gnadenaltar* in der zentralen **Gnadenkapelle**, ein von silbernen Säulen getragener, vergoldeter Baldachin für das prächtig bekleidete spätromanische Gnadenbild, die ›Magna mater austriae‹, den J.E. Fischer von Erlach schuf. Schätze aus Gold, Silber, Edelsteinen und Elfenbein, die Kaiser und Könige als Bitt- und Dankgeschenke hinterlegten, bergen die **Schatzkammern** (Di–Sa 10–15, So/Fei 11–16 Uhr).

Praktische Hinweise

Information

Tourismusverband, Hauptplatz 13, 8630 Mariazell, Tel. 038 82/23 66, www.mariazell.at

Bergbahn

Seilbahn, Mariazell, Tel. 038 82/345 15 21, www.mariazell-buergeralpe.at. Von der Ortsmitte auf die Bürgeralpe (ganzjährig).

Hotel

********Schwarzer Adler**, Hauptplatz 1, Mariazell, Tel. 038 82/286 30, www.hotelschwarzeradler.at. Traditionsreiches Haus mit gediegener Ausstattung im Zentrum. Mit Café und Restaurant.

Die Gnadenkapelle in der Wallfahrtsbasilika von Mariazell ist Ziel von Pilgern aus nah und fern

22 Krieglach

Im Herzen von Peter Roseggers ›Waldheimat‹.

Über die B 21 und B 23 ins Mürztal zurückgekehrt, erreicht man Krieglach. Der kleine Marktort mit 5200 Einwohnern, ländlich-beschaulich, steckt voller Gedächtnisstätten an den armen Bauernbuben *Peter Rosegger* (1843–1918), der Waldschulmeister und schließlich ein bürgerlicher und wohlhabender Schriftsteller wurde. **Roseggers Landhaus und Roseggermuseum** (Roseggerstr. 44, Tel. 038 55/23 75, April–Okt. Di–So 9–17 Uhr, Nov.–März Di–So 10–16 Uhr) sowie **Roseggers Studierstüberl und Heimatmuseum** (Mai–27. Okt. Di–So 10–12 und 14–16 Uhr), 1896 ganz aus Holz erbaut, sind rührende Versuche, die Erinnerung an den großen Sohn wach zu halten. Auf dem Friedhof kann man seine Grabstätte besuchen.

In Krieglach zweigt die B 72 nach **Alpl** ab. Rosegger nannte diese Landschaft *Waldheimat*. Und so steht sie heute auf Landkarten. Die berühmte, von ihm initiierte, 1902 eröffnete **Rosegger Waldschule** (Tel. 038 55/82 38, April–Okt. Di–So 9–17 Uhr) in Alpl, die der Landflucht entgegenwirken sollte, kann man besichtigen. **Roseggers Geburtshaus** (Tel. 038 55/82 30, April–Okt. Di–So 9–17, Nov.–März Di–So 11–16 Uhr), der etwa 30 Min. Fußweg von Alpl entfernte Kluppeneggerhof, zeugt von den ärmlichen Wohn- und Lebensbedingungen der Waldbauern von damals.

Doch inzwischen hat sich vieles verändert: Im Winter surren Skilifte, Flutlicht beleuchtet waldlose Hänge. Die Stille und die Schönheiten der Landschaft erschließen sich nur dem Wanderer. Der Wald ist noch immer voller Heidelbeeren, der Boden weich von abgefallenen Fichtennadeln, es duftet nach Harz und allenthalben nach Pilzen. Die **Peter-Rosegger-Kulturstraße** von Krieglach über Ratten nach Feistritzwald und Langenwang verbindet kleine Ausstellungen zu einem Parcours mit Einblicken in vergangene karge Bauernwelten.

i Praktische Hinweise

Information

Tourismusverband Roseggers Waldheimat, Pestalozzistr. 12, 8670 Krieglach, Tel. 038 55/24 04, www.waldheimat.at

Hotel

******Waldheimathof**, Alpl 4, Tel. 038 55/82 51, www.waldheimathof.at. Die historische Bausubstanz passt in die Landschaft, der Komfort des Familienhotels ist jedoch zeitgemäß.

Restaurant

Gasthof Schlagobersbauer, Alpl 8, Tel. 038 55/82 23, www.schlagobersbauer.at. Traditioneller Gasthof mit typisch steirischer Küche, gegenüber von Peter Roseggers Geburtshaus gelegen.

23 Bruck an der Mur

Alte Handelsstadt an der Mündung der Mürz in die Mur.

Bruck, handelstüchtig, von den Römern bis zu den Habsburgern wegen seiner Lage im Schnittpunkt mehrerer Täler und damit auch Handelsstraßen stets ein Hätschelkind der Geschichte, blühte auf als Warenumschlagplatz für Venedig. Ausdruck des frühen Wohlstandes ist der überdimensionale **Hauptplatz**, auch Koloman-Wallisch-Platz. Ein filigraner schmiedeeiserner *Renaissancebrunnen* (1613–26) mit einer Brunnenhaube, so zart wie ein Scherenschnitt, und eine Mariensäule von 1712 bilden den Auftakt für das **Kornmesserhaus**, das sich der wohlhabende Kaufmann Pankraz Kornmesser 1499–1505 erbauen ließ. Es zählt zu den bedeutendsten Profanbauten der Spätgotik in Österreich. Spürbar ist des Bauherrn venezianische Passion: Laubengang, Loggia und Kielbogenarkaden zeigen südländische Anmut und stehen in deutlichem Gegensatz zum ernsten alpenländischen Stil. Ein prächtiges *Schmiedeeisentor* (Anfang 16. Jh.), ursprünglich für das Kornmesserhaus gedacht, befindet sich heute als Sakristeitüre in der gotischen Pfarrkirche oberhalb des Hauptplatzes.

Erstaunlich sind die Fresken in der turmlosen einstigen **Minoritenkirche Maria im Walde** (13. Jh.), zu der man über die Rosegger Straße östlich vom Hauptplatz gelangt. Welches Interesse am Grauen muss die Maler des 14. Jh. beflügelt haben, als sie die ›Marter der Zehntausend‹ in so beklemmende Bilder übersetzten? Welch ein Gegensatz besteht zwischen diesen gequälten Leibern und der heiteren frühbarocken Kircheneinrichtung.

Besuchergruppe am Erzberg, der durch den Erzabbau heute einer Stufenpyramide gleicht

Praktische Hinweise

Information

Tourismusverband, Koloman-Wallisch-Platz 1, 8600 Bruck an der Mur, Tel. 038 62/89 01 21, www.bruckmur.at

Hotel

******Hotel Landskron**, Am Schiffertor 3, Bruck an der Mur, Tel. 038 62/58 45 80, www.hotel-landskron.at. Als Standquartier für Ausflüge besonders gut geeignet.

24 Erzberg und Admont

Bodenschätze und literarische Kostbarkeiten.

Die *Steirische Eisenstraße* (B 115 a, B 115) zweigt bei Leoben nach Nordwesten ab. Das Tal des Erzbaches, waldreich zwischen Eisenerzer Alpen und Hochschwab, gibt südlich der historischen Bergstadt Eisenerz den Blick auf den **Erzberg** frei. Nackt und bloß, seines Waldes beraubt, einer mexikanischen Stufenpyramide ähnlich, ragt er 1466 m weit auf. Schon findige Römer brachen hier im 3. Jh. Erz, Bergknappen folgten ihnen. 40 km Stollen durchziehen den Berg, über 30 Stufen von etwa 24 m Höhe treppen sich den rostrot leuchtenden Koloss hinauf, was einer Abbaufläche von 21 km entspricht. Wechselvoll gestalteten sich Blüte und Rezession. Nach vielen Schließungen muss sich die ›Eisenwurzen‹, das ganze Eisen verarbeitende Gebiet zwischen den Flüssen Enns, Salza, Ybbs und Erlauf, heute neu orientieren. Der Untertagabbau wurde bereits 1986 eingestellt, die Stollen dienen nun als Schaubergwerk. Unter dem Titel **Abenteuer Erzberg** (Tel. 038 48/32 00, www.abenteuer-erzberg.at, Mai–Okt. tgl. 10–15 Uhr, Voranmeldung erbeten) finden Führungen im Schaubergwerk und Rundfahrten mit Schwerlastkraftwagen im Stufengelände statt. Auch Auto- und Motorradrennen werden hier veranstaltet.

Von Eisenerz führt die B 115 nach Hieflau, geht hier in die B 146 nach **Admont** über. Bald hoch über, bald neben der Enns zwängt sich die Route durch das wildschöne *Gesäuse*, das hochalpine Durchbruchstal des Flusses. Prächtig und grandios bauen sich hier die Felswände der Ennstaler Alpen auf, bis sie schließlich einen sonnigen Talkessel freigeben.

Das im 11. Jh. gegründete **Benediktinerstift Admont** (Tel. 036 13/231 26 01, www.stiftadmont.at, April–5. Nov. tgl. 10–17 Uhr) bildet heute das Zentrum des gleichnamigen Ortes. Das 2003 eröffnete **Museum** des Stifts besteht aus einer Kunsthistorischen Sammlung mit Exponaten aus dem Kirchenschatz, dem Museum für Gegenwartskunst (von Malerei

bis zu Installationen), einer multimedialen Präsentation zur Geschichte des Klosters und dem Naturhistorischen Museum mit seit dem 18. Jh. zusammengetragenen Funden und Präparaten. Unschätzbar sind die Werte in der weltberühmten **Stiftsbibliothek**: 150 000 Bände, 1100 Handschriften und 900 Frühdrucke, darunter wertvollste Codices aus dem 12. Jh. Den Rahmen für die Kostbarkeiten bildet ein 70 m langer zweigeschossiger Prunksaal im reichsten Rokokostil. Die allegorischen Deckenfresken schuf Bartolomeo Altomonte, die überlebensgroßen Skulpturen, darunter die Darstellung der ›Vier letzten Dinge‹ sind Meisterwerke von Josef Thaddäus Stammel (1695–1765).

i Praktische Hinweise

Information

Tourismusbüro, Dr.-Thedor-Körner-Platz 1, 8790 Eisenerz, Tel. 038 48/37 00, www.eisenerz-heute.at

Hotel

Gasthof Pichlerhof, Schlingerweg 19 a, Eisenerz, Tel. 038 48/34 14, www.pichlerhof.at. Gepflegtes Haus im alpinen Stil.

Ein ›Friendly Alien‹ hat sich in der Stadt niedergelassen – das Kunsthaus Graz

25 Graz

Landeshauptstadt mit avantgardistischem ›Steirischen Herbst‹, mit viel Kunst und außerirdischer Architektur.

Durch ein enges waldreiches Tal entlang der Mur führt die S 35 einmündend in die A 9 bei Deutschfeistritz von Bruck nach Graz. Hier öffnet sich die Landschaft, die Berge halten Distanz. Österreichs zweitgrößte Stadt (250 000 Einw.), Landeshauptstadt, Universitäts- und Kongresszentrum, liegt in der Beckenlandschaft des Grazer Feldes. Trotzig ragt nur der Schlossberg (473 m) in der Stadtmitte auf.

Geschichte Die erste kleine, ummauerte Siedlung an der Murfurt entstand im frühen Mittelalter. Erst 1115 wurde Graz in den Annalen von Stift Rein erwähnt, 1128 schließlich beurkundet. Bald kurbelten Traungauer und Babenberger Herzöge den Handel an. Ab 1379 war das aufblühende Städtchen Residenz der leopoldinischen Linie der Habsburger, 1483 unter

Kaiser Friedrich III. auch kurzfristig Kaiserresidenz. Die Notwendigkeit zur Sicherung der Reichsgrenzen, vor allem in den Zeiten der Türkengefahr (15./16. Jh.), verwandelte Graz in die ›stärkste Festung der Christenheit‹. Dreimal kamen die Türken, verwüsteten die Umgebung, doch Graz hielt stand. Selbst im unruhigen 16. Jh. erreichte es als Hauptstadt Innerösterreichs eine erstaunliche Blüte. Italienische Baukunst prägte das Stadtbild, Erzherzog Karl II. gründete 1586 die Universität, der Astronom Johannes Kepler unterrichtete an der protestantischen Schule. Reformation und Gegenreformation machten der Stadt zu schaffen. Als König Ferdinand III. 1619 als Ferdinand II. zum Kaiser gekrönt wurde, verlegte er den Hof nach Wien und Graz verlor den Rang einer Reichsstadt. Selbst Napoleon gelang es nicht, die Stadt einzunehmen, sie ›fiel‹ aber auf dem Vertragswege 1809 und musste die Schlossbergfortifikationen schleifen. Politisch wenig bedeutend, blieb Graz jedoch wirtschaftliches und kulturelles Zentrum der Steiermark. Seit 1968 sorgt das Avantgarde-Festival **Steirischer Herbst** (Tel. 0316/816070, www.steirischerherbst.at) mit Theater, Ausstellungen, Lesungen und zeitgenössischer Musik für internationales Renommee. Als Kulturhauptstadt 2003 erhielt die Stadt dann das spektakuläre Kunsthaus und eine Muschel auf der Mur.

Besichtigung Blumenbunt und parkgrün, die Ruinen der Kasematten als romantische Theaterkulisse adaptiert, gibt sich der **Schlossberg**. Die einst uneinnehmbare Festung kann heute zu Fuß oder auch bequem mit der neu gestalteten Schlossbergbahn ›erobert‹ werden. Der 28 m hohe **Uhrturm** 1 mit charakteristischem hölzernen Laufgang, das Grazer Wahrzeichen unterhalb der Festung, lässt, seit er 1712 einen kurzen Minutenzeiger erhielt, die Zeit mit vertauschten Zeigern verrinnen. *Aussichtspunkte* präsentieren das rote Dächergebuckel der eng bebauten Altstadt am linken Murufer und die weit jenseits der Mur ausufernden Vorstädte.

Die Sackstraße führt mitten hinein in die Altstadt, die seit 1999 zum Weltkulturerbe der UNESCO zählt. Hier zeigte bislang die **Neue Galerie** (Sackstr. 16, www.neuegalerie.at, bis Nov. 2011 wegen Übersiedlung ins Joanneumviertel, Neutorgasse 45, geschl.) ihre umfassenden Samlungen zur Kunst des 19. bis 21. Jh. Alte Giebelhäuser, das klassizistische Rathaus und das im 17. Jh. mit skurrilem Barockstuck verzierte Luegghaus rahmen den **Hauptplatz** 2. Marktstände um den Erzherzog-Johann-Brunnen (1878) mit seinen Flussallegorien geben ihm Farbe. Über die Herrengasse gelangt man von hier zum **Landhaus** 3. Den alten Versammlungsort der steirischen Landstände gestaltete Domenico dell'Allio, auch als Festungsbaumeister auf dem Schlossberg tätig, 1557–65 im Renaissancestil um. Gekuppelte Rundbogenfenster und eine Loggia zeigen ebenso Anleihen an venezianische Architektur wie der dreigeschossige Arkadenhof, in dem sommers konzertiert wird.

TOP TIPP Mit dem Landhaus ist das um 1642 von Antonio Solari erbaute **Landeszeughaus** 4 (Tel. 0316/80179810, www.zeughaus.at, April–Okt. tgl. 10–18, Nov.–März Mo–Sa 10–15, So/Fei 10–16 Uhr) verbunden. Führungen durch die vier Etagen offenbaren ein Waffenlager mit Stücken aus dem 15.–17. Jh. – genug, um damit 30 000 Mann auszurüsten. Besondere Kostbarkeiten sind die *Harnische* (3. Stock), die im 15. Jh. in Innsbrucker, Augsburger und Nürnberger Werkstätten kunstvoll gefertigt wurden.

Durch rechts von der Herrengasse abzweigende Gassen erreicht man den Franziskanerplatz am Murufer mit der spätgotischen Franziskanerkirche und weiter durch die Landhausgasse das Hauptgebäude des **Universalmuseum Joanneum** 5 (Raubergasse 10, Tel. 0316/80170, www.museum-joanneum.at), seine Sammlungen verteilen sich auf mehrere Stand-

Schickes Ritteroutfit im Landeszeughaus

orte. Erzherzog Johann (1782–1859), der beliebte Reformer, gründete das Museum 1811. Im hier eingerichteten **Naturkundemuseum** (wegen Umbaus bis 2012 geschl.) werden Exponate zur Geologie, Paläontologie, Mineralogie, Zoologie und Botanik präsentiert.

Schmal, steil und romantisch, an schönen alten Fassaden vorüber, schlängelt sich die **Sporgasse** 6 vom Hauptplatz aus am Fuß des Schlossberges entlang. Durch die von der Sporgasse abzweigende Hofgasse gelangt man zu jenem Ensemble aus Burg, Dom und Mausoleum, Schauspielhaus und Jesuitenuniversität, das als ›Grazer Stadtkrone‹ bezeichnet wird. Die **Burg** 7, 1438–53 als Residenz für Friedrich III. erbaut, war bis 1619 Sitz der Innerösterreichischen Herrscher. Im heutigen Amtsgebäude der Landesregierung kann man die spätgotische Doppelwendeltreppe (1499) bestaunen.

Kaiser Friedrich III. ließ den **Dom** 8 1438–62 vom Schwaben Hans Niesenberger als Hofkirche errichten. Am gotischen Westportal befinden sich vier Wappenschilder und der kryptische, viel gedeutete Wahlspruch Friedrichs, AEIOU. Er könnte lauten »Austriae est imperare orbi universo« (Der gesamte Erdkreis ist Österreich untertan). Im Inneren der mit Netzrippengewölbe geschmückten Halle kontrastiert das breit angelegte Hauptschiff mit dem schmalen hohen Chorraum, der den *Hochaltar* (1730–33) aus verschiedenfarbigem Marmor nach einem Entwurf des Jesuitenpaters Georg Kraxner darbietet. Ins Auge fallen auch

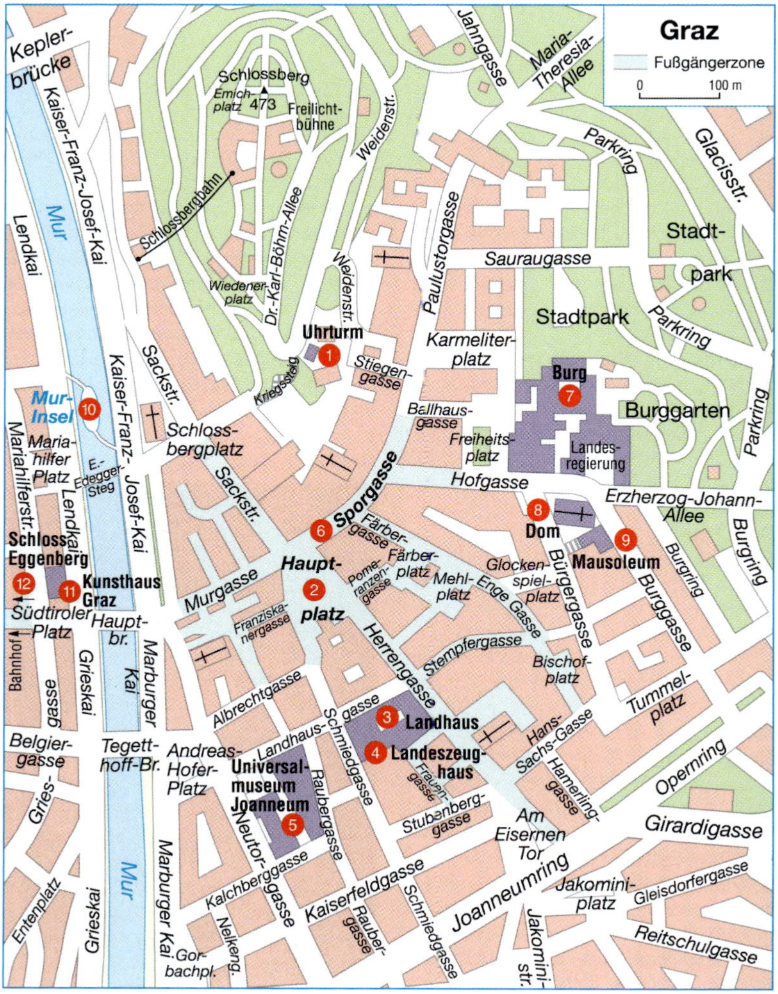

die beiden wertvollen *Reliquienschreine* beidseits des Chorbogens. Sie wurden um 1470 in Mantua als Brauttruhen im Stil Andrea Mantegnas angefertigt. Durch die Barockisierung blieben von der ursprünglich gotischen Ausstattung nur Freskenreste und das Tafelbild ›Kreuzigung Christi‹ (1456) des Konrad Leib von Eislingen links im Chor erhalten. Sehenswert sind auch die Altäre in Seitenschiffen und Kapellen, Grabmäler und Epitaphe.

Deutlich von der Hofkirche distanziert sich das kuppelgekrönte **Mausoleum** 9. Der Bau im manieristischen Stil, oft als ›Dokument der Gegenreformation‹ bezeichnet, wurde 1614 von Giovanni Pietro de Pomis begonnen und 1633 von Pietro Valnegro vollendet. Vorzügliche Stuckarbeiten nach Entwürfen von J. B. Fischer von Erlach und Fresken seines Zeitgenossen Franz Steinpichler geben dem Innenraum Glanz. In der Kaisergruft wurden Kaiser Ferdinand II. und andere Mitglieder des Kaiserhauses beigesetzt.

Mitten auf der Mur treibt seit 2003 eine elgante Stahlkonstruktion in Form einer Muschel, die **Murinsel** 10. Der New Yorker Vico Acconci plante das durch zwei Stege mit den Flussufern verbundene Inselschiff. Es beherbegt eine Arena für Freiluftevents und ein Café mit Club (Tel. 0316/822660, www.inselindermur.at).

Nicht weniger spektakulär ausgefallen ist das **Kunsthaus Graz** 11 (Lendkai 1, Tel. 0316/8017 9200, www.kunsthausgraz.at, Di–So 10–18 Uhr) am jenseitigen Ufer. Wegen seines gläsernen, noppengespickten Blasenbaukörpers wurde es von seinen Londoner Architekten Peter Cook und Colin Fournier ›Friendly Alien‹ getauft. Das Kunsthaus präsentiert interessante Wechselausstellungen zu aktuellen Themen der internationalen Kunst-, Design-, Architektur- und Medienszene. Es beherbergt außerdem die auf Fotografie spezialisierte *Camera Austria*.

Auf einer Anhöhe mit Blick auf die Mur liegt **Schloss Eggenberg** 12 (Eggenberger Allee 90, Tel. 0316/583264 9532, Schlosspark/Gärten: April–Okt. tgl. 8–19, Nov.–März tgl. 8–17 Uhr), wie das Mausoleum ein Werk de Pomis'. Seit 2010 gehört die Anlage zum UNESCO-Weltkulturerbe. Fürst Johann Ulrich von Eggenberg, der Statthalter von Innerösterreich, hatte ein Faible für Luxus und Symbolträchtiges. So stehen an dem manieristischen quadratischen Schlossbau (1625–35) 4 Ecktürme für die Jahreszeiten, 12 Tore für die Monate und 365 Fenster für die Tage. Die

Ein Meisterwerk des 7. Jh. v. Chr. ist der Strettweger Kultwagen in Schloss Eggenberg

24 fürstlichen **Prunkräume** (nur mit Führung April–Okt. Di–So 10, 11, 12, 14, 15, 16 Uhr) im Barock- und Rokokostil, überreich mit Stuck, (Decken-) Gemälden, Kristalllüstern und edlem Mobilar ausgestattet, sind um den kunstvoll ausgemalten Fest- oder *Planetensaal* angeordnet.

Im Museumstrakt sind Sammlungen des *Universalmuseum Joanneum* (alle: April–Okt. Di–So 10–18, Nov.–März Di–So 10–17 Uhr) beheimatet. Die **Alte Galerie** (Tel. 0316/80179770) zeigt in thematischer Aufstellung Gemälde und Skulpturen des 12.–18. Jh., u. a. die ›Admonter Madonna‹ (um 1320), sowie eine bedeutende Sammlung barocker Ölskizzen. Liebhaber der Numismatik kommen im **Münzkabinett** (Tel. 0316/583264 9513) auf ihre Kosten, das aus der Sammlung Erzherzog Johanns hervorging. Eine neu gestaltete Attraktion ist das **Archäologiemuseum** (Tel. 0316/583264 9515) in einem neuen Gebäude im Schlosspark. Dieses zweitgrößte archäologische Museum des Landes umfasst die Bereiche Steirische Vergangenheit, Klassische Antike und Alter Orient. Höhepunkte der Sammlungen sind die Funde aus der Hallstattzeit, darunter der ›Strettweger Kultwagen‹, eine überaus kostbare Bronzearbeit, und die Objekte aus der Römerzeit.

Nordöstlich der Altstadt steht auf einer Anhöhe die ab 1714 von Andreas, später von Johann Georg Stengg erbaute doppeltürmige **Wallfahrtsbasilika Mariatrost** (Tel. 0316/391145). Über eine mit barocken Statuen geschmückte Freitreppe gelangt man ins Innere der Kreuzkuppelkirche. Eine Fülle an *Fresken* (1733–54)

Die Riegersburg, das Wahrzeichen der Oststeiermark, gehört der Fürstenfamilie Lichtenstein

schildert in gobelinartigen Kompositionen große kriegerische Themen und Triumphe, z.B. den Sieg Konstantins des Großen und die Seeschlacht von Lepanto. Auf dem *Hochaltar* steht das Gnadenbild, eine spätgotische Madonna von 1470.

TOP TIPP Riegersburg

Im steirischen Hügelland östlich und südöstlich von Graz ragen gewaltige Burgen empor, die einst die Grenzen des Reiches schützten. Die schönsten wurden museal aufbereitet. Über die B 65 Graz–Gleisdorf und ab Ilz die B 66 erreicht man die heute im Besitz der Fürstenfamilie Liechtenstein befindliche Riegersburg (Tel. 03153/82131, www.veste-riegersburg.at, April–Okt. tgl. 9–17 Uhr). Die Festung thront auf einem Basaltfelsen und ist seit 2003 durch einen Schrägaufzug erschlossen. Sie besteht schon seit der Römerzeit, ihre heutige Gestalt erhielt sie unter Katharina Elisabeth Freifrau von Galle im 17. Jh. Kriegerisch wirken die 3 km langen Wehrmauern, sieben Torgebäude und elf Basteien. Die Hochburg glänzt mit Prunkräumen, darunter der *Rittersaal* von 1600 und der *Weiße Saal* von 1658, mit herrlichen Stuck- oder Kassettendecken, edlen Portalaufbauten und prachtvoll intarsierten Türen. Die Säle sind als **Burgmuseum** hergerichtet. Seit 2003 dokumentiert hier die Ausstellung ›Sagenhafte Riegersburg – Legendäre Frauen‹ die Geschichte der Festung. Im Kellergeschoss schildert das **Hexenmuseum** die Geschichte der Hexenverfolgung. In der **Greifvogelwarte Riegersburg** (Tel. 03153/7390, www.riegersburg.com, Mo–Sa 11 und 15, So/Fei 11, 14 und 16 Uhr) zeigen Adler, Bussarde und Falken ihre Flugkünste.

Praktische Hinweise

Information

Graz Tourismus, Herrengasse 16, 8010 Graz, Tel. 0316/80750, www.graztourismus.at

Hotels

*******Grand Hotel Wiesler**, Grieskai 4–8, Graz, Tel. 0316/70660, www.hotelwiesler.com. Jugendstiljuwel in der Altstadt.

******Erzherzog Johann**, Sackstr. 3–5, Graz, Tel. 0316/811616, www.erzherzog-johann.com. Gediegenes Hotel in altem Palais.

******Schlossberg Hotel**, Kaiser-Franz-Josef-Kai 30, Graz, Tel. 0316/8070, www.schlossberg-hotel.at. Eine geglückte Verbindung von Tradition und modernem Komfort.

*****Sporthotel Players**, Weinzöttlstr. 6, Graz, Tel. 0316/672926, www.sporthotel-players.at. Modern eingerichtetes Haus mit Wellness- und Fitnessangeboten.

Restaurants

Aiola upstairs, Schlossberg 2, Graz, Tel. 0316/818797, www.aiola.at. Das Aussichtsrestaurant neben dem Uhrturm schafft durch versenkbare Glaswände vor allem nachts eine zauberhafte Atmosphäre.

Kehlberghof, Kehlbergstr. 83, Graz, Tel. 0316/284125, www.kehlberghof.at. Das haubengekrönte Lokal am Stadtrand bietet raffinierte internationale Gerichte (So/Mo geschl.).

Landhaus-Keller, Schmiedgasse 9, Graz, Tel. 0316/830276, www.landhauskeller.at. Über 400 Jahre Tradition und gute österreichische Küche (So geschl.).

26 Leibnitz

Drei Weinstraßen ins ›Himmelreich‹.

Breit wird das Murtal südlich von Graz, ein weiß-rosa Blütenmeer im Frühling, duftend nach Äpfeln im Herbst. Gebettet in eine wasserreiche Landschaft liegt Leibnitz etwas abseits der B 67 und A 9. Auf dem *Frauenberg* westlich der Stadt, befand sich vor 2500 Jahren bereits eine keltische Siedlung. 75 v.Chr. wurde sie römisch. Die Römer errichteten hier einen Isis-Noreia-Tempel (1./2. Jh. n.Chr.). Ihr Verwaltungszentrum *Flavia Solva* (Blütezeit 3. Jh.), bauten sie südlich vom heutigen Leibnitz. Was erhalten blieb, ist aufbereitet im **Museumspavilion Flavia Solva** (Marburgerstr. 111, Tel. 03452/71778, www.museum-joanneum.at, April–Okt. Mi–So 10–17 Uhr) in Wagna, im **Tempelmuseum Frauenberg** (Seggauberg 17, Tel. 03452/86320, April–Okt. tgl. 10–16 Uhr) und als Lapidarium im schönen Arkadenhof von **Schloss Seggau** (Tel. 03452/824350, www.seggau.com, frei zugänglich) auf dem Seggauberg.

Über die B74 gelangt man westwärts in die Reblandschaft des Sausal. Bei Fresing zweigt die **Sausaler Weinstraße** nach *Kitzeck* ab, dem mit 564 m höchstgelegenen Weindorf Europas. Manche Lagen sind so steil, dass die Winzer sich anseilen müssen. Von der Aussichtswarte auf dem *Demmerkogel* (670 m) sieht man das Hügelland der Südsteiermark. Überall Wanderwege, Weinbauern und idyllische Buschenschenken. Kurvige Landstraßen führen nach Norden ins Tal der Laßnitz und zur ›Schilcherhauptstadt‹ *Deutschlandsberg*. Entlang der hiesigen **Schilcher Weinstraße**, wo die Böden hart und die Hügel steil sind, stellt man den gewöhnungsbedürfitgen säuerlichen Roséwein *Schilcher* her.

Die **Südsteirische Weinstraße**, von Leibnitz über Ehrenhausen erreichbar, schlängelt sich hügelauf, hügelab im Gebiet der Windischen Bühel an der slowenischen Grenze entlang. Edelkastanienwälder und Hopfenfelder mischen sich in das Weinberggrün. Im Hochsommer und Herbst klappern die für die Gegend charakteristischen *Klapotetze*, eine Art riesiger hölzerner Windräder, deren Geräusch die Vögel aus den Kulturen vertreibt. Zwischen Spielfeld und Leutschach bieten sich kleine Weinorte zur Einkehr an.

i Praktische Hinweise

Information

Tourismusverband, Sparkassenplatz 4 a, 8430 Leibnitz, Tel. 03452/76811, www.leibnitz.info

Hotels

**** **Weinhof Kappel**, Steinriegel 25, Kitzeck, Tel. 03456/2347, www.weinhof-kappel.at. Haus in Weingärten an der Sausaler Weinstraße.

**** **Weinland**, Konradweg 5, Leibnitz, Tel. 03452/843100, www.hotelweinland.at. Kleines Hotel mit Garten im Zentrum.

Restaurants

Kaminstub'n, Kreßbach 80, Deutschlandsberg-Hollenegg, Tel. 03462/4737, www.kaminstubn.at. Gaststätte aus fünf alten Bauernhäusern, mit saisonal-regionaler Küche (Mo geschl.).

Römerhof, Marburgerstr. 1, Leibnitz, Tel. 03452/82419. Bodenständig-steirische und internationale Küche.

Das Rathaus mit seinem kantigen Turm dominiert den Hauptplatz von Leibnitz

Kärntner Seenlandschaft – südländische Atmosphäre und tausendjährige Kultur

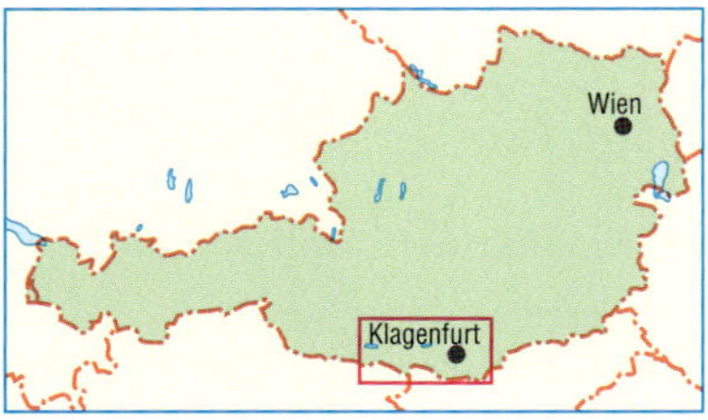

Wie eine Schale, in der alle Wasser zusammenfließen, stellt sich die Kärntner Seenlandschaft dar. Berge ringsum bieten reizvolle Ansichten: der Alpenhauptkamm im Norden, Karawanken und Karnische Alpen im Süden, Lienzer Dolomiten im Westen und die Koralpe im Osten. Südländisches Schönwetter beschert der Region um ihre Landeshauptstadt **Klagenfurt** jenes zauberhafte Licht, das sie idyllischer und weicher zeichnet, als sie eigentlich ist. Ihr Herz schlägt in tausend Seen: weltabgeschiedenen moosgrünen Bergseen und großen, warmen, sauberen Badeseen, die sich an Wiesen und bewaldete Berghänge schmiegen. Von ihren Ufern gingen einst Kultur und Missionierung aus. Im Umkreis von uralten, frommen Stiften und wachsamen Burgen findet heute das turbulent-fröhliche, sportliche Sommerleben am **Wörther-**, **Ossiacher-** und **Millstätter See** statt.

27 Klagenfurt

Kärntens Hauptstadt ist der Adria näher als der Donau.

Weit, eben, durchsonnt, ist die Beckenlandschaft, in der die 92 000-Einwohner-Stadt liegt. Sanft wellen sich die waldbestandenen Höhen der Sattnitz im Süden und bilden einen Grüngürtel vor den Felsgipfeln der Karawanken, deren kühne Konturen sich diskret im Hintergrund halten. Durch den Lendkanal mit dem Wörthersee verbunden, ist Klagenfurt Tor zur Seenlandschaft im Westen. Ein dichtes Straßennetz um die Südautobahn A 2 bündelt sich hier und verbindet die Seen miteinander.

Geschichte Nach den legendären Klagefrauen, die ihre Tränen in die Glan vergossen, nannte man die Stadt im 12. Jh. *Chlagenvurt*, ›Furt der Klagen‹. Sie war seit 1251 als *Civitas* beurkundet, doch Kärntens Frühgeschichte ereignete sich nicht im sumpfigen Klagenfurter Becken, denn die Hauptstadt der Noriker lag auf dem Magdalensberg im Norden. Die Römer ließen sich später in *Virunum* nordöstlich von Maria Saal nieder, Kärntens erste Herzöge taten es ihnen gleich, zogen den *Herzogsstuhl* bei Maria Saal als Thron vor und fühlten sich im Schutz der Burg *Hochosterwitz* wohlbeschützt. Das ursprüngliche Klagenfurt, eine Holzhüttenstadt an der Glanfurt, wurde im 13. Jh. auf einen Schotterhügel vor dem Kreuzbergl verlegt, brannte aber 1514 fast vollständig ab. Kaiser Maximilian I. schenkte die Stadt 1518 den Landständen Kärntens mit der Auflage, sie wieder aufzubauen und zu befestigen. Nach St. Veit an der Glan wurde sie nun die Landeskapitale. 1527 begann man mit dem Bau des Lendkanals als Wasserstraße zum Wörthersee. Weitere Brände, Erdbeben und Napoleons Krieger suchten die Stadt heim. Jugoslawische Truppen besetzten sie 1919 im Rahmen der Kärntner Aufstände gegen die Ablösung von Österreich. Ruhe kehrte erst im Jahr 1920 ein, als eine Volksabstimmung für den Verbleib Kärntens bei Österreich votierte.

Besichtigung Die schachbrettartige Anlage des Zentrums geht auf das 16. Jh. zurück, als die Stadt mitsamt neuer Befestigungswälle nach Plänen Domenico dell'Allios umgestaltet wurde. Die Altstadt wurde einfühlsam saniert und 50 Arkadenhöfe zugänglich gemacht. Einen ersten Überblick erhält man vom 98 m hohen **Stadtpfarrturm** (225 Treppen, April–Okt. Mo–Fr 10–17.30, Sa 10–12.30 Uhr) von St. Egyd. Der nahe lang gestreckte **Alte Platz** mit der Dreifaltigkeitssäule (1680) erinnert an italienische Marktplätze. Er wird gerahmt von Gebäuden des

17./18. Jh. und dem ältesten Klagenfurter Haus ›Zur Goldenen Gans‹ aus dem 15. Jh. In den wunderschönen Renaissance-Innenhöfen ahnt man die heitere Atmosphäre vergangener Sommertage. Schön ist auch das zwischen Altem Platz und Heiligengeistplatz gelegene alte **Landhaus** (Tel. 050/53 63 05 52, April–Okt. Di–So 10–18, Do bis 20 Uhr), eine hufeisenförmige, 1574–90 erbaute Anlage mit einem türmeflankierten, malerischen Renaissance-Arkadenhof. Gewaltig und unruhig präsentiert sich der *Wappensaal*. Die Deckengemälde (1740) mit von Scheinarchitektur gerahmten Szenen aus der Stadtgeschichte schuf der Barockmeister Josef Ferdinand Fromiller. Von ihm stammt auch der Großteil der die Wände und Fensternischen überziehenden 665 Wappen der Kärntner Landstände, die sich 1590–1848 hier versammelten. Heute ist das repräsentative Gebäude Sitz der Kärntner Landesregierung.

Der Wappensaal des Landhauses ist reich mit Decken- und Wandmalereien geschmückt

Der **Lindwurmbrunnen** (um 1593) mit dem von Ulrich Vogelsang geschaffenen geflügelten Untier, dem Wahrzeichen und Wappentier der Stadt, und dem später hinzugefügten Herkules (1633) sowie das Bronzestandbild **Maria Theresias** (1873) vor dem Rathaus beherrschen den **Neuen Platz**. Er bildet das Zentrum der nach 1518 wieder aufgebauten Stadt.

Die Karfreitstraße führt zum **Dom St. Peter und Paul**. Ursprünglich wurde die Wandpfeilerkirche 1582–91 als protestantische Predigerkirche erbaut. 1604 erfolgte die Übergabe an die Jesuiten, 1787 die Erhöhung zur Domkirche des Fürstbistums Gurk. Die Umwidmung und ein Brand 1723 nahmen ihr die gewachsene Struktur. Reicher Stuck an Wänden und Gewölbe lassen das Innere dennoch harmonisch erscheinen. Zwei *Hochaltargemälde* (1752) von Daniel Gran und barocke Handwerkskunst in den Seitenkapellen ergänzen den Raumeindruck.

Das **Diözesanmuseum** (Tel. 04 63/ 50 24 98, Juni–Mitte Okt. Mo–Sa 10–12 Uhr) am Domplatz bewahrt eine reichhaltige Sammlung sakraler Kunst. Das **Museum Moderner Kunst Kärnten** (Burggasse 8,

Der Alte Platz in Klagenfurt verströmt an sonnigen Tagen südländisches Flair

Burg Hochosterwitz wurde im 16. Jh. angesichts der Türkengefahr gewaltig ausgebaut

Tel. 050/53 63 05 42, www.mmkk.at, Di–So 10–18, Do bis 20 Uhr) in der *Alten Burg* widmet sich mit Sammlungen und Wechselausstellungen der Kunst des 20. und 21. Jh. Die Burgkapelle steht Künstlern als Projektraum zur Verfügung. Einen ausgezeichneten Überblick über Kärntens Kunst und Geschichte von der Frühzeit bis heute gibt das **Landesmuseum Kärnten** (Museumgasse 2, Tel. 05 36/305 52, www.landesmuseum-ktn.at, Di–Fr 10–18, Do bis 20, Sa/So 10–17 Uhr). Der Museumspark bietet ein Lapidarium römischer Denkmäler.

Westlich des Zentrums liegt **Minimundus** (Villacher Str. 241, Tel. 04 63/211 94, www.minimundus.at, Mai/Juni, Sept. tgl. 9–19, Juli/Aug. tgl. 9–20, April, Okt. tgl. 9–17 Uhr). 140 Modelle von weltberühmten Bauwerken im Maßstab 1 : 25 laden hier zu einem Spaziergang durch 53 Länder ein.

Maria Saal

Nach Norden, in die Kärntner Historienlandschaft, führt die B 83. Erste Station sind Maria Saal und seine spätgotische, im 15. Jh. entstandene, wehrhaft ummauerte **Wallfahrtskirche Maria Saal** (Tel. 042 23/22 54, www.mariasaal.at) mit den zwei imposanten Türmen auf einem Felshügel hoch über dem Zollfeld. In die Kirchenfassade wurden zwei römische Reliefs, der berühmte ›Reisewagen‹ (3./4. Jh. n. Chr.) und ›Achill schleift den toten Hektor um die Mauern Tojas‹, eingefügt. Um das Jahr 1510 entstand das schöne ›Keutschacher Epitaph‹ aus rotem Marmor an der Kirchensüdwand, das die Krönung Mariens zum Thema hat. Auch die *Innenausstattung* der spätgotischen Hallenkirche ist kostbar, darunter Wandgemälde wie das ›Dreikönigsfresko‹ (1435) im Chor und herrliche Schnitzarbeiten am linken Seitenaltar. Eines der bedeutendsten Werke der gotischen Plastik ist das *Madonnen-Gnadenbild* (1425) in farbigem Steinguss am barocken Hochaltar. Sehenswert ist auch das *Modestusgrab* in der Sachsenkapelle des linken Seitenschiffs. Unter einem karolingischen Altartisch aus der Urkirche ruhen die Reliquien des 763 verstorbenen Heiligen in einem römischen Sarkophag.

1,5 km nördlich von Maria Saal Richtung St. Michael steht neben der Bundesstraße der uralte aus Römersteinen zusammengefügte **Kärntner Herzogstuhl**. Von diesem wuchtigen Doppelthron aus sprachen im Mittelalter Kärntens Herzöge Recht, vergaben Lehen und nahmen Huldigungen entgegen. Bei St. Michael zweigt eine Route zum **Archäologischen Park Magdalensberg** (Tel. 042 24/22 55, www.landesmuseum-ktn.at, Mai–Mitte Okt. Di–So 9–18 Uhr) ab. Das Freilichtmuseum lässt den Reichtum der spätkeltisch-frührömischen Siedlung (1. Jh. v. Chr.–1. Jh. n. Chr.) erahnen. Außerdem wurde das Amphitheater der römischen Provinzhauptstadt **Virunum** (Besichtigung auf Voranmeldung, s. o.) freigelegt.

Burg Hochosterwitz

Kärntens einstige Herzogsstadt, **St. Veit an der Glan** (1202–1518), deren Wurzeln bis in die Karolingerzeit reichen, garnierte Mittelalter mutig mit Moderne. Der Maler Ernst Fuchs gestaltete im Stadtzentrum ein farbiges und äußerst formenreiches *Kunsthotel* mit Tiffanyglas-Fassade.

Von St. Veit führt eine Route über Glandorf und St. Donat zur **Burg Hochosterwitz** (Tel. 04213/2010, www.burg-hochosterwitz.at, Mai–Sept. tgl. 9–18, April, Okt. tgl. 9–17 Uhr). Gewaltig thront die Festung mit ihren Verteidigungsringen und 14 Toren auf einem grün überwucherten Felsklotz, einer skurrilen Ausformung der Landschaft. Ein spektakulärer Aufzug an der steilen Felswand, der *Ritterlift,* erleichtert den Aufstieg. Kärntens Wahrzeichen, 860 erstmals urkundlich erwähnt, wurde von Georg Freiherr von Khevenhüller 1570–86 angesichts der Türkengefahr in seiner heutigen Form ausgebaut. Eine Marmorinschrift besagt, er habe angeordnet, dass »diese Burg von seiner Familie niemals wegkomme«. Das nie eroberte Kastell mit schönem Burghof befindet sich tatsächlich heute noch im Familienbesitz.

Praktische Hinweise

Information

Klagenfurt Tourismus, Neuer Platz 1, 9010 Klagenfurt, Tel. 04 63/537 22 23, www.klagenfurt-tourismus.at

Flughafen

Kärnten Airport, Flughafenstr. 60–64, Klagenfurt, Tel. 04 63/41 50 00, www.klagenfurt-airport.com. Preisgünstige Transfers in alle Kärntner Regionen.

Schiff

Lendwurm, Klagenfurt, Tel. 06 64/342 57 88. Elektrofähre vom Zentrum (Klagenfurt-Lendhafen) zur Ostbucht des Wörthersees (Mai–Okt.).

Wörthersee-Schifffahrt, Klagenfurt, Tel. 04 63/211 55, www.woerthersee schifffahrt.at. Ab Station Klagenfurt-See.

Hotels

******Palais Porcia**, Neuer Platz 13, Klagenfurt, Tel. 04 63/511 59 00, www.palais-porcia.at. Das edle Haus ist verschwenderisch eingerichtet und stilvoll.

******Salzamt Palais Hotel Landhaushof**, Landhaushof 3, Klagenfurt, Tel. 04 63/59 09 59, www.landhaushof.at. Zentrales Wohnen in einem stilsicher adaptierten Renaissancepalais.

******Sandwirth**, Pernhartgasse 9, Klagenfurt, Tel. 04 63/562 09, www.sandwirth.at. Elegantes Traditionshotel in der Altstadt mit moderner Ausstattung.

Restaurants

Felsenkeller, Feldkirchner Str. 141, Klagenfurt, Tel. 04 63/42 01 30. Das urige Gewölbe im Speisesaal sorgt für Gemütlichkeit, die Küche bietet traditionelle Gerichte.

Purpur, St. Veiter Ring 43, Klagenfurt, Tel. 04 63/50 01 77, www.purpur1.at. Modern in Stil und Ambiente, die Küche ist im besten Sinne italienisch-kärntnerisch (So geschl.).

7. Himmel, Osterwitzgasse 12, Klagenfurt, Tel. 04 63/553 39. Himmlisch schmecken vor allem frischer Fisch und originell zubereitete Meeresfrüchte (Sa/So geschl.).

28 Maria Wörth und Wörthersee

Romantik und Trubel, Reliquien und Wassersport.

Auf einer kleinen Insel am Südufer des Wörthersees errichteten Mönche gegen Ende des 9. Jh. für die aus Rom importierten Reliquien der Heiligen Primus und Felizian eine erste Kirche. 1146 folgte die Gründung des **Stifts Maria Wörth** als Hort der Missionierung Kärntens, 1155 wurde dann die kleine, romanische Rosenkranzkirche errichtet. Beide Gotteshäuser erlitten Brände, wurden wieder auf- und umgebaut. In der großen, überwiegend spätgotischen Stiftskirche, heute **Pfarrkirche**, fällt durch die hohen Chorfenster Tageslicht auf den mächtigen barocken Hochaltar. Die meisterhaft geschnitzte spätgotische *Madonna* (1420) in seinem Zentrum ist Ziel der Wallfahrer. Im Chor der benachbarten **Rosenkranzkirche** haben sich bedeutende Fresken aus dem 11. Jh. erhalten.

Die Insel, einst wie ein Trittstein im See, wurde durch Verlandung zur Halbinsel. Sie schnürt den 16,6 km langen und bis zu 1,6 km breiten **Wörthersee** bis auf einige hundert Meter ein. Von nur wenigen Gebirgsbächen gespeist, erreicht der See im Sommer sehr angenehme Badetemperaturen (bis 28 °C). Große Teile seiner Wasserfläche kann man vom Maria Wörther Ufer übersehen oder mit Dampfern befahren. Während die Wörthersee-Süduferstraße von Klagenfurt über die Seeorte Reifnitz, Maria Wörth, Dellach und Auen zum mondänen Kurort **Velden** führt, verbindet die Norduferstraße die Orte Krumpendorf und **Pörtschach** mit Velden. Überall herrscht in den Sommermonaten Jubel, Trubel, Heiterkeit und es werden Events jedweder Art veranstaltet.

i Praktische Hinweise

Information

Tourismusbüro Maria Wörth Reifnitz, Seepromenade 5, 9082 Maria Wörth, Tel. Tel. 04273/22400, www.maria-woerth.at

Wörthersee Tourismus, Villacher Str. 19, 9220 Velden, Tel. 04274/38288, www.woerthersee.com

Schiff

Schifffahrt Velden, Velden, Tel. 0664/ 1369191, www.schifffahrt-velden.at

Wörthersee-Schifffahrt [s. S. 87]

Hotels

*******Aenea Designhotel**, Süduferstr. 86, Reifnitz, Tel. 04273/26220, www.aenea.at. Nobles Haus für Verwöhnte.

******Golfhotel**, Golfstr. 2, Maria Wörth, Tel. 04273/25110, www.originalmayr.com. Hier vereinbart man Sport, Gesundheit und Lebensqualität.

Mit Blick auf Maria Wörth könnte man hier Malkasten und Pinsel auspacken oder auch den Picknickkorb und die Badehose

29 Villach und Ossiacher See

Italienisches Flair prägt die Stadt, der Ossiacher See ist ihr Nachbar.

Die von der Villacher Alpe dominierte Landschaft im breiten Talboden der Drau ist vom Verkehr stark in Mitleidenschaft gezogen. **Villach** mit seinen heute 57000 Einwohnern, das *Santicum* der Römer, war nie leise. In der Stadt am Kreuzweg zwischen Nord und Süd machten Händler, Könige und Kaiser Station. Karl V. (reg. 1519–56), in ›dessen Reich die Sonne nie unterging‹, pflegte im Villacher Thermalwasser seine Gicht. Heute fließen täglich 40 Mio. Liter 29 °C warmes Heilwasser in das Kurzentrum von *Warmbad Villach*.

Mehrere Erdbeben, der gewaltige Dobratsch-Bergsturz 1348 und Brände zerstörten den Ort immer wieder. Lediglich der im 12. Jh. angelegte lange **Hauptplatz** hat noch einen Bezug zur Stadtgeschichte. Schöne Bürgerhäuser im Übergangsstil von Gotik zu Renaissance säumen ihn. Torbogen, stimmungsvolle Arkadenhöfe, Wappen und Renaissanceerker bestimmen hier und in den angrenzenden Gassen das Bild. Das nahe **Museum der Stadt Villach** (Widmanngasse 38, Tel. 04242/ 2053500, Mai–Okt. Mo–Sa 10–16.30 Uhr) zeigt Sammlungen zur Ur- und Frühgeschichte, zur mittelalterlichen und neuzeitlichen Kunst. Antike Römersteine prägen den romantischen Innenhof.

Dem ›Patron der Reisenden‹ gewidmet ist die **Stadtpfarrkirche St. Jakob**, eine spätgotische Hallenkirche auf einer

Im Talboden der Drau gelegen, gilt das kärntnerische Villach als ›Österreichs Tor zum Süden‹

Terrasse über dem Hauptplatz. Ihr 95 m hoher *Turm* (Mai, Juni, Sept., Okt. Mo–Sa 10–16.30, Juli/Aug. Mo–Sa 10–18 Uhr), ursprünglich als frei stehender Campanile gedacht, nun mit einem Torbogen an die Kirche gebunden, kann bestiegen werden. Die Fernsicht bietet ein grandioses Bergpanorama von den Hohen Tauern bis zu den Julischen Alpen. Im *Kircheninneren* sind bedeutende Grabmäler aus dem 15./16. Jh., das Christophorusfresko (um 1440) von Friedrich von Villach im Chor und eine reliefgeschmückte Steinkanzel (1555) besonders sehenswert.

Die mautpflichtige **Villacher Alpenstraße**, eine 16,5 km lange Panoramastraße, führt bis auf 1700 m ins Gebiet des **Dobratsch**, des mit 2167 m höchsten Gipfels der Villacher Alpe. Jede Kehre gibt die Sicht auf die Seenlandschaft oder zu den Karawanken, Julischen und Karnischen Alpen frei. Im **Alpengarten** (vom Parkplatz P6 zu erreichen, Tel. 06 64/914 29 53, Mitte Juni–Aug. tgl. 9–18 Uhr), über dem Gebiet des Bergsturzes angelegt, blühen – wohl gepflegt und beschriftet – zwischen Juni und September die schönsten Blumen der Südalpen. Über die Faaker-See-Straße (Abzweig von der A 2 bei Maria Gail) gelangt man zum **Faaker See**. Auch das beliebte warme, von Quellen gespeiste kleine Gewässer bietet von seiner Ringstraße aus betörende Bergbilder. Eine einzigartige Karawankenkulisse verdankt der See dem pyramidenförmigen Felsgipfel des Mittagskogels (2143 m).

Eine 16 km lange Autostraße führt zur Ruine der **Burg Landskron** (Tel. 042 42/ 415 63, www.burg-landskron.at) auf steiler Felskuppe nördöstlich von Villach. Im Mittelalter Stützpunkt der Habsburger, kam die mächtige Burg im 16. Jh. in den Besitz der Khevenhüller, die sie prächtig ausstatteten. Nach Jahrhunderten des Verfalls beeindruckt die ›Krone des Landes‹ heute teilweise wieder hergestellt als gewaltige Anlage mit zinnengekrönten Mauern, mit Adlerflugschau und Greifvogelzoo. Ein *Restaurant* macht sich die Prachtaussicht zunutze.

Tief unten, zwischen den bewaldeten Hängen der Ossiacher Tauern und den steilen Flanken der Gerlitzen, zieht sich der 11 km lange **Ossiacher See** hin, der drittgrößte der Kärntner Seen. Dicht bebaut ist sein von Straße und Eisenbahn gesäumtes Nordufer zwischen Annenheim und Steindorf. Baumblüte im Frühling und Schneefelder auf der Gerlitzen (1909 m) sind Jahreszeiten übergreifend durch die Seilbahn zur Kanzelhöhe und die mautpflichtige Panoramastraße ab Bodensdorf verbunden.

Die ehem. **Benediktinerabtei Ossiach** am stillen Südufer wurde 1028 gegründet. Die ursprünglich romanische, im 18. Jh. barockisierte **Stiftskirche** erinnert mit einem Epitaph an der nördlichen Kirchenfassade an König Boleslaw II. (reg. 1058–79) von Polen. Der Legende nach hat der königliche Erzbischofsmörder hier Buße als stummer Mönch getan. Im

Millstatt am gleichnamigen See vor der ▷ beeindruckenden Kulisse der Hohen Tauern

Ambiente der Pfeilerbasilika mit ihren zartfarbigen Wessobrunner Stuckaturen und den allegorischen Malereien von J.F. Fromiller finden die Konzerte des ›Carinthischen Sommers‹ statt.

i Praktische Hinweise

Information

Tourismusinformation, Bahnhofstr. 3, 9500 Villach, Tel. 04242/2052900, www.villach.at

Schiff

Ossiacher See und Drauschifffahrt, Villach, Tel. 0699/15077077. Panoramafahrten zum Faaker See etc.

Hotel

******Post**, Hauptplatz 26, Villach, Tel. 04242/26 10 10, www.romantik-hotel.com. Das angenehme Hotel befindet sich in einem der schönsten alten Häuser von Villach.

Restaurants

Kaufmann & Kaufmann, Dietrichsteingasse 5, Villach, Tel. 04242/25871. Österreichische und südländische Küche angenehm verbunden (So/Mo geschl.).

Urbani Weinstuben, Meerbothstr. 22, Villach, Tel. 04242/28105, www.restaurant-urbani.at. Ausgezeichnete österreichische und mediterrane Küche (Sa/So geschl.).

30 Spittal an der Drau und Millstätter See

Sommerliche Komödienspiele, ein Museum als Trendsetter und ein lieblicher See.

Spittal, das Einfallstor nach Kärnten, liegt am Kreuzungspunkt der aus Norden kommenden Straßen über die Niederen und Hohen Tauern, die von hier aus gebündelt nach Süden weiterlaufen. Das **Spittl**, ein Hospiz für Pilger und Reisende an der Straße von Augsburg nach Venedig, 1191 gestiftet von den Grafen von Ortenburg, gab der Stadt den Namen. Heute fungiert das restaurierte Gebäude als Sitz der Fachhochschule. Weithin sichtbar, niemals erobert, doch seit 1785 dem Verfall preisgegeben, besetzt die Ruine der **Ortenburg** einen ganzen Bergrücken oberhalb des Drau-Steilufers südwestlich der Stadt. Ab 1135 war die größte mittelalterliche Festung Kärntens Stammsitz der mächtigen Grafen von Ortenburg. Nach dem Erlöschen der Linie 1421 ernannte Kaiser Karl V. den wohlhabenden Spanier Gabriel Salamanca (1489–1539) zum neuen Grafen von Ortenburg.

Des Kaisers Günstling, Generalschatzmeister des Erzherzogs Ferdinand, ließ Schloss Salamanca, heute **Schloss Porcia**, ab 1533 als Residenz errichten. Bewohnt wurde es später (17.–20. Jh.) von der friulischen Adelsfamilie Porcia. Der prachtvolle Palast am Burgplatz im Zentrum mit vier dreigeschossigen Flügeln auf quadratischem Grundriss gilt als Österreichs schönstes Bauwerk im Stil der italienischen Renaissance. Sehenswert ist vor allem der *Innenhof*, dessen elegante Arkadengänge mit antikisierenden Medaillons und toskanischen Säulenkapitellen entzücken. Er bildet den stimmungsvollen Rahmen für die sommerlichen ›Komödienspiele‹ [s. S. 133] und andere Kulturveranstaltungen. In den zwei Obergeschossen des Schlosses ist das **Museum für Volkskultur** (Tel. 04762/2890, www.museum-spittal.com, Mitte April–Okt. tgl. 9–18, Nov.–April Mo–Do 13–16 Uhr) untergebracht. Eine der größten volkskundlichen Sammlungen mit Themen wie Brauchtum, Handwerk, Gold- und Arsenbergbau ist hier interessant und vor allem ›begreifbar‹ präsentiert.

Das ebenfalls am Burgplatz gelegene **Khevenhüller Stadtschloss** (1537), ein Renaissancebau mit Arkaden, fungiert heute als Rathaus.

Grüne Waldrücken bilden eine weiche Kulisse für den türkisfarbenen **Millstätter See** 3,5 km östlich von Spittal. Die B 98 verbindet die rührigen Ferienorte Seeboden, Millstatt und Döbriach an der nördlichen Seeseite, während das bewaldete, unbesiedelte Südufer des 12 km langen Sees nur über schmale Wege zugänglich ist. Kelten und Römer lebten im lieblichen Ambiente, missionierende Benediktiner entdeckten vor 1000 Jahren die schönste Stelle am Nordufer. Hier stifteten im Jahr 1070 die bayrischen Pfalzgrafen Aribo und Poto das **Kloster Millstatt**. Es wurde ein Zentrum mittelalterlicher Mönchskultur, Manuskriptkunst und Gelehrsamkeit. Aus dem 12. Jh. blieb der romanische *Kreuzgang* mit reich geschmückten Säulenkapitellen erhalten, der vom hübschen Stiftshof (16. Jh.) mit seiner Arkadengalerie im italienischen Stil zugänglich ist. Die doppeltürmige **Stiftskirche** selbst zeigt in der Vorhalle ein marmornes *Trichterportal* mit einer Fülle von ornamentalen und figürlichen Details aus der romanischen Bauphase. Eindrucksvoll ist auch das von Urban Görtschacher 1513–19 geschaffene ›Weltgerichtsfresko‹ im gotisch geprägten Inneren der Pfeilerbasilika. Diese Darstellung des Jüngsten Gerichts wurde 1963 von der Fassade an die Wand des südlichen Seitenschiffs übertragen. Nur zur Fastenzeit vor Ostern wird das berühmte, 1997 restaurierte ›Millstätter Fastentuch‹ (1593) mit seinen 41 farbkräftig gestalteten Szenen aus Altem und Neuem Testament gezeigt.

Praktische Hinweise

Information

Tourismusbüro Spittal an der Drau, im Schloss Porcia, Burgplatz 1, 9800 Spittal, Tel. 047 62/565 02 22, www.spittal-drau.at

Infocenter Millstätter See, Thomas-Morgenstern-Platz 1, 9871 Seeboden, Tel. 047 66/370 00, www.millstaettersee.at

Bergbahn

Goldeck Seilbahn, Tel. 047 62/28 64, www.sportberg-goldeck.at (bis 2000 m Höhe)

Schiff

Millstätter See-Schifffahrt, Millstatt, Tel. 047 66/239 39, www.schifffahrt.at/millstaettersee

Hotels

****Biohotel Alpenrose**, Obermillstatt 84, Tel. 047 66/25 00, www.biohotel-alpenrose.at. Alles Bio: Haus, Möbel, Teppiche und Vollwertkost.

***Erlebnis Post**, Hauptplatz 13, Spittal, Tel. 047 62/51 25, www.erlebnis-post.at. Originelles Hotel im Zentrum mit vielen Freizeitangeboten.

Restaurant

Kleinsasserhof, Kleinsass 3, bei Spittal, Tel. 047 62/22 92, www.kleinsasserhof.at. Haubenrestaurant, empfehlenswert besonders für Freunde der traditionellen Kärntner Küche, mit Produkten aus eigener kleiner Landwirtschaft (Mo geschl.).

Über die Alpen – Pässe, Bergstraßen und ein Nationalpark

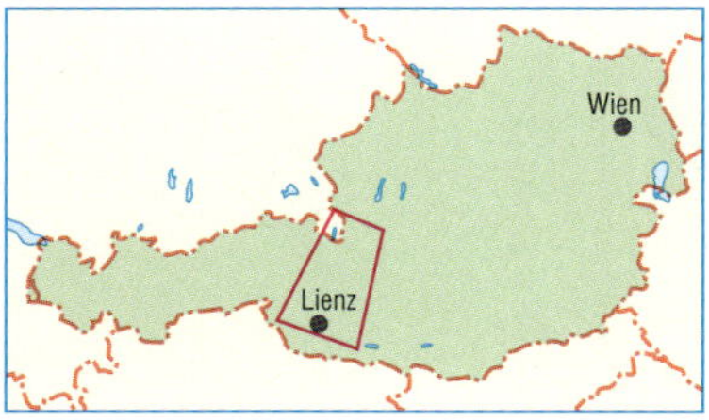

Die beeindruckende **Großglockner Hochalpenstraße** führt in die Lebensräume der Steinböcke, Gämsen und Bartgeier. Reich an unvergleichlichen landschaftlichen Höhepunkten, verbindet sie im alpinen Gelände des **Nationalparks Hohe Tauern** Osttirol und Kärnten mit dem Bundesland Salzburg. Zwei spektakuläre Nebenrouten, die **Gletscherstraße** zur Franz-Josephs-Höhe und die **Edelweißstraße** vom Fuscher Törl zur Edelweißspitze, gewähren Naturerlebnisse der besonderen Art: Tief unten liegt der zerrissene **Pasterzengletscher**, ein einziger Rundblick nach oben erschließt 37 Dreitausender, die sich urwüchsig, wild, teilweise in Eis erstarrt, um den **Großglockner**, mit 3797 m Österreichs höchster Berg, aufbauen.

31 Lienz

Kleinstadtcharme und eine Ahnung vom Süden.

Von Spittal bis Lienz folgt die B100 der Drau. Weit abgeschieden von Innerösterreich, mit Tirol nur durch eine Straße über italienisches Staatsgebiet verbunden, liegt der Osttiroler Bezirkshauptort (13 000 Einw.) an der Einmündung der Isel in die Drau. Die Kulisse der bizarren Lienzer Dolomiten im Süden, je nach Licht heiter oder schwermütig, gibt die Stimmungen der Kleinstadt vor.

Auch den Römern gefiel die wasserreiche Beckenlandschaft. Ihr ummauertes *Aguntum,* das von 59–450 n. Chr. gedieh, Reichtümer sammelte, blühte, sich mit Atriumhäusern und Thermenanlagen schmückte, wird heute – nach ersten Ausgrabungen im Jahr 1912 – bei Dölsach, 5 km östlich von Lienz, freigelegt. 20 000 m^2 umfasst das archäologische Gelände **Aguntum**, über dessen Ruinen teilweise schon wieder Gras wächst. Spektakulär ist jedoch das neue Museum **Aguntum** (Tel. 048 52/615 50, www.aguntum.info, April/Mai, Mitte Sept.–Okt. tgl. 10–16, Juni–Mitte Sept. tgl. 9.30–18 Uhr), das die römischen Funde in modern designtem Rahmen zur Schau stellt. Als *Luenzina* im 11. Jh. erwähnt, diente Lienz im 14. Jh. als Residenz der Grafen von Görz, denen weite Teile Tirols gehörten. **Schloss Bruck**, auf waldbestandenem Felssporn am Eingang des Iseltales, im 13. Jh. über römischem Gemäuer als Sperrburg erbaut, wurde ihr Stammsitz. Kriegerisch nie gefordert, blieb der Bau und sein schöner *Rittersaal*

Der Hauptplatz von Lienz mit seinen Straßencafés lädt zum Verweilen ein ▷

mit bemalter Balkendecke aus der Entstehungszeit erhalten. Ein gutes Dokument der Fürstenverehrung und Frömmigkeit im 15. Jh. stellen die Fresken des einheimischen Künstlers Simon von Taisten in der *Schlosskapelle* dar. Das im Schloss untergebrachte **Heimatmuseum** (Tel. 048 52/625 80, Mitte Mai–Okt. tgl. 10–18 Uhr) besitzt neben urgeschichtlichen und römischen Funden eine Gemäldegalerie mit Werken des Genremalers Franz von Defregger (1835–1921) und des ›Bauernmalers Tirols‹, Albin Egger-Lienz (1868–1926), mit seinem monumentalen Stil.

Die 1605 von den Grafen von Wolkenstein errichtete **Liebburg** mit ihren markanten Rundtürmen, heute als Rathaus genutzt, dominiert den Lienzer Hauptplatz. Straßencafés, Blumen und Palmen vermitteln südländisches Flair, die *Altstadt* mit ihren ›Gangln und Gassen‹ nimmt von hier ihren Ausgang. Bis zu einem frühchristlichen Sakralbau aus dem 5. Jh. reichen die Wurzeln der **Stadtpfarrkirche St. Andrä** am nördlichen Iselufer zurück. Die mit viel Kunstverstand restaurierte gotische Basilika ersetzte im 15. Jh. einen romanischen Vorgängerbau. Zu ihren Schätzen zählen romanische Portallöwen in der Vorhalle, ein spätgotisches Kruzifix am rechten Seitenaltar und die schön gearbeiteten Grabplatten für Leonhard von Görz (1506/07) und Michael von Wolkenstein (1510). Beeindruckend, wegen der ungewöhnlichen Darstellungsweise einst heftig bis zur päpstlich angeordneten Kirchensperre umstritten, ist der Freskenzyklus ›Sämann und Teufel, die Namenlosen, Totenopfer und Auferstehung‹ von Albin Egger-Lienz in der nach Plänen von Clemens Holzmeister 1925 erbauten *Krieger-Gedächtniskapelle* neben der Kirche.

Praktische Hinweise

Information

Tourismusverband Lienzer Dolomiten, Europaplatz 1, 9900 Lienz, Tel. 050/ 21 24 00, www.lienzerdolomiten.info

Bergbahn

Seilbahn, Lienz, Tel. 048 52/639 75, www. lienzer-bergbahnen.at. Ab Talstation Gaimberg auf das Zettersfeld (1812 m).

Hotel

******Romantikhotel Traube**, Hauptplatz 14, Lienz, Tel. 048 52/644 44, www.hoteltraube.at. Nettes Hotel mit Landhausflair. Das Restaurant besticht durch seinen gepflegten Weinkeller.

32 Heiligenblut

Prächtiges Bergdorf mit Großglocknerblick.

Die nordwärts führende B107 zieht zwischen grünen Hängen und Felsklippen im stillen Tal der Möll aufwärts. Gold- und Silberbergbau machten das idyllisch, hoch über dem schäumenden Fluss gelegene Bergdorf Heiligenblut reich, ehe die vorrückenden Gletscher alle Gruben in Eis erstarren ließen. Aus der ›Goldenen Zeit‹ im 15. Jh. stammt die gotische **Pfarrkirche St. Vinzenz**. Berühmt ist ihr hoher, spitzer Turm vor der Kulisse des Großglockner. Unter schwierigsten Bedingungen entstand 1400–90 der hochstrebende Sakralbau über dem abschüssigen Wiesenhang. Auch im Inneren beherrscht die Vertikale den Raumeindruck. Größter Schatz der Kirche ist ein spätgotischer über 10 m hoher geschnitzter *Flügelaltar* mit der Marienkrönung im Zentrum, den der Tiroler Wolfgang Aßlinger 1520 im Stile Michael Pachers anfertigte. Die zwölf Tafelbilder sind beeindruckende Werke des Pacher-Schülers Marx Reichlich. Von 1496 stammt das links vom Hochaltar stehende gotische *Sakramentshäuschen*, welches die Heiligblut-Reliquie enthalten soll. Weitere spätgotische Schnitzfiguren, die vermutlich einst den Hochaltar zierten, findet man in der Unterkirche.

Heiligenblut mit nadelspitzem Kirchturm vor dem mächtigen Großglockner

In Heiligenblut beginnt die 48 km lange **Großglockner Hochalpenstraße** (Tel. 06546/650, www.grossglockner.at, Mai–15. Juni tgl. 6–20, 16. Juni–15. Sept. tgl. 5–21.30, 16. Sept.–Ende Okt. tgl. 6–19.30 Uhr), die mithilfe von 36 Kehren eine Höhe von 2504 m erreicht. Die nordwärts durch das Gebiet des **Nationalparks Hohe Tauern** führende Route wurde 1930–35 nach Plänen des Ingenieurs Franz Wallack gebaut und bietet grandiose landschaftliche Höhepunkte sowie Besucherzentrum, Museum und Ausstellungen am Wegesrand. An der Guttalbrücke zweigt die 8,7 km lange *Gletscherstraße* ins Naturschutzgebiet **Franz-Josephs-Höhe** (2369 m) ab. Tief unten ›fließt‹ der 9 km lange Eisstrom der **Pasterze**, des größten Gletschers der Ostalpen, nach Süden. Eine Standseilbahn mit einem Neigungswinkel von 85% macht ihn für Touristen bequem zugänglich. Die größte Faszination aber geht vom Respekt heischenden Glocknergipfel aus, von der Adlersruhe und der weißen Pyramide des Johannisberges – Höhen, die nur für erprobte Bergsteiger erreichbar sind. Die Hauptroute der Glocknerstraße zieht weiter zum Hochtor, wo sie auf 2500 m Höhe im kurzen Hochtortunnel verschwindet, der von Kärnten nach Salzburg überleitet. Beim Fuscher Törl verläuft die *Edelweißstraße*, vom Aussichtsplatz **Edelweißspitze** blickt man aus einer Höhe von 2571 m auf 37 Dreitausender, auf 17 Gletscherfelder, auf Eis, Schnee und zerborstenes Geschiebe. Das hochalpine Erlebnis ist nicht erst seit heute eine Erfahrung für Wanderer, wie Funde belegen. Bronzezeitliche Berggänger ließen in dieser Höhe einen prächtigen Dolch zurück, römische Legionäre trugen über die alten Saumpfade eine Herkulesstatue zum Hochtor und stellten sie als Wächterfigur auf die Passhöhe.

TOP TIPP

Durch die Steinfluren des Bergsturzgebietes Hexengraben und die Bärenschlucht abwärts erreicht man Ferleiten mit einem **Wild & Freizeitpark** (Tel. 06546/220, www.wildpark-ferleiten.at, Mai–Okt. tgl. 8 Uhr bis Sonnenuntergang), in dem Luchse, Wölfe, Bären und Murmeltiere zu sehen sind. Weiter geht es nach Bruck im Salzachtal.

Weidende Kühe vor der Gletscherwelt des Krimmler Kees im Nationalpark Hohe Tauern

Erlebnis Natur

Landschaftliche Schönheit, Stille, weithin unberührte Natur, Lebensräume für selten gewordene Pflanzen und Tiere, all das zeichnet Österreichs sechs Nationalparks aus. Das größte Schutzgebiet der Alpen und eines der umfangreichsten Europas ist der **Nationalpark Hohe Tauern**, eine 1843 km² umfassende Urlandschaft, die sich die Bundesländer Osttirol, Kärnten und Salzburg teilen. Das Schutzgebiet reicht von ca. 1000 m Höhe hinauf bis in die hochalpinen Regionen des Großglockner (3797 m) und des Großvenediger (3674 m). Die Idee, in den Ostalpen einen Nationalpark einzurichten, ist über 90 Jahre alt. Im Jahre 1991 erreichte der Nationalpark seine heutige Größe. In diesem Gebiet werden keine neuen Seilbahnen, Lifte, Staumauern oder Hotels mehr gebaut. Touristisch genutzte Hubschrauber dürfen nicht fliegen, Motorflugzeuge müssen 2000 Höhenmeter von den höchsten Gipfeln Abstand halten. Besucher aber sind in allen drei Zonen des Nationalparks willkommen: in der ›Kulturzone‹ der urtümlichen Dörfer, auf halber Höhe der ›Außenzone‹, wo gepflegte Almen, geheimnisvolle Moore und stille Bergseen liegen, und in der ›Kernzone‹ der Eisgipfel, der steilen Felswände und der glasklaren Gletscherbäche.

Im **BIOS Nationalpark Zentrum** (Tel. 04784/701, www.hohetauern.at/bios, Mai–Okt. tgl. 10–18, Weihnachten–Ostern Mi–So 13–19 Uhr) im Kärntnerischen Mallnitz, wenige Kilometer nördlich von Obervellach, werden großen und kleinen Besuchern mit viel Engagement neue Wege aufgezeigt, wie Naturphänomene und die fantastischen, kaum bekannten Details des Lebensraums Naturpark begreifbar gemacht werden können. BIOS ist kein Museum, sondern eine interaktive Erlebniswelt. Im ›Laboratorium‹ und ›Sensorium‹ z.B. können die alpinen Elemente Fels, Wasser, Luft und Sonne experimentell und sensorisch erfahren werden. Als Einstieg in die Naturerlebnisprogramme des Nationalparks ist ein Besuch in diesem Informationszentrum also unbedingt zu empfehlen.

i Praktische Hinweise

Information

Tourismusverband, Hof 4, 9844 Heiligenblut, Tel. 04824/2001, www.heiligenblut.at

Bergbahn

Großglockner Bergbahnen, Heiligenblut, Info-Tel. 04824/2640, www.skiheili genblut.at. Bergbahnen zum Pasterzengletscher und zum Schareck (2604 m).

Hotels

******Heiligenblut**, Winkl 46, Heiligenblut, Tel. 04824/4111, www.hotel-heiligenblut.at. Die komfortable Anlage besitzt einen großen Freizeit- und Wellnessbereich.

******Lärchenhof**, Hof 70, Heiligenblut, Tel. 04824/2262, www.ski-heiligenblut.at. Einen weiten Panoramablick bietet das gemütliche Haus in Hanglage.

33 Zell am See

Rühriger Fremdenverkehrsort in ungewöhnlich schöner Lage.

Beeindruckend hübsch liegt Zell am gleichnamigen See im Herzen des Pinzgaues. Das Kitzsteinhorn (3203 m) und die Steilwände des Steinernen Meeres spiegeln sich in der stillen Wasserfläche. Die Kleinstadt (8800 Einw.) auf einem mächtigen Kegel des Schmittenbaches geht auf bajuwarische Mönche – vermutlich aus Salzburg – zurück. Ab 740 beteten sie in *Cella in Bisoncio* für die Rückkehr jener Männer, die Salz auf dem Saumweg über das Hochtor nach Süden und Wein aus dem Friaulischen nach Norden brachten. Der kleine Dreiecksplatz im Zentrum stammt noch aus jener Zeit. Die mustergültig renovierte, romanische **Pfarrkirche St. Hippolyt** (13. Jh.) zeigt im Inneren eine wunderschöne maßwerkgeschmückte, spätgotische Empore sowie wertvolle Fresken und Statuen. Älter als die Kirche ist der Kastner- oder **Vogtturm** am Stadtplatz, der das *Heimatmuseum* (Mai–Okt. Mo, Mi, Fr 13.30–17.30 Uhr) beherbergt.

In die grandiose Landschaft des Kitzsteinhorns führt die Fahrt aus dem nahen Salzachtal in das Kapruner Tal nach **Kaprun**, das mit Zell am See ein riesiges Skigebiet bildet. Von Kaprun aus kann man auch die eindrucksvollen *Kraftwerksbauten* und hochalpinen *Stauseen* Wasserfallboden und Mooserboden besichtigen (Mai–Mitte Okt. Staumauerführungen tgl. 10–15.15 alle 45 Min., Kraftwerksbesichtigungen tgl. 8–16 Uhr).

i Praktische Hinweise

Information

Zell am See-Kaprun Tourismus, Brucker Bundesstr. 1, 5700 Zell am See, Tel. 065 42/77 00, www.zellamsee-kaprun.com

Bergbahn

Seilbahn, Zell am See, Tel. 065 42/78 90. Zur Schmittenhöhe (1965 m).

Gletscherbahnen Kaprun, Tel. 065 47/87 00, www.kitzsteinhorn.at. Drei Seilbahnen bis über 3000 m in den Bereich des Kitzsteinhorns.

Hotels

*****Salzburgerhof**, Auerspergstr. 11, Zell am See, Tel. 065 42/765, www.salzburgerhof.at. Edler Landhausstil, mit prämierter Wellness-Oase.

****Grand Hotel**, Esplanade 4–6, Zell am See, Tel. 065 42/78 80, www.grandhotel-zellamsee.at. Traditionshotel mit eigenem Badestrand.

Restaurant

Zum Hirschen, Dreifaltigkeitsgasse 1, Zell am See, Tel. 065 42/774. Hier wird regionale Küche auf hohem Niveau geboten.

34 Bad Gastein

Mitten im Hochhausdorf rauscht ein Wasserfall.

Wild sind die aus den Tauern herabeilenden Bäche. Die Rauriser Ache etwa stürzt durch die **Kitzlochklamm** (begehbar Mai–Okt.), bildet Wasserfälle und Tropfsteinhöhlen aus, schäumt durch enge Felswände und kommt erst bei Taxenbach im Salzachtal zur Ruhe. Auch die nahe Gasteiner Ache zwängt sich durch eine wildromantische Klamm, ehe sie in die Salzach mündet. In zwei Stufen steigt die B 167 über *Bad Hofgastein* nach Bad Gastein an. Inmitten einer grandiosen Hochgebirgslandschaft entstand hier auf engstem Raum ein Wolkenkratzerdorf. Es liegt auf einer felsigen Steilstufe, durch die der berühmte **Wasserfall** der Gasteiner Ache braust, ehe diese in die Salzach mündet.

Oben: *Zeller See mit Blick auf Zell am See und Schüttdorf, dahinter die Hohen Tauern*
Unten: *Verwegen in Gebirgshänge hineingebaut wurde der Kurort Bad Gastein*

Schon in vorgeschichtlicher Zeit als praktikabler Tauernübergang erkannt, von den Römern als Heilbad entdeckt, im Mittelalter erfüllt vom heftigen Goldrausch, kam der Weltruf für Bad Gastein in der 2. Hälfte des 19. Jh. Preußens Kaiser Wilhelm I. liebte sein ›Sommerpotsdam‹, Fürst Bismarck und Kaiser Franz Joseph kamen zum Kuren. Doch weltläufiges Flair und Belle Époque sind längst verblasst, das Architekturensemble ist durch Bausünden beschädigt. Gleichwohl schaffte der malerisch gelegene Ort zusammen mit Bad Hofgastein durch gepflegte Hotels, elegante Läden und ein riesiges Frei-

zeitangebot den Sprung zu ›Europas modernster alpiner Gesundheitswelt‹. Aus 17 Quellen sprudeln täglich 5 Mio. Liter Radon-Thermalwasser in Hotelbäder, Wellness-Landschaften und Thermalanlagen. Schmerzlinderung verspricht die radonhaltige Luft des *Gasteiner Heilstollens* bei Böckstein im Talende.

TOP TIPP Im Winter verwandelt sich das **Gasteiner Tal** zwischen Dorfgastein und Sportgastein in ein *Ski-Paradies* mit unzähligen, auch talübergreifenden Bergbahnen und Liften, die im Kreuzkogel (2686 m) ihren höchsten Punkt erreichen und für alle Wintersportfans das Passende bieten.

i Praktische Hinweise

Information

Gasteinertal Tourismus, Tauernplatz 1, 5630 Bad Hofgastein, Tel. 06432/33930, www.gastein.com

Hotels

******Grüner Baum**, Kötschachtal 25, Bad Gastein, Tel. 06434/25160, www.gruenerbaum.info. Rundum ein Naturparadies, im Hoteldorf wohnt man stilvoll.

**** **Weismayr**, Kaiser-Franz-Josef-Str. 6, Bad Gastein, Tel. 06434/2594, www.weismayr.com. Altgasteins Flair und moderner Wohnkomfort mit einem Hauch kaiserlicher Nostalgie.

*****Franziska**, Badbruckerweg 11, Bad Gastein, Tel. 06434/2632, www.franziska-gastein.at. Ruhig und sonnig gelegenes Haus am Waldrand, auch Ferienwohnungen.

Restaurant

Lutter & Wegner, Kaiser-Franz-Josef-Str. 16, Bad Gastein, Tel. 06434/5101, www.villasolitude.com. Die köstlichen Gerichte des Restaurants im Hotel Villa Solitude wetteifern mit dem Vorzugsblick auf den berühmten Gasteiner Wasserfall.

Ein Erlebnis ist der Gang durch die Liechtensteinklamm bei St. Johann im Pongau

35 St. Johann im Pongau

Zentrum des Pongaues mit attraktiven Ausflugsmöglichkeiten.

Ruhig gebettet in weite Wiesengründe, die Gebirgskulisse ein wenig abgerückt, ist St. Johann (10300 Einw.) der sanfte Pol in einer vielfältigen Ausflugslandschaft. Der Ort verbindet den Historismus der neogotischen Pfarrkirche St. Johannes d. Täufer (1857–76), auch Pongauer Dom genannt, mit dem Modernismus des Konferenzzentrums und dem neueren Ferienviertel Alpendorf im Stile von Pongauer Bauernhäusern.

Steil aufragende Felsen, Wasserfälle und ein tosender Bach, die Großarler Ache, prägen die wildromantische TOP TIPP **Liechtensteinklamm** (Tel. 06412/6036 und 06412/8572, www.liechtensteinklamm.at, Mai–Sept. tgl. 8–18, Okt. tgl. 9–16 Uhr) 4 km südlich von St. Johann. Sie wurde 1875 durch Steiganlagen und Felsgalerien bequem begehbar gemacht und zählt zu den längsten und tiefsten begehbaren Wildwasserschluchten der Alpen. Die grandiose Route führt durch die Vordere Klamm zum Klammkessel, den 300 m hohe Felswände umgeben, und zur Hinteren Klamm, die in einem Wasserfall endet.

Reizvoll ist auch die Fahrt auf der 4 km nördlich von St. Johann abzweigenden B164 ins **Mühlbachtal**. In Windungen und Steigungen mit atemberaubenden Ausblicken auf die Zacken der Mandlwände führt sie zum Ort *Mühlbach* am Hochkönig. Die hier nach Norden abzweigende sehr steile Mandlwandstraße

Halleins Altstadtgassen erzählen vom einstigen bürgerlichen Wohlstand der alten Salzstadt

steigt zur viel besuchten *Mitterbergalm* in grandioser Aussichtslage an.

Die B164 führt weiter nach **Dienten**, einem bezaubernden Bergdorf unterhalb der mächtigen Südabstürze des *Hochkönigs* (2941 m), dessen Gipfel sich über einem Eisfeld erhebt.

i Praktische Hinweise

Information

Tourismusverband, Ing.-Ludwig-Pech-Str. 1, 5600 St. Johann, Tel. 064 12/60 36, www.sanktjohann.com

Bergbahn

Alpendorf Bergbahnen, Alpendorf 2, St. Johann, Tel. 064 12/62 60, www.alpendorf.com. Gondelbahn vom Alpendorf ins Gernkogel Wander- und Almgebiet.

Hotel

******Alpenland**, Hans-Kappacher-Str. 7–9, St. Johann, Tel. 064 12/702 10, www.alpenland-sporthotels.com. Mitten im Alpendorf gelegenes Sporthotel mit großzügigem Wellnessbereich.

Restaurant

Brückenwirt, Hauptstr. 78, St. Johann, Tel. 064 12/425 90, www.hotel-brueckenwirt.at. Gute österreichische Küche in rustikalem Ambiente bietet dieses Hotelrestaurant.

36 Hallein

Alte Salzstadt mit Keltenmuseum.

Die Landschaft zwischen Hochkönig, Tennengebirge und Radstätter Tauern ist vom Verkehr stark in Mitleidenschaft gezogen. *Bischofshofen* hat sich zu einem Verkehrsknotenpunkt zwischen Salzachtal und Ennstal entwickelt. Während die A10 (Tauernautobahn) und B99, die Straße über die Radstätter Tauern, ins Murtal führen, erschließt die B146 die fruchtbare Hochebene der Ramsau unter den gewaltigen, fast senkrecht aufsteigenden Fluchten der Dachstein-Südwände. Einen Abstecher auf der Strecke Bischofshofen–Hallein lohnt die im Tennengebirge bei Werfen gelegene **Eisriesenwelt** [s. S. 100].

Die von Hügeln umkränzte Industriestadt Hallein (20 000 Einw.) hat eine liebenswerte *Altstadt* mit malerischen Gassen, geheimnisvollen Torbogen und schönen Barockfassaden. Die Grundlagen für den frühen Bürgerstolz wurden oberhalb der Stadt gelegt. Etwa 4500 Jahre liegt die Entdeckung der *Salzlager* am Dürrnberg zurück. Während der Hallstattzeit (800–400 v. Chr.) trieben die Kelten Schürfungen bis in eine Tiefe von 240 m vor, um an das begehrte ›Weiße Gold‹ zu kommen. Ihre Salztransporte gingen bis in den Böhmerwald und weit nach Süden, im Tausch importierten sie Luxusgüter

Von erhabener Schönheit sind die gewaltigen Eisformationen der labyrinthartig verzweigten Eisriesenwelt im Tennengebirge

Die Welt der Eisriesen

Eiskalte Winter und warme Sommer haben in einem Zeitraum von 40–60 Mio. Jahren dazu beigetragen, die größte Eishöhle der Welt und eines der gewaltigsten Höhlensysteme überhaupt entstehen zu lassen. Leicht macht es das Naturwunder **Eisriesenwelt Werfen** (Tel. 06468/5248, www.eisriesenwelt.at, 30. April–26. Okt. tgl. 9–15.30 Uhr, Juli/Aug. bis 16.30 Uhr) im Tennengebirge seinen Besuchern nicht. Zwischen Bischofshofen und Hallein zweigt bei Werfen von der B159 die 5 km lange ›Eisriesenweltstraße‹ zum Höhenparkplatz ab. Hier folgt ein 15-minütiger Fußweg, anschließend eine atemberaubende Seilbahnfahrt entlang der fast senkrechten Westwand des **Hochkogels** (2282 m) und noch einmal ein 15-minütiger Fußweg zum Höhleneingang in 1641 m Höhe, ca. 1000 m hoch über der Salzach. Er führt in ein Labyrinth von Gängen und Hallen, die sich 50 km weit verzweigen und von denen ca. 800 m für Besucher zugänglich sind. Dickes Bodeneis, nur von Karbidlampen unterbrochene Dunkelheit und ein heftiger, eiskalter Windstrom aus geheimnisvollen Tiefen empfängt die Gäste. Bei den Führungen entdeckt man in eindrucksvollen Hallen wuchtige Eiswälle, die gläsernen Bergen ähneln, fantastische Magnesiumlichteffekte um die ›Hymir-Burg‹ in der gleichnamigen Halle, herrliche Baumeisbildungen in der ›Eiskapelle‹, smaragdgrün beleuchtete Skulpturen um ›Friggas Schleier‹, die faszinierend erstarrte ›Burg der Götter‹, den scheinbar heftig bewegten ›Sturmsee‹, eine riesige Eiswand im ›Alexander-von-Mörk-Dom‹ und eine 70 m lange, spiegelglatte Fläche im ›Eispalast‹, dem Wendepunkt der 70-minütigen Tour. Das ›Eistor‹ auf 1775 m ist der höchste Punkt der Höhle, er liegt 134 m über dem Eingangsniveau.

1879 erstmals entdeckt, gaben jedoch erst **Alexander von Mörks** Expeditionen Anfang des 20. Jh. den Startschuss zur systematischen Erkundung der Höhle. Seit 1924 ist ihre Eiswelt für die Öffentlichkeit zugänglich. Etwa 5 Mio. Menschen sind seither fasziniert und fröstelnd durch das Naturwunder gewandert.

aus ganz Europa. Hoch über dem Salzachtal entstand eine der bedeutendsten *keltischen Siedlungen*. Mit der Ankunft der Römer und der Last der folgenden kriegerischen Jahrhunderte kam der Salzabbau zum Erliegen. Die Talsiedlung Hallein (illyrisch-keltisch *hall* = Salz) blühte erst im 12. Jh. wieder auf, als man vom Salzabbau zum profitableren Laugverfahren überging, bei dem das Salz mithilfe von eingeleitetem Süßwasser gelöst wurde, und die Salzburger Erzbischöfe, Herren über die Salzach, den Salzhandel an sich zogen. Mit der Schließung der Saline Hallein 1989 ging eine jahrtausendealte Wirtschaftstradition verloren. Heute können Besucher das **Salzbergwerk Dürrnberg** (Ramsaustr. 3, Bad Dürrnberg, Tel. 06132/2008511, www.salzwelten.at, April–Okt. tgl. 9–17, Nov.–März i.d. Regel tgl. 10–15 Uhr) südlich von Hallein erkunden. Es beeindruckt durch riesige Salzdome, schier endlos tiefe Stollen und Floßfahrten über den unterirdischen Salzsee.

Im größten Profanbau Halleins, im ehem. Salinenverwaltungsgebäude von 1654, wurde das TOP TIPP **Keltenmuseum** (Pflegerplatz 5, Tel. 06245/80783, www.keltenmuseum.at, tgl. 9–17 Uhr) eingerichtet. Den Schwerpunkt der umfangreichen Sammlung bilden die Funde aus der keltischen Siedlung vom Dürrnberg mit ihren Werksanlagen und Gräberfeldern. Einzigartig ist der Bestand an keltischen Tierkopf- und Maskenfibeln. In den drei Fürstenzimmern illustrieren 72 Gemälde (1757) von Benedict Werkstötter das Leben der Salzbergleute. Anschaulich ergänzt werden die Exponate durch das rekonstruierte **Keltendorf** (Nov.–März tgl. 11–15, April–Okt. tgl. 9–17 Uhr) mit Fürstengrab, das gemeinsam mit dem Bergwerk besichtigt werden kann.

Das **Stille Nacht Museum** (Grubnerplatz 19, Tel. 06245/85394, www.stillenachthallein.at, tgl. 15–17, 1. Advent–6. Jan. tgl. 11–17 Uhr) bewahrt im einstigen Wohnhaus Franz Xaver Grubers, Komponist des weltberühmten Weihnachtsliedes, Instrumente, Noten und Dokumente seines Schaffens.

i Praktische Hinweise

Information

Tourismusverband, Mauttorpromenade 6, 5400 Hallein, Tel. 06245/85394, www.hallein.com

Hotels

******Kurhotel St. Josef**, Hellstr. 1, Bad Dürrnberg, Tel. 06245/89770, www.kurhotel-stjosef.at. Der moderne Kurbetrieb schließt ein Sole-Hallenbad ein.

*****Hafnerwirt**, Salzachtalstr. 3, Hallein, Tel. 06245/80319, www.hafnerwirt.com. Stadthotel mit ungewöhnlichem Restaurant im mexikanischen Stil.

Restaurant

Hohlwegwirt, Salzburgerstr. 84, Hallein-Taxach, Tel. 06245/824150. Gehobene regionale und internationale Küche in ländlicher Atmosphäre.

Die Fibel in Gestalt eines Ebers gehört zu den Dürrnberg-Funden im Halleiner Keltenmuseum

Tirol – himmelstürmende Berge, gleißende Gletscher, herrliche Täler

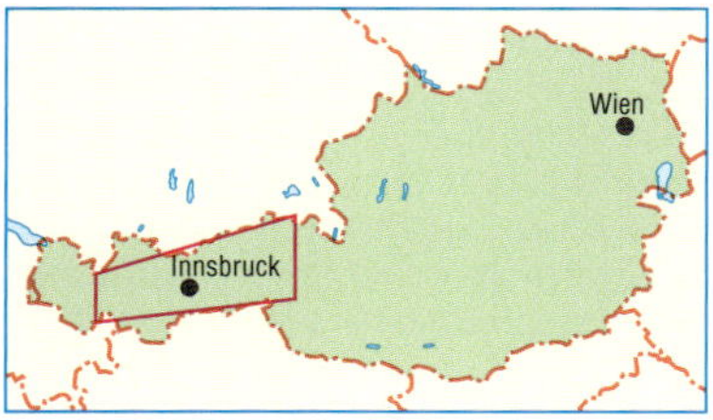

Wie ein Scheitel teilt der Inn das Tiroler Alpenland. Im Norden: die Bergketten der Nördlichen Kalkalpen, wirr, unruhig, kahl, einsam, bizarr, schön für das Auge. Im Süden: das Urgestein der Zentralalpen, zu massigen Bergstöcken geformt, von tiefen Tälern, wie dem **Ziller-**, **Stubai-**, **Ötz-** und **Pitztal** durchfurcht, bis zu den Hochalmen begrünt, darüber die eisstarrenden Talschlüsse. Im Zentrum der Region liegt **Innsbruck**, die ›Hauptstadt im Gebirg‹, monumental felsgerahmt, gelassen, sportlich, Kultur und Natur mit leichter Hand verbindend.

37 Kufstein

Grenzstadt in Nachbarschaft des ›Wilden Kaisers‹.

Pittoresk präsentiert sich dem Ankömmling, der sich über die viel befahrene Inntalautobahn A93 aus Bayern der Stadt nähert, die **Festung Kufstein** auf einem Felskopf hoch über dem Inn. Bayern errichteten das 1205 erstmals urkundlich erwähnte, romanische *Castrum Choufstein* und verstärkten es immer wieder, bis die Festung 1415 als uneinnehmbar galt. Kaiser Maximilian I. und seine ›Artaleray‹ jedoch eroberten 1504 nach Belagerung den ›Schlüssel zu Tirol‹. Beim 1504–22 erfolgten Wiederaufbau entstand auch der wuchtige, 90 m hohe *Kaiserturm* mit seinen bis zu 7,5 m dicken Mauern. Nach einem erneuten kurzfristigen bayrischen Intermezzo 1703/04 und der Einnahme durch napoleonische Truppen 1805 wurde Kufstein erst 1814 wieder an Österreich zurückgegeben.

Die Innstadt Kufstein (17 000 Einw.) unterhalb der Burg erhielt 1393 das Stadtrecht. Um 1400 wurde die spätgotische, mehrmals veränderte **Pfarrkirche St. Vitus** erbaut. Vom belebten **Unteren Stadtplatz** mit dem wappengeschmückten Rathaus (1924/25) führen ein Treppenweg bzw. Panoramalift (Römerhofgasse) zur **Festung**, die sich noch heute – museal – als eines der größten europäischen Bollwerke mit ihren Bastionen, Batterien, Türmen, Gängen und Höfen präsentiert. Die 13 Schauräume des **Festungs- und Heimatmuseums** (Tel. 05372/602350, www.festung.kufstein.at, April–Okt. tgl. 9–17, Nov.–März tgl. 10–16 Uhr) widmen sich der Stadt- und Festungsgeschichte,

Die Festung Kufstein thront auf einem Felskopf hoch über Stadt und Inn ▷

dem Brauchtum und historischen Handwerk. Alljährlich finden in der zauberhaften Kulisse der Josefsburg Operettenfestspiele statt. Täglich um 12 Uhr erklingt zum Gedenken an die Gefallenen der beiden Weltkriege die 1931 in den *Bürgerturm* eingebaute Heldenorgel, die größte Freiorgel der Welt mit 46 Registern und 4307 Pfeifen. Ihr Spieltisch befindet sich etwa 80 m tiefer im *Festungsneuhof* (Konzert tgl. 12, Juli/Aug. auch 18 Uhr).

Ein historischer **Rundwanderweg** führt vom Unteren Stadtplatz um den Festungsberg herum, an 23, für Kufsteins Geschichte relevanten Punkten vorüber, wieder zum Platz zurück. Eine Sesselbahn schwebt vom Stadtrand zum *Brentenjoch* (1204 m) ins Gebiet des **Wilden Kaisers** hinauf. Grandios ist die Aussicht auf Kalkpfeiler, Zacken und Türme, die bis in Höhen über 2000 m aufsteigen.

Verlockend ist eine *Rundtour* um das **Kaisergebirge**. Westlich von Kufstein führt die Landstraße 173 nach Scheffau, geht hier in die B 312 und bei Erpfendorf in die Straße 172 zurück nach Kufstein über Luftkurorte wie Ellmau, Going und das malerisch vom Kitzbüheler Horn überragte St. Johann, behäbige Unterländer Bauernhöfe und der *Walchsee* mit dem größten Moor Tirols liegen am Weg. Das Kaisermassiv überragt alle, wild wie im Kletterdorado ›Totenkirchl‹, sanft in den Vorbergen des **Zahmen Kaisers**.

Praktische Hinweise

Information

Tourismusverband, Unterer Stadtplatz 8, 6330 Kufstein, Tel. 05372/62207, www.kufstein.at

Bergbahn

Kaiserlift, Sparchenstiege, Kufstein, Tel. 05372/62364, www.kaisergebirge-online.de

Schiff

Schifffahrt, Kufstein, Tel. 05243/52530. Rundfahrten auf dem Inn.

Hotels

******Zum Bären**, Salurner Str. 36, Kufstein, Tel. 05372/62229, www.hotelbaeren.at. Nettes Hotel an der Inn-Promenade.

*****Berghotel Hinterduxerhof**, Stadtberg 4, Kufstein, Tel. 05372/63675, www.

Ganz in Weiß – traumhafte Winterlandschaft am Hahnenkamm in Kitzbühel

hinterduxerhof.at. Haus mit Sonnenterrasse 300 m über Kufstein im Naturschutzgebiet Wilder Kaiser.

Restaurant

Auracher Löchl, Römerhofgasse 2–5, Kufstein, Tel. 05372/62138, www.auracher-loechl.at. Das Wirtshaus ist seit 1409 berühmt und zuweilen überlaufen, die Tiroler Küche schmeckt indes köstlich.

38 Kitzbühel

TOP TIPP *Wintersportort und Hochburg des Ski-Jetset, besonders beim Hahnenkammrennen.*

Grüne Wiesen, sonnige Hügel und die waldreichen Vorberge der Kitzbüheler Alpen rahmen die umtriebige Stadt an der bei Wörgl vom Inntal südwärts abzweigenden B170. Kitzbühel mit seinen 8550 Einwohnern hat zwei Gesichter, das historisch-mittelalterliche im Zentrum und das modern-touristische in den Außenbezirken. Durch Kupfer- und Silberbergbau insbesondere im 16./17. Jh. reich geworden, bauten die Bürger jene Häuser in der Vorder- und Hinterstadt mit den breiten Giebelfronten und vorgezogenen Dächern, die heute durch ihre Farbgebung so neu und heiter wirken.

Zwei Kirchen trägt der Kirchhügel im Norden der Altstadt. Die massige gotische **Pfarrkirche St. Andreas** (15. Jh.) mit schlankem Turm zeigt im Inneren einen in schwarz-gold gehaltenen barocken *Hochaltar* des Simon Benedikt Faistenberger (1695–1759), eines von Rottmayr beeinflussten Kitzbüheler Künstlers. Als Indiz für Reichtum und Zunftstolz mag das fulminante *Grabdenkmal* (16. Jh.) der Familie Kupferschmid an der Nordwand gelten. Faistenberger schuf auch das *Deckenfresko* (1739) mit der Krönung Mariens in der benachbarten **Liebfrauenkirche** (Ende 14. Jh.). Der mächtige quadratische Glockenturm wurde 1566 errichtet, die Kirche 1738 barockisiert. Funde vom frühgeschichtlichen Bergbau der Region, Tiroler Volkskunst und plakative, farbintensive Gemälde des Kitzbühelers Alfons Walde zeigt das in einem früheren Getreidespeicher eingerichtete **Museum Kitzbühel** (Hinterstadt 32, Tel. 05356/64588, www.museum-kitzbuehel.at, Sommer Di–Fr 10–13, Sa 10–17, Aug./Sept. tgl. 10–17, Winter Di–Fr, So 14–18, Sa 10–18 Uhr).

Am Ortsrand startet die Seilbahn in die traumhaft rundgebuckelte Winter-, aber eher unspektakuläre Sommerlandschaft des **Hahnenkamm** (1655 m), der durch das im Januar stattfindende *Internationale Hahnenkammrennen* (Tel. 05356/62 30 10, www.hahnenkamm.com) Berühmtheit erlangt hat. Eine zweite Seilbahn, die Kitzbüheler Hornbahn auf der anderen Seite des Tals erschließt das 1996 m hohe **Kitzbüheler Horn** (Tel. 05356/62857, www.kitzbueheler-horn.com). Zum dortigen Alpenhaus (1670 m) führt auch eine gut ausgebaute, 7,5 km lange, mautpflichtige *Panoramastraße*. Die Aussicht reicht von den eisstarrenden Gipfeln der Hohen Tauern im Süden bis zu den funkelnden Giganten der Ötztaler Alpen im Osten.

i Praktische Hinweise

Information

Kitzbühel Tourismus, Hinterstadt 18, 6370 Kitzbühel, Tel. 05356/66660, www.kitzbuehel.com

Bergbahn

Kitzbüheler Hornbahn und **Hahnenkammbahn**, Tel. 053 56/695 12 15

Hotels

TOP TIPP *****Relais & Châteaux Hotel Tennerhof**, Griesenauweg 26, Kitzbühel, Tel. 053 56/631 81, www.tennerhof.com. Ein Gutshof von 1679 wurde luxuriös modernisiert und stilvoll mit vielen Antiquitäten eingerichtet.

****Rasmushof Golf & Ski-Hotel**, Hermann-Reisch-Weg 15, Kitzbühel, Tel. 053 56/652 52, www.rasmushof.at. Attraktives Hotel inmitten des hauseigenen Golfplatzes.

****Zur Tenne**, Vorderstadt 8–10, Kitzbühel, Tel. 053 56/64 44 40, www.hotelzurtenne.com. Dieses Hotel mitten im Stadtzentrum ist im Landhausstil ausgestattet, mit Restaurant.

***Alpenhotel**, Am Schwarzsee, Kitzbühel, Tel. 053 56/64 25 40, www.alpenhotel-kitzbuehel.at. Das rustikale Hotel im Bauernhausstil liegt direkt am Ufer des Kitzbüheler Schwarzsees.

Restaurants

Neuwirt, Florianigasse 15, Kitzbühel, Tel. 053 56/69 11 58, www.restaurant-neuwirt.at. In den gemütlichen Holzstuben genießt man klassische Gourmetküche.

Sonnbergstub'n, Oberaigenweg 103, Kitzbühel, Tel. 053 56/646 52, www.sonnbergstuben.at. Köstliche Tiroler Spezialitäten bei der singenden Wirtin ›Rosi‹.

39 Rattenberg

Kleiner Ort mit geschlossenem historischen Stadtbild.

Eingeklemmt zwischen Inn und Burgfelsen konnte die mittelalterliche Stadt, mit rund 430 Einwohnern die kleinste Österreichs, ihr ehrwürdiges altes Zentrum mit Stadttor und Bürgerhäusern bis heute bewahren. Die reizvolle Hauptgasse entspricht einem Bild aus alter Zeit. Solides Mauerwerk und Kramsacher Marmor ließen die *Nagelschmiedhäuser* aus dem 12. Jh. am westlichen Stadteingang überdauern. In den dicht an den Felsen geschmiegten Gebäuden wurde ein sehenswertes **Handwerkskunst Museum** (Südtiroler Str. 33, Tel. 053 37/670 97, April Mo–Sa 9– 12 und 13–18 Uhr, Mai–Okt. tgl. 9–12 und 13–18 Uhr, Nov.–Mitte Jan. ab 9.30 Uhr, Mitte Jan.–März geschl.) eingerichtet. Hier dokumentieren original eingerichtete Stuben die Tiroler Lebensweise vergangener Jahrhunderte.

Überdauert hat trotz bayrisch-österreichischen Kampfgetümmels auch das **Augustinerkloster**, eine Stiftung aus dem Jahr 1384. Moderne Gestaltung zeichnet das hier eingerichtete **Augustinermuseum** (Klostergasse 95, Tel. 053 37/648 31, www.augustinermuseum.at, Mai–Mitte Okt. tgl. 10–17 Uhr) aus Sakralkunst, Gold- und Silberschmiedearbeiten sowie gotische und barocke Skulpturen werden in

Im Stadtzentrum von Kitzbühel reihen sich schmucke Bürgerhäuser aneinander

Üppig mit Blumen geschmückten Balkonen begegnet man in Alpbach auf Schritt und Tritt

der barockisierten Klosterkirche und im gotischen Kreuzgang präsentiert.

Kostbar ist auch der *Knappenaltar* des Mondseer Künstlers Meinrad Guggenbichler in der **Pfarrkirche St. Vigil** (1473). Das barock ausgeschmückte Innere mit seinen zwei Schiffen und zwei Chören erinnert an die Zweiklassengesellschaft der Gläubigen, getrennt in Bürger und Bergknappen. Die Ruine der **Burg Rattenberg** selbst, im 11. Jh. von den Bayern als Bollwerk gegen Tirol erbaut, dient als romantische Kulisse für sommerliche Theateraufführungen.

Eine 10 km lange Bergstraße erschließt vom nahen Brixlegg aus das **Alpbachtal**, dessen Orte Reith und Alpbach als die schönsten *Blumendörfer* Europas gelten.

i Praktische Hinweise

Information

Tourismusinformation Rattenberg-Radfeld, Südtiroler Str. 34 a, 6240 Rattenberg, Tel. 053 37/633 21, www.rattenberg.at

Hotel

******Romantik Hotel Böglerhof**, Alpbach 166, Tel. 053 36/52 27, www.boeglerhof.at. Schönes dunkles Holz und alte Stuben bilden den Rahmen für großen Komfort.

Restaurant

Malerwinkel, Rattenberg, Tel. 053 37/ 64232, www.malerwinkel-rattenberg.com. Im gotischen Kellergewölbe des Schlossbergfelsen schmecken die Wildgerichte am besten.

40 Jenbach

Ein pittoreskes Schloss und historische Dampfloks.

Durch seine Lage an der Schnittstelle des Inntales mit dem Achen- und Zillertal bekommt das Industriestädtchen eine gewisse Wichtigkeit. Die einzige Sehenswürdigkeit, 4 km außerhalb am nördlichen Berghang gelegen, ist **Schloss Tratzberg** (Tel. 052 42/635 66 20, www.schloss-tratzberg.at, Führungen Mitte März–Okt. tgl. 10–16, Juli/Aug. bis 17 Uhr). Der majestätisch-strenge Patrizierbau (1500), von Spätgotik und Renaissance geprägt, ist eines der schönsten und besterhaltenen Schlösser Tirols. Kaiser Maximilian I., der hier mehrmals als Jagdgast weilte, gilt als Verfasser des Leitspruchs in der Maximilianstube: »Leb, waiss nit wie lang, und stürb, weiss nicht wann, muess fahren, weiss nit wohin, mich wundert, dass ich so frelich bin.« Das vierflügelige Schloss, seit 1848 im Besitz der Grafen Enzenberg, zeigt wundervolle freskierte Renaissance-Arkaden im Innenhof sowie reiches gotisches Mobiliar und einen 46 m langen *Stammbaum* der Habsburger im Habsburgersaal. Die 148 interessanten Porträts faszinieren nicht nur Historiker.

TOP TIPP Achensee

Dampfend und fauchend erreicht die historische **Achenseebahn** (Tel. 052 44/ 622 43, www.achenseebahn.at, Mai–Okt. ab Bahnhof Jenbach bis Seespitz) bei einer Maximalsteigung von 16 % die Südspitze des Achensees, kehrenreich folgt ihr die B181. Der schönste und mit 9km Länge größte See Tirols, der Achensee, liegt mit weitgehend unverbauten Ufern fjordähnlich zwischen Karwendel- und Rofangebirge. Am schönsten erschließt er sich auf einer **Schiffsrundreise** (Tel. 05243/52530, www.tirol-schifffahrt.at, ab Seespitz, Mai–Okt.). Für Sportlichere gibt es Segel- und Surfschulen. Vom Uferort Maurach führt die **Rofan Seilbahn** (Tel. 05243/5292, www.rofanseilbahn.at) ins Herz des Rofangebirges, wo sich Gämsen und Murmeltiere tummeln.

Zillertal

Neben dieselbetriebenen Triebwagengarnituren verkehrt auch noch der nostalgische Dampfzug **Zillertalbahn** (Tel. 05244/6060, www.zillertalbahn.at) von Jenbach durch den breiten Talgrund des Zillertales bis Mayrhofen. Im welligen Wiesengelände entstand um die Orte Fügen, Zell am Ziller und Mayrhofen eine Sommer- und Winter-Ferienregion, die sich unter dem Hauptkamm der Tuxer Alpen über Lanersbach und Hintertux bis zum Skigebiet am Hintertuxer Gletscher erstreckt. Eine Fahrt auf der bis 2002m Höhe ansteigenden **Zillertaler Höhenstraße** (Tel. 05283/2218, www.zillertaler-hoehenstrasse.at) von Hippach bis Ried gehört zu den Bergerlebnissen der bequemeren Art.

Von Karwendel- und Rofangebirge umgeben, gilt der Achensee als schönster See Tirols

Praktische Hinweise

Information

Tourismusverband Silberregion Karwendel, Hauptbüro Schwaz [s.S.109]

Hotels

*****Elisabeth Hotel**, Mayrhofen 432, Tel.05285/6767, www.elisabethhotel.com. Rustikales Haus mit elegantem Innenleben und Wellness-Center.

****Achentalerhof**, Achenkirch 115, Tel. 05246/5303, www.achentalerhof.at. Empfehlenswertes Domizil für alle, die gern im Alpenpark Karwendel wandern.

****Hotel Gletscher & Spa Neuhintertux**, Hintertux 783, Tel. 05287/8580, www.neu-hintertux.com. Gut ausgestattetes Hotel direkt an der Gletscherbahn.

****Jenbacher Hof**, Postgasse 22, Jenbach, Tel. 05244/624420, www.jenbacherhof.at. Neues, stilvolles Hotel im Ortszentrum.

41 Schwaz

Die einst größte Silberstadt der alten Welt.

Burg Freundsberg, auf steilem Hügel gelegen, fast 1000-jährig, vom ›Vater aller Landsknechte‹, Georg von Frundsberg (1473–1528), als Stammsitz auserkoren, dominiert das Unterinntal. Die Schlosskirche wurde 1634 im Renaissance-Stil erbaut. Seit 1948 beherbergt der Bergfried das **Schwazer Heimatmuseum** (Tel. 05242/65129, April–Okt. Di–So 10–17 Uhr).

Der Burg zu Füßen liegt Schwaz (13500 Einw.). Im Sog des Silberbergbaus als ›Silberstadt‹ der Augsburger Fugger im 15./16. Jh. rasch und glänzend aufgeblüht, doch durch Brände mehrmals verwüstet, besitzt die Stadt heute nur mehr im engsten Bereich ihrer Altstadt (Fußgängerzone) behäbige Wohnsitze aus der großen Zeit. Vom **Fuggerhaus** aus leitete Ulrich Fugger zeitweise seine weltumspannenden Geschäfte, Bergherren ließen zu Beginn des 15. Jh. das heutige **Rathaus** mit seinen prächtigen Arkadengängen und das **Rabalderhaus** (heute Sitz des Museums Kunst in Schwaz) mit Treppenturm und gotischen Gewölben errichten. Altersgrau rahmt das 1515 erbaute Palais Enzenberg linksseitig die **Pfarrkirche zu Unserer Lieben Frau Maria Himmelfahrt**. Tirols größte gotische Hallenkirche (1460–78) wurde um 1500 erweitert. Mächtig, aber durch ihre lisenengegliederte, zu zierlichen Türmchen aufsteigende Westfassade nicht erdrückend, schließt sie wie ein Sperrriegel die Franz-Josef-Straße ab. 14000 Kupferplatten, ein Zeugnis des ebenfalls ergiebigen Kupferbergbaus, decken das Dach. Im vierschiffigen *Inneren*, wo gewaltige Pfeiler das Netzrippengewölbe tragen und große Maßwerkfenster Licht spenden, gibt es zwei Hauptschiffe mit jeweils eigenem Chor, das linke war den Bürgern, das rechte den Bergknappen vorbehalten. Neben verschiedenen barocken Ausstattungsstücken (z.B. Orgelgehäuse, St. Annenaltar) sind eine spätgotische Christusfigur am Pfeiler zwischen den beiden Chören, das zeitgleich entstandene Chorgestühl, ein achteckiger Taufstein von 1470 sowie schön gearbeitete Grabsteine und Epitaphe von Interesse. Die benachbarte, um 1505 errichtete **Totenkapelle** beherbergt mit einem *Schnitzaltar* (1511) von Christoph Scheller das prachtvollste spätgotische Werk der Stadt.

Im Schwazer Silberbergwerk erfährt man von der harten Arbeitswelt der Knappen

Aufmerksamkeit verdient auch der *Freskenzyklus* mit Szenen aus dem Leben Christi im Kreuzgang des **Franziskanerklosters** (1508–15), westlich des Zentrums in der Gilmstraße. Der Mönch Wilhelm von Schwaben malte ihn um 1520 nach Vorlagen von Dürer, Schäuffelein und Schongauer.

Nicht betroffen von den mehrfachen Felsstürzen der letzten Jahre sind die Schaustollen des **Schwazer Silberbergwerks** (Alte Landstr. 3a, Tel. 05242/72372, www.silberbergwerk.at, Mai–Okt. tgl. 9–17, Febr.–April tgl. 9.30–16 Uhr). Mit einer Grubenbahn fährt man in den 800 m tiefen, 1491 geschlagenen Stollen ein und taucht im dichten Stollennetz, begleitet von einer multimedialen Show, in die Welt der Knappen ein, die unter schwersten Bedingungen die Grundlagen für den Schwazer Reichtum erarbeitet haben. Im modernen **Zeiss Planetarium** (Alte Landstr. 15, Tel. 05242/72129, www.planetarium.at) entführt ausgefeilte Technik und eine 360° runde Bildschirmkuppel Besucher in die Welt der Planeten und Galaxien.

Die Stadt zeigt viel Elan, wenn es darum geht, ihren Gästen Außergewöhnliches zu bieten: So werden z.B. bei **historischen Stadtführungen** authentische Szenen von Schauspielern nachgestellt und der **Schwazer Silberwald** (www.schwazersilberwald.at, frei zugänglich) lädt zu mystischen Spaziergängen ein.

Anziehungspunkt für Liebhaber aus aller Welt sind im 8 km (B171) entfernten *Wattens* **Swarovskis Kristallwelten** (Kristallweltenstr. 1, www.kristallwelten.swarovski.com, tgl. 9–18.30 Uhr). Ein Wasser speiender botanischer Riese, kugelrund und grün, bewacht die von dem Wiener Künstler André Heller gestalteten, fantastisch inszenierten unterirdischen Wunderkammern und das märchenhafte Mechanical Theatre von Jim Whiting. Zu den

Innsbrucks Maria-Theresien-Straße mit Annasäule scheint geradewegs in die Berge zu führen

ganz großen Erlebnissen im Raum Schwaz zählen jedoch die Ausflüge, Wanderungen und Bergtouren in die **Silberregion Karwendel** [s.u.].

Praktische Hinweise

Information

Tourismusverband Silberregion Karwendel, Münchnerstr. 11, 6130 Schwaz, Tel. 05242/63240, www.silberregion-karwendel.at; www.schwaz.at

Restaurant

*****Gasthof Goldener Löwe**, Husslstr. 4, Schwaz, Tel. 05242/623730, www.goldenerloewe.at. Tiroler Spezialitäten stehen auf der Speisekarte dieses zu einem Hotel gehörigen Restaurants (Mo geschl.).

42 Innsbruck

Eine veritable Schatzkammer alter und neuer Kunst in den Alpen.

Wo sich Unterinntal und Oberinntal begegnen, an der Nahtstelle zwischen Seefelder Sattel und Brennerpass, liegt die ›Hauptstadt im Gebirg‹. Behäbig breitet sich die Tiroler Metropole (130 000 Einw.) am Inn zwischen den hohen Kalkriffen der Nordkette, den bizarren Kalkkögeln im Westen, der unverwechselbaren Serles (2718 m) im Südwesten und dem rundbuckligen Patscherkofel (2247 m) im Süden aus.

Geschichte Von den Kelten entdeckt, von den Römern um 15 v. Chr. zum Lager *Veldidena* (heute Stadtteil Wilten) ausgebaut, wurde der Ort schließlich von den mächtigen bayrischen Grafen von Andechs in Besitz genommen. *Insprucke* selbst wurde 1180 als Markt gegründet und gewann alsbald in Handel und Verkehr an Wichtigkeit. 1420 wurde es Fürstensitz der Tiroler Linie der Habsburger und unter *Kaiser Maximilian I.* (1459–1519) kurzzeitig Zentrum seines Großreiches. Maximilians Tod und die Aufteilung der habsburgischen Erblande 1521/22 bewirkten den Abstieg. Die Erzherzöge Ferdinand II., Maximilian III. und Leopold V. regierten Tirol, ehe 1665, nach dem Erlöschen der Tiroler Linie der Habsburger, alle Macht an Wien fiel. 1669 avancierte die Stadt zum *Universitätssitz*. 1806–14 zu Bayern gehörig, waren Innsbruck und der nahe Bergisel 1809 Schauplatz der Freiheitskämpfe unter Andreas Hofer. Die Eröffnung der *Brennereisenbahn* 1867 gab den Anstoß zur Industrialisierung der Landeshauptstadt Innsbruck (seit 1849). 1964 und 1976 fungierte die Stadt als Austragungsort der Olympischen Winterspiele.

2004 wurde der neu gestaltete, nun als *Kunstbahnhof* titulierte Hauptbahnhof mit den Wandbildern von Max Weiler (1910–2001) wieder eröffnet.

Neben Wintersport finden in Innsbruck heute Kunst und Kultur breiten Raum, auch in Foren zeitgenössischer Kunst wie dem *Kunstraum* (www.kunstraum-innsbruck.at), der *Galerie im Taxispalais* (www.galerieimtaxispalais.at) oder dem *Fotoforum* (www.fotoforumwest.at).

Besichtigung Innsbrucks weltberühmte Maria-Theresien-Straße nimmt ihren Anfang an der klassizistischen **Triumphpforte** 1, die 1765 anlässlich der in Innsbruck gefeierten Hochzeit von Maria Theresias Sohn Leopold mit der spanischen Infantin Maria Ludovica errichtet wurde. Die Marmorreliefs (1774) haben an der Südseite die Vermählung, an der Nordseite die Trauer über den plötzlichen Tod von Maria Theresias Gemahl Kaiser Franz I. während der Feierlichkeiten zum Thema.

Vorüber an einigen Palais aus dem 17./18. Jh. gelangt man zur 1706 gestifteten **Annasäule** 2. Mit der Madonna auf der Spitze erinnert sie an den Spanischen Erbfolgekrieg und den Abzug der Bayern am Annatag des Jahres 1703.

Wenige Schritte weiter öffnet sich die spätmittelalterliche **Altstadt**. Hier führt die Herzog-Friedrich-Straße an schmalbrüstigen Renaissance-, Barock- und Rokokohäusern über schattigen Laubengängen vorbei zum **Goldenen Dachl** 3, Innsbrucks weltberühmtem Wahrzeichen. Von dem um 1500 einem älteren Gebäude angefügten Prunkerker, der mit 2657 vergoldeten Kupferschindeln gedeckt und mit Sandsteinreliefs und Malereien geschmückt wurde, beobachtete die Hofgesellschaft Kaiser Maximilians I. [s. u.] einst Turniere. Heute spürt hier das 2007 großzügig ausgebaute **Museum Goldenes Dachl** (Tel. 05 12/58 11 11, Mai–Sept. tgl. 10–17, Okt.–April Di–So 10–17 Uhr) in sechs Schauräumen dem aufregenden Zeitalter Maximilians nach. Durch moderne

Maximilian, ›der letzte Ritter‹

Innsbrucks weithin bekanntes Schmuckstück, das **Goldene Dachl** in der Herzog-Friedrich-Straße, zieht die Blicke auf sich. Maximilian I., seit 1486 König, gab 1500 den Prunkerker in Auftrag. Einzigartig ist das Bildprogramm, das die politischen Ziele des Monarchen, ja selbst seine privaten Sehnsüchte und Gleichgültigkeiten zur Schau stellt. Die von Nikolaus Türing gearbeiteten **Reliefs** zeigen, was Maximilian durch Heiratsdiplomatie erworben hatte, was er noch zu gewinnen hoffte: die Wappen von Burgund, Ungarn, Spanien und Mailand – und auch das kaiserliche Wappen, das ihm erst ab 1508 zustehen sollte.

An der Brüstung des Erkers ist der König mit seinen Gemahlinnen, der früh verstorbenen **Maria von Burgund** und der ihm 1494 in Innsbruck angetrauten **Bianca Maria Sforza** aus Mailand zu sehen. Maria von Burgund war schön, reich, romantisch, Maximilian liebte sie und natürlich das burgundische Erbe. Es heißt, er sei untröstlich gewesen, als sie 1482 an den Folgen eines Jagdunfalls starb. Sechs Jahre blieb er allein, ehe er sich erneut zur Heirat entschloss. Die Braut, Anna, war gerade 12 Jahre alt, doch als Erbin der Bretagne durchaus respektabel. Maximilian nahm sich nicht die Zeit, persönlich an der Trauung teilzunehmen und schickte einen Stellvertreter. Bald darauf jedoch raubte der französische König Karl VIII., 18-jährig, forsch, gierig nach der Bretagne, Maximilians ›per procurationem‹-Angetraute. Gekränkt und gedemütigt schloss der König daraufhin die Ehe mit Bianca Maria. Maximilians Passionen aber waren längst aufgebraucht. Die Reliefszene am Erker macht dies deutlich. Sein Blick sucht nur die schöne, verstorbene Maria von Burgund, die einzige Liebe seines Lebens. Bianca Maria, zwischen den beiden mit gesenktem Haupt demütig seiner Aufmerksamkeit harrend, beachtet er nicht. Nikolaus Türing schlug die ungeschminkte Wahrheit in Stein, Maximilian ließ ihn gewähren und seine Angetraute musste damit leben. Als Bianca Maria im Jahr 1510 starb, nahm sich Maximilian, nunmehr Kaiser, nicht einmal die Zeit, an der Beerdigung teilzunehmen.

Licht-, Film- und Klanginstallationen wird ein intensives Erlebnis des Mittelalters erreicht.

Üppiger Rokokostuck überzieht seit 1730 das im Kern gotische **Helblinghaus** 4 mit seinen vielen Erkern. Vom spätgotischen, 1560 im Renaissance-Stil veränderten **Stadtturm** 5 (Juni–Sept. tgl. 10–20, sonst bis 17 Uhr) mit Zwiebelhaube überblickt man die Stadt und ihre Berge.

Die Domgasse führt nördlich zum Domplatz mit dem **Dom zu St. Jakob** 6 (Tel. 0512/583902, Mo–Sa 7.30–18.30, So 12.30–19.30 Uhr). Obwohl im Herzen der Altstadt, umgibt den großen Barockbau (1717–24) mit Doppelturmfassade und mächtiger Vierungskuppel eine würdevolle Stille. An seiner schönen Innenausstattung arbeiteten die bayrischen Brüder Asam: Cosmas Damians Deckenfresko erzählt die Vita des hl. Jakob, die Stuckaturen fertigte sein Bruder Egid Quirin 1722. Das kostbare Gnadenbild ›Mariahilf‹ (um 1530) am Hochaltar schuf Lucas Cranach d.Ä.

Aus der Enge der Altstadt führt die Hofgasse zum hellen, baumbestandenen Rennweg mit dem gepflegten *Hofgarten*. In Innsbrucks erster Hochblüte, ab 1460, wurde die **Kaiserliche Hofburg** 7 (Tel. 0512/58718612, www.hofburg-innsbruck.at, tgl. 9–17 Uhr) erbaut. Unter Kaiserin Maria Theresia in höfisches Rokoko verwandelt, zeigt sie in den verschiedenen Schauräumen schöne Rokokostuckaturen, wertvolle Tapisserien und Historiengemälde. Die Deckenfresken (um 1775) von Maulbertsch im über 30 m langen *Riesensaal* haben den Triumph des Hauses Habsburg-Lothringen zum Thema.

Die bedeutendste Innsbrucker Sehenswürdigkeit, das **Grab Maximilian I.**, befindet sich in der 1553–63 unter Kaiser Ferdinand I. im schlichten Renaissancestil errichteten **Hofkirche** 8 (www.hofkirche.at, Mo–Sa 9–18, So 12.30–18 Uhr). Nach Maximilians Plänen und der Nachwelt ›zu ewigem Gedächtnis‹ gossen Gilg Sesselschreiber in der kaiserlichen Kunsterzgießerei zu Mühlau und Peter Vischer in Nürnberg jene berühmten 28 überlebensgroßen ›Schwarzen Mander‹ (1508–50). Die Entwürfe dazu lieferten Albrecht Dürer, Christoph Amberger, Peter Vischer und Jörg Kölderer. Nun umstehen die Mander, Vorfahren und Zeitgenossen Maximilians, feierlich-düster das reliefgeschmückte *Hochgrab* mit der knienden Kaiserstatue von Alexander Colin aus Mecheln. Die Figuren halten Trauerwache um den Kenotaph, denn Maximilian wurde in der Wiener Neustadt begraben. Dennoch zieht das Kaisergrab alle Aufmerksamkeit auf sich, überschattet die übrige qualitätvolle Einrichtung, auch die *Silberne Kapelle* mit den Wandnischengräbern von Erzherzog Ferdinand II. und seiner ersten Gemahlin

TOP TIPP

Das kunstfertig verzierte Goldene Dachl diente bei Turnieren als Hofloge

Stille Wache am Hochgrab Maximilians in der Hofkirche – die ›Schwarzen Mander‹

Philippine Welser, ebenfalls von Alexander Colin (1580 und 1595).

Die Universitätsstraße erschließt Museales: Im **Tiroler Volkskunstmuseum** ⑨ (Universitätsstr. 2, Tel. 05 12/59 48 95 10, www.tiroler-volkskunstmuseum.at, tgl. 10–18 Uhr) gibt es Möbel, Trachten, bäuerliche Gerätschaften, Karnevalsmasken u.a. zu betrachten. Über die abzweigende Angerzellgasse geht es zum **Tiroler Landesmuseum Ferdinandeum** ⑩ (Museumstr. 15, Tel. 05 12/594 89, www.tiroler-landesmuseum.at, Di–So 10–18 Uhr). Von der Urgeschichte bis zur Gegenwart spannt sich ein respektabler Bogen mit Exponaten zur Geschichte und Kunst Tirols. Die historischen Sammlungen des Landesmuseums präsentiert das **Museum im Zeughaus** ⑪ (Zeughausgasse, Tel. 05 12/59 48 93 11, Di–So 10–18 Uhr) modern und informativ aufbereitet.

Eine jüngere Attraktion ist die 2007 eröffnete **Neue Hungerburgbahn** ⑫ (s.u.) mit hypermodern gestylten Stationen, die vom Stadtzentrum, z.T. unterirdisch und über eine neue Innbrücke, als Standseilbahn auf die Hungerburg mit Anbindung an die *Nordkettenbahnen* zur Seegrube (1905 m) und zum Hafelekar (2256 m) führt. Sehenswert ist auch der neu gestaltete, als **Kunstbahnhof** ⑬ titulierte Innsbrucker Hauptbahnhof mit den 2004 reapplizierten Wandbildern des Österreichers Max Weiler (1910–2001).

Der Weg nach Süden führt über die Leopoldstraße zur **Wiltener Basilika** ⑭. Beschwingt und hell erscheint die auf dem Bauplatz des römischen *Veldidena*

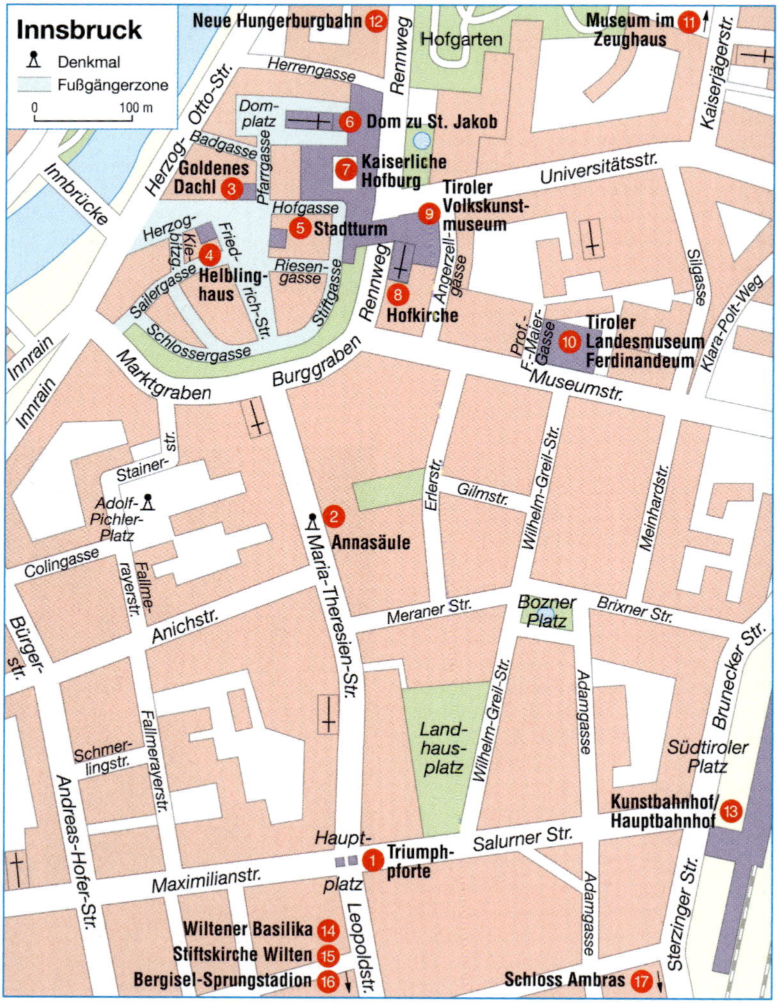

Erzherzog Ferdinand II. ließ eine alte Burg zum Renaissance-Wohnschloss Ambras umbauen

von Franz de Paula Penz 1751–56 errichtete zweitürmige Wallfahrtskirche. Das Innere wurde von Franz Xaver Feichtmayr mit Blumen, Laubwerk und Engeln kunstvoll stuckiert. Von Matthäus Günther aus Augsburg stammen die prächtigen Deckengemälde mit Marienszenen. Zart ist die reiche Rocaille-Architektur des *Hochaltars* mit dem Gnadenbild (14. Jh.).

Die Skulpturen der Riesen Haymon und Thyrsus, legendäre Gründer des Klosters Wilten, bewachen den Eingang zur aus dem 17. Jh. stammenden, frisch renovierten **Stiftskirche Wilten** 15 gegenüber. Durch die Vorhalle mit einer Holzfigur Haymons (um 1500) gelangt man in den frühbarocken Innenraum. Das tonnengewölbte Langhaus, hell durch weißen Stuck, leitet unter Deckenfresken (1705) von Kaspar Waldmann zur schönen Säulenarchitektur des *Hochaltars* über. Im Stift selbst zeigt das **Stiftsmuseum Wilten** (Tel. 0512/583048, www.stift-wilten.at, Besichtigung nur mit Führung nach Voranmeldung) in den Prunkräumen der Abtei Kostbares aus fünf Jahrhunderten. Das Stift liegt am Fuße des Bergisel. Auf diesem ragt ein modernes Wahrzeichen Innsbrucks, das von Zaha Hadid entworfene **Bergisel-Sprungstadion** 16 (Bergiselweg 3, Tel. 0512/589259, www.bergisel.info, Kernzeiten tgl. 10–17 Uhr) empor, ein 47 m hoher Sprungturm mit Restaurant und Aussichtsplattform.

TOP TIPP Im Südosten Innsbrucks dominiert das mächtige **Schloss Ambras** 17 (Tel. 01/525244802, www.khm.at/ambras, tgl. 10–17, Aug. bis 18 Uhr) auf einer Anhöhe die Landschaft. Erzherzog Ferdinand II. ließ die frühmittelalterliche Burg der Grafen von Andechs im 16. Jh. zum Renaissance-Wohnschloss für sich und seine schöne, aber unstandesgemäße Frau, Philippine Welser, umbauen. Das *Unterschloss* richtete er als Museumstrakt für seine wertvollsten Sammlungen ein. Zu sehen sind die grandiose Ferdinandeische Rüstkammer sowie die eher kuriose Kunst- und Wunderkammer. Im *Hochschloss* mit den Wohnräumen sind neben Möbeln aus dem 16./17. Jh. eine Porträtgalerie der Habsburger und anderer Adeliger (1400–1800) zu besichtigen. Als Repräsentationsraum gestaltete der italienische Baumeister Giovanni Lucchese 1570–72 den gewaltigen frei stehenden Trakt des *Spanischen Saales*. Hier sind lebensgroße Wandbilder der Tiroler Landesfürsten unter einer grandiosen Kassettendecke versammelt. Ein großer Kulturgenuss sind die sommerlichen Ambraser Schlosskonzerte.

Hall

Fast mit Innsbruck und dem dazwischenliegenden Dörfchen Rum zusammengewachsen ist Hall (12450 Einw.). Der frühe Wohlstand der Stadt basierte auf Salz aus dem Halltal, der Innschifffahrt und der Münzprägung und ließ eine schöne mittelalterliche Stadt entstehen. Ihre größte Blüte erlebte sie Ende des 15. Jh., als Herzog Sigismund die Tiroler Münze 1477 hierher verlegte und im *Münzerturm* der um 1280 entstandenen **Burg Hasegg** (Unterstadt, Münzgasse) 1486 die erste

Silbertaler-Prägewerkstätte einrichtete. Der Haller Silbertaler war bald in ganz Europa Zahlungsmittel. Heute können hier angehende Münzmeister bei Führungen durch die **Münze Hall & Münzerturm** (Tel. 05223/5855165, www.muenze-hall.at, April–Okt. Di–So 10–17, Nov.–März Di–Sa 10–17 Uhr) ihr Geschick an Münzstock und Spindelpresse erproben. Enge Gassen, geheimnisvolle Tore und behäbige Giebelhäuser machen den Altstadtcharme aus. Die spätgotische **Stadtpfarrkirche St. Nikolaus** am Oberen Stadtplatz mit ihrem 1670 barock erneuerten Turm wurde mehrmals erweitert und im 18. Jh. barockisiert. Erhalten blieben der ›Palmeselchristus‹ (15. Jh.) im Chor, eine spätgotische Madonna aus dem Pacher-Umfeld und die Reliquiensammlung des Ritters Florian Waldauf in der *Waldaufkapelle* (15. Jh.) an der nördlichen Langhauswand.

Top Tipp Stubaital

Während die alpenüberquerende A 13 von Innsbruck-Süd auf schön angelegter Trasse brückenreich zum Brenner zieht, zweigt bei Schönberg die B 183 ins Stubaital nach Ranalt ab. Wiesen, Lärchenwälder, rustikale Ferienhäuser in den Talorten Telfes, Fulpmes, Neustift und der Blick auf den Hauptkamm der Stubaier Alpen und die Wandfluchten der Kalkkögel begleiten die Route. In Neustift beginnt die *Stubaier Gletscherstraße*. Über Ranalt und Mutterberg mit Gletscherbahnanschlüssen und Liften zu den Firnfeldern (Bergstation Eisgrat, 2900 m) unterhalb der Schaufelspitze (3333 m) und der Stubaier Wildspitze (3340 m) dringt man mühelos in die Eisregionen dieser strengen Hochgebirgslandschaft vor.

i Praktische Hinweise

Information

Innsbruck Tourismus, Burggraben 3, 6020 Innsbruck, Tel. 0512/59850, www.innsbruck.info

Bergbahn

Hungerburgbahn, Innsbruck, Tel. 0512/292250. Vom Innufer zum Hungerburg-Plateau (868 m).

Nordkettenbahnen, Innsbruck, Tel. 0512/293344, www.nordkette.com. Von der Stadtmitte mit der **Neuen Hungerburgbahn** auf die Hungerburg, von dort weiter zur Seegrube (1905 m) und zum Hafelekar (2256 m).

Patscherkofel-Seilbahn, Innsbruck, Tel. 0512/377234. Von Innsbruck-Igls zum Schutzhaus Patscherkofel und weiter per Lift zum Paterscherkofelgipfel (2247 m).

Hotels

*******Grand Hotel Europa**, Südtiroler Platz 2, Innsbruck, Tel. 0512/5931, www.grandhoteleuropa.at. Sehr gepflegtes und beliebtes Stadthotel.

******Schwarzer Adler**, Kaiserjägerstr. 2, Innsbruck, Tel. 0512/587109, www.deradler.com. Romantik-Hotel mit komfortablen Zimmern, Panoramadachterrasse und empfehlenswertem Restaurant.

Restaurants

Europa Stüberl, Zugang Brixner Str. 6, Innsbruck, Tel. 0512/59310. Gediegenes Haubenrestaurant im Grand Hotel Europa mit internationaler Küche.

Top Tipp **Wilder Mann**, Römerstr. 12, Lans, Tel. 0512/377387, www.wildermann-lans.at. Exzellente bodenständige Gerichte genießt man im Landhof mit dörflichen Ambiente südlich der Stadt.

43 Seefeld

Enzianwiesen im Frühling, flammende Lärchenwälder im Herbst.

Wie Kulissen auf einer sonnigen Terrasse umstehen Wetterstein- und Karwendelberge das 1200 m hoch gelegene Seefeld (2800 Einw.), wo 1964 und 1976 die Nordischen Skiwettbewerbe der Olympischen Winterspiele ausgetragen wurden. Der Ferienort gilt als mondänstes Tiroler Wintersportzentrum. Seine Wurzeln gehen auf die 1022 erstmals erwähnte Siedlung *Sevelt* zurück. Ein Hostienwunder im 15. Jh., festgehalten auf Jörg Kölderers Mirakeltafel (1502) in der spätgotischen **Pfarrkirche St. Oswald** im Zentrum, lenkte Wallfahrerströme auf das Hochplateau. Um ein wundertätiges *Kruzifix* von 1510, das heute noch am Hochaltar steht, ließ Leopold V. 1628 das **Seekirchl** südwestlich der Pfarrkirche erbauen, dank seiner reizvollen Lage Wahrzeichen von Seefeld.

Die schönsten *Wanderwege* führen – besonders malerisch im Spätfrühling – über Lärchenwiesen mit blühendem Enzian zum rätselhaft periodisch versiegenden Wildmosersee, zum kleinen Lottensee und zum Möserer See. Im Nordwesten von Seefeld, über eine Nebenstraße erreichbar, erstreckt sich am Fuße des Wet-

Das Wahrzeichen von Seefeld ist das Seekirchl, den See dazu gibt es jedoch nicht mehr

tersteingebirges das prächtige Hochtal der **Leutasch**. In dieser urwüchsigen Gebirgskulisse erfand *Ludwig Ganghofer* (1855–1920), einer der beliebtesten Autoren des frühen 20. Jh., seine spannenden Geschichten von Wäldern und Wilddieben, von archaischer Schuld und Sühne.

i Praktische Hinweise

Information

Informationsbüro, Klosterstr. 43, 6100 Seefeld, Tel. 050 88 00, www.seefeld-tirol.com

Bergbahn

Bergbahnen Rosshütte, Seefeld, Tel. 05 12/241 60, www.rosshuette.at. Zur Rosshütte und zum Härmelekopf. Viele Lifte.

Hotels

*****Klosterbräu**, Klosterstr. 30, Seefeld, Tel. 052 12/262 10, www.klosterbraeu.com. Aus einem Kloster entstand ein Romantik-Wellness-Hotel mit allem Komfort.

****Aktiv & Spa-Resort Alpenpark**, Speckbacherstr. 182, Seefeld, Tel. 052 12/29 51, www.kaltschmid.info. Haus mit Garten, Panoramahallenbad, Fitness-Studio etc.

Restaurant

Zur Alten Schmiede, Seefeld 18, Tel. 052 12/22 53, www.hotel-hiltpolt.at. Gemütliches, im Ortszentrum gelegenes Restaurant.

44 Imst

Stadt der Brunnen, Kirchen, Kapellen und des berühmten Schemenlaufes.

Malerisch an einem Berghang breitet sich die Kleinstadt Imst im Tiroler Oberland aus. Sie liegt im Zentrum der Nord-Süd-Straßenverbindung über den Fernpass und das Timmelsjoch zum italienischen Vinschgau. Von ihr gehen die Straßen in die Lechtaler Alpen, ins Pitztal und Ötztal aus. 1822 brannte Imst fast vollständig nieder, gotische Bau- und Freskenreste findet man aber noch an einigen Gotteshäusern: einen Christophorus in der mächtigen **Pfarrkirche Mariä Himmelfahrt**, ein Wandgemälde in der Altarnische der **St. Michaelskapelle** und Apsisfresken in der **Laurentiuskirche** auf dem Kalvarienberg. Das neu in einem Haus des 16. Jh. eingerichtete **Museum im Ballhaus** (Ballhausgasse 1, Tel. 054 12/649 27, Di/Do/Fr 14–18, Sa 9–12 Uhr), widmet sich der Stadtgeschichte. An die Angst vor einem Stadtbrand erinnern 40 *Brunnen*, davon sind 18 historisch. Berühmt ist Imst für den Fastnachtsbrauch des *Schemenlaufens* (Schemen = Masken), das jedoch nur alle vier Jahre stattfindet. Interessantes dazu erfährt man im **Haus der Fastnacht** (Strelenweg 6, Tel. 054 12/69 10, www.fastnacht.at, Fr 16–19 Uhr und nach Absprache).

Sehenswert ist auch die **Rosengartenschlucht** unweit des Zentrums. Auf einer Länge von 1,5 km gräbt sich hier der

Schinderbach tosend und brausend von der Blauen Grotte durch die Felsrücken der Imster Mittelgebirgsterrassen bis zur Johanneskirche.

Von Imst steigt die B189 kehrenreich zum Fernpass der **Lechtaler Alpen** an, erschließt den Zugspitzort *Ehrwald* und über die bei Lermoos abzweigende B314 *Reutte* in einem weiten sonnigen Talkessel des Lech. Eine Reihe von romantischen Seen erhöhen den Reiz der Route.

Ötztal

Vom jenseitigen Inn-Ufer, im Südosten von Imst, zweigt die B186 ins Ötztal ab. Über fünf Stufen steigt das 60 km lange, bildschöne Tal hinauf nach **Obergurgl**, wo die **Timmelsjoch-Hochalpenstraße** (Tel. 0512/581970, www.timmelsjoch-hochalpenstrasse.at, im Sommer tgl. 7–20 Uhr) über das Timmelsjoch (2474 m) ins Passeier und nach Meran beginnt. Das 1907 m hoch gelegene Obergurgl und die Hotelstation Hochgurgl sind das Tor zu den Traumgipfeln der vergletscherten *Ötztaler Alpen*, zur Hochwilde (3482 m) und zum Similaun (3606 m). Der Ort **Sölden** (1377 m) und seine Hotelsiedlung Hochsölden (2090 m) mit zahllosen Liften bis in die Gletschergebiete des Rettenbach- und Tiefenbachgletschers gehören zu den buntesten, betriebsamsten und lautesten Skiorten der Alpen.

Eine faszinierende Gletscherwelt erschließt auch das etwa 40 km lange **Pitztal** südlich der A12. Es ist eng, schluchtenartig, romantisch. Wasserfälle beleben das Bild, kleine Weiler schieben sich ein. Eindrucksvoll ist der Talschluss bei Mittelberg, über dem die zerklüftete Gletscherzunge des Mittelbergferners hängt. Mit der Standseilbahn **Pitzexpress** und der **Pitz-Panoramabahn** (Tel. 05413/86288, www.pitztaler-gletscher.at), der höchsten Seilbahn Österreichs, erreicht man bequem den 3440 m hohen *Brunnenkogel* mit überwältigendem Panoramablick.

Ötzi und seine Zeit

5300 Jahre lang umfing das Eis des Ötztaler Hauslabjochs ›Ötzi‹, den einsamen Wanderer, der im Tiroler Hochgebirge wohl gewaltsam ums Leben kam. 1991 per Zufall auf über 3000 m Höhe entdeckt, wurde er zu einem Sensationsfund für die Wissenschaft, die mit der Strategie und Akribie technischer Generalstäbe daran ging, seinen Tod und reproduzierend sein Leben zu erforschen. Es gab Dissonanzen, Gelehrtenstreit, Ärger. Am Ende musste Ötzi, den Tirol und Innsbruck so gerne für sich vereinnahmt und in Museumshelle präsentiert hätten, gemäß der Fundstelle 92 m jenseits der Grenze, an Südtirol ausgeliefert werden. Tirol wäre jedoch nicht Tirol, stolz und leidenschaftlich, hätte man im Land der Berge und der Bergsteiger keinen Ausweg gefunden.

Im Ötztalort **Umhausen**, wo der Stuibenfall so fotogen durch ein Felsbett tobt, wurde das **Ötzi Dorf** (Tel. 05255/50022, www.oetzi-dorf.at, Mai–Okt. tgl. 9.30–17.30 Uhr) errichtet. Die ›Überlebensschule Tirol‹ legte um ›Ötzis Hütte‹ einen archäologischen Freilichtpark in Form einer fiktiven jungsteinzeitlichen Alpinsiedlung mit Brotbackofen, Bogenschießplatz, Teergrube, Geräteschuppen, Teich mit Einbaum, Jägerbiwak und Steinkammergrab an. Im urwüchsigen Ambiente werden die Fertigkeiten unserer Vorfahren vermittelt.

Praktische Hinweise

Information

Tourismusverband, Johannesplatz 4, 6460 Imst, Tel. 05412/69100, www.imst.at

Hotel

******Best Western Hotel Stern**, Pfarrgasse 42, Imst, Tel. 05412/63342, www.sternhotel.com. Hotel in typischem Tiroler Landhausstil mit moderner Ausstattung.

Restaurant

Hotel Hirschen, Thomas-Walch-Str. 3, Imst, Tel. 05412/6901, www.hirschen-imst.com. Vorwiegend Bodenständiges wird in urigen Stuben serviert.

45 St. Anton

Faszination Arlberg: Sonne, Schnee, Traumpisten.

Im Süden ragen die Gipfel der Verwallgruppe auf, im Norden bilden die Lechtaler Alpen eine steinerne Barriere. Die Arlbergstraße von Landeck durch das Stanzer Tal trennt die beiden mächtigen Berggruppen. Der **Arlberg**, das Gebiet um den gleichnamigen Pass, zählt mit St. Anton und St. Christoph

Turbulenter Après-Ski-Rummel nachmittags beim Mooserwirt in St. Anton am Arlberg

auf Tiroler Seite und mit Zürs und Lech auf Vorarlberger Seite zu den beliebtesten Alpinskigebieten Europas. Das 1304 m hoch gelegene, lang gestreckte St.Anton (2300 Einw.) entwickelte sich auf schmalem Talboden. Der Ort, in dem sich die Häuser so bemüht rustikal drängen, sich dörfliche Strukturen mit internationalem Flair vermischen, wirkt kunterbunt. Zwischen den ersten Touristen, Drusus nebst römischem Fußvolk 15 v.Chr., und dem großen Skifahrerboom im 20. Jh. liegen 2000 harte, bäuerlich geprägte Jahre. Die Erfolgsgeschichte des Ortes lässt sich an einigen Meilensteinen festmachen: Bau der Arlbergbahn (1884), Skipionier Hannes Schneiders Gründung der ersten Skischule der Welt (1922), das weltweit erste Kombinationsskirennen, das *Kandaharrennen*, im Jahr 1928 und schließlich die Anlage der Galzig-Bahn 1937. Eine unglaubliche Entwicklung kam in Gang, die vor allem die im Norden aufsteigenden Berge Kapall (2326 m), Galzig (2185 m) und Valluga (2811 m) mit einem Netz von Seilbahnen und Liften überzog. Akribisch dokumentiert das **Ski- und Heimatmuseum** (Rudi-Matt-Weg 10, Tel. 054 46/2475, Sommer Di–So 12–20, Winter tgl. ab 15 Uhr) Anfänge und Aufstieg des Wintersportparadieses St. Anton.

Östlich von Stuben steigt die *Flexenstraße* zu den Wintersportorten **Zürs** (1720 m) und **Lech** (1447 m) auf. Kühn angelegt, schrammt ihre 1900 fertiggestellte Trasse an den schroffen Felswänden der Stubenbachschlucht vorüber. Sie erschloss das zuvor nur im Sommer zugängliche Gebiet für den Wintersport.

i Praktische Hinweise

Information

Tourismusverband, 6580 St. Anton, Tel. 054 46/226 90, www.stantonamarlberg.com

Bergbahn

Über 80 modernste Seilbahnen und Lifte

Hotels

*******Raffl's St. Antoner Hof**, Arlbergstr. 69, St. Anton, Tel. 054 46/2910, www.antonerhof.at. Außen Tiroler Landhausstil, innen Eleganz und Komfort.

******Best Western Hotel Alte Post**, Dorfstr. 11, St. Anton, Tel. 054 46/255 30, www.hotel-alte-post.at. Edles Traditionshotel mit vielfältigen Spa-Angeboten.

**** **Hotel Karl Schranz**, Alte Arlbergstr. 76, St. Anton, Tel. 054 46/255 50, www.arlberg.com/hotel.karl.schranz. Zu Gast bei einer Skilegende.

Restaurant

Galzig Verwallstube, an der Bergstation der neuen Galzig-Gondelbahn, Tel. 054 46/235 25 01. Auf 2085 m ist hier das höchstgelegene Zwei-Hauben-Lokal der Welt mit fantastischem Panoramablick zu finden (Sommer Mo/Di geschl.).

Vom Arlberg zum Bodensee – das eigenwillige Ländle der Alemannen

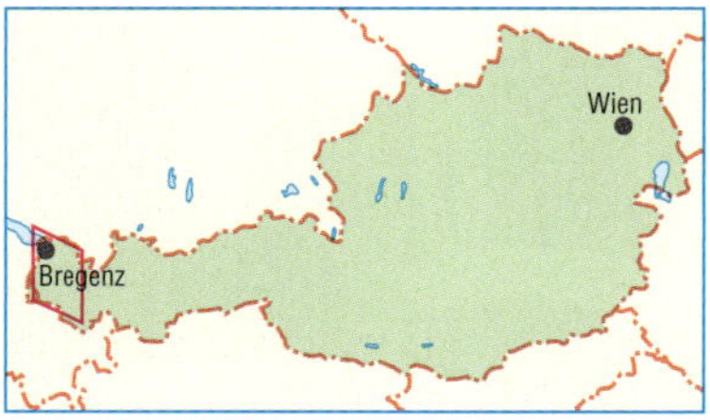

Im Osten bietet Vorarlberg das Bild einer Bergenklave: Die schroffen Gipfel der Lechtaler Alpen, die herben Dreitausender der Verwallgruppe und die Eisriesen der Silvretta schirmen es von Tirol und Innerösterreich fast hermetisch ab. Im Westen hingegen, im Rheintal und am Bodensee, ist die Landschaft weich, beschwingt, sonnig, beinahe mediterran. Die vier größten Städte des westlichsten österreichischen Bundeslandes teilen sich traditionell die Aufgaben: So wurde das zentrale **Bludenz** zum Verkehrsknotenpunkt, **Dornbirn** zur Handelsstadt, **Feldkirch** fungiert seit 1968 als Bischofssitz und **Bregenz** am Bodensee wurde im Jahr 1923 Landeshauptstadt.

46 Bludenz

Ausgangspunkt grandioser Bergstraßen.

Im Klostertal endet die Arlbergstraße. Die S 16 zieht, fast parallel mit der Rheintalautobahn A 14, westwärts durch das enge Tal, in dem die von Wasserfällen gespeiste Alfenz mächtig schäumt, nach Bludenz. Viel Verkehr ist charakteristisch für die breit in Wiesen- und Mischwaldgelände, am Fuß der westlichen Klostertaler Alpen hingelagerte Stadt Bludenz (14 500 Einw.). Von den Launen der Geschichte mehr geplagt als verwöhnt, mehrfach vererbt, abgebrannt, 1918 vergeblich für einen Anschluss an die Schweiz votierend, fehlt ihr das geschlossene Gefüge. Auch die schöne **Altstadt** mit ihren Laubengängen, typischen alten Gassen und Mauerbogen, einst von Werdenberger Grafen und Habsburger Vögten angelegt, zeigt keine architektonische Kontinuität. Die stadtbeherrschend auf einer Anhöhe liegende *St. Laurentiuskirche*, über eine Treppenanlage erreichbar, wurde nach einem Brand im 16. Jh. erneuert. Das benachbarte barocke *Schloss Gayenhofen* (18. Jh.) ist heute Sitz der Bezirkshauptmannschaft. Das Charakteristische und Außergewöhnliche an dieser Stadt aber sind die benachbarten spektakulären Hochtäler, die Besucher in grandiose Gebirgsszenerien locken.

Wie in Watte gebettet – das winterliche Gaschurn im Montafon ▷

TOP TIPP

Montafon

Nach Süden führt die B188 ins Montafon (www.montafon.at), ein 40 km langes, von der Ill durchflossenes Tal zwischen den Bergen der Verwall- und Rätikongruppe. Ernest Hemingway liebte diese Landschaft unter der pyramidenförmigen *Zimba* (2643 m) und dem eisstarrenden *Piz Buin* (3312 m). Die Sterbenden in ›Schnee auf dem Kilimandscharo‹ (1948) ließ er von blendend weißem Montafoner Schnee, von Holzfällerhütten und Kachelofenbehaglichkeit träumen. Längst haben sich aber die alten typischen Walserhäuser mit dem Holzaufbau über einem Steinuntergeschoss in den Talorten Tschagguns, Schruns und Gaschurn den modernen Erfordernissen der großen Skistationen angepasst. Wie Spinnennetze überziehen die Seile der zahllosen Aufstiegshilfen die Berge.

Das größte kunsthistorische Juwel im Tal besitzt die Siedlung **Bartholomäberg** nördlich von Schruns. Wie ein goldenes Schatzhaus wirkt der Innenraum der kleinen, 1732 erbauten Hallenkirche St. Bartholomäus. Ein einzigartiges barockes Ensemble, prunkvoll und überreich in seiner Formenvielfalt, bilden die beiden Seitenaltäre mit dem Hochaltar und der Kanzel unter einer wunderschönen hölzernen Kassettendecke. Auch der 1525 gearbeitete gotische Knappenaltar an der rechten Seitenwand fügt sich in die Raumstimmung ein.

Die B188 verbindet über die **Silvretta-Hochalpenstraße**, eine der schönsten Gebirgsstraßen, das Montafon mit dem Tiroler Paznauntal. In vielen Kehren mit zahlreichen Aussichtspunkten führt die nur im Sommer geöffnete Straße von Partenen zum Vermuntstausee und zum

TOP TIPP Silvretta-Stausee. Hier bei der **Bielerhöhe** (2032 m) ist die Landschaft grandios, hochalpin und die eindrucksvolle Gipfel- und Gletscherregion des Piz Buin scheint zum Greifen nahe. Jenseits der Bielerhöhe gleitet die Straße abwärts nach Galtür und Ischgl.

4 km westlich von Bludenz zweigt die Straße in das **Brandnertal** ab. Kurvenreich und steil, doch nie beklemmend, steigt sie von Bürs über Brand, das so großartig am Fuß der Schesaplana (2965 m) liegt, bis zur Talstation der Lünersee-Bahn an. Der **Lünersee**, tiefblau, kalt, felsumschlossen, kann auf einer angenehmen, meist einsamen Route (ca. 2 Std.) umwandert werden.

i Praktische Hinweise

Information

Bludenz Tourismus, Werdenbergerstr. 42, 6700 Bludenz, Tel. 055 52/63 62 17 90, www.bludenz.at

Bergbahn

Muttersberg Seilbahn, Bludenz, Tel. 055 52/680 35, www.muttersberg.at

Hotel

******Schlosshotel Dörflinger**, Schloss-Gayenhof-Platz 5, Bludenz, Tel. 055 52/630 16, www.schlosshotel.cc. Oberhalb der Altstadt gelegenes, angenehmes Hotel mit gutem Restaurant.

Restaurant

Wirtshaus zur Fohrenburg, Werdenbergerstr. 53, Bludenz, Tel. 055 52/685 68, www.fohrenburg.cc. Leichte und deftige regionale Küche, mit Biergarten.

47 Feldkirch

Einer der kunsthistorisch bedeutendsten Orte Vorarlbergs.

Feldkirch wird seit Beginn des 13. Jh. von der **Schattenburg** dominiert. Hier schrieben die Grafen von Montfort ein kriegerisches Kapitel Geschichte. Stolz und autark erträumten sie sich ein gewaltiges Großreich zwischen Walensee, Rhein und Donau. Der Traum ging in familiären Querelen unter, die Montforter Erben standen vor dem Ruin und mussten ›die Veste der Schaten‹ (von mhd. *schade* = Schutz, Schirm) 1390 an die Habsburger verkaufen. Heute ist sie Sitz des **Schattenburg-Museums** (Tel. 055 22/719 82, www.schattenburg.at, April–Okt. Mo–Fr 9–12 und 13.30–17, Sa/So 10–17, Nov./Dez. Sa/So 11–16, Jan.–März Di–Fr 13.30–16, Sa/So 11–16 Uhr). Nach Neueröffnung des Bergfrieds mit Aussichtsplattform Anfang 2010 sind nun 18 Schauräume zu besichtigen: Neben der reichhaltigen Sammlung der *Waffenkammer* sind auch die Räume der früheren *Vogteiverwaltung* mit ihren gotischen Kunstwerken sehenswert.

Von der Burg aus gesehen, liegt Feldkirch (ca. 30 000 Einw.) wie ein altes Gemälde da. Hier könnten noch immer Ritter leben, Minnesänger, trinkfeste Vögte oder ein ambitionierter Mann wie der Astronom und Mathematiker *Georg Joachim von Lauchen* (1514–1576), der von Feldkirch auszog, um den Zauderer Kopernikus, dessen Schüler und Mitarbeiter er zeitweise war, mit seiner ›Narratio prima de libris revolutionum Copernici‹ (1540) in die Öffentlichkeit zu drängen.

Als Ausgangspunkt für einen Stadtrundgang bietet sich der *Domplatz* an mit dem 1478 nach einem Stadtbrand von dem Vorarlberger Hans Sturn im spätgotischen Stil erneuerten **Dom St. Nikolaus**, dessen schöner Innenraum durch die Glasfenster von 1966 leider an Helligkeit eingebüßt hat. Viel alte Bausubstanz ging auch beim Stadtbrand von 1697 verloren, aber zwischen Domplatz und Illufer trifft man in der denkmalgeschützten **Altstadt**, vor allem in der *Marktgasse*, auf schöne alte Bürgerhäuser mit stimmungsvollen Laubengängen und auf das 1490–93 errichtete *Rathaus* mit Fassadenfresken zur Stadtgeschichte. Mächtige **Tore**, wie das Churertor neben der spätgotischen Liebfrauenkirche und das Mühletor nahe der Ill, der Pulverturm, das 1436 erbaute Zeughaus und der 1491–1507 als wichtigster Teil der Stadtbefestigung errichtete Katzenturm am heutigen Sparkassenplatz, erzählen von keineswegs friedlichen Zeiten.

i Praktische Hinweise

Information

Tourismuscounter, Palais Liechtenstein, Schlossergasse 8, 6800 Feldkirch, Tel. 055 22/734 67, www.feldkirch.at

Hotels

******Alpenrose**, Rosengasse 4–6, Feldkirch, Tel. 055 22/721 75, www.hotel-alpenrose.net. Inmitten der Fußgängerzone Altstadt gelegenes Haus, in charmantem Biedermeierstil eingerichtet.

Das Rote Haus von 1639 und die Stadtpfarrkirche (19. Jh.) säumen den Dornbirner Marktplatz

**** **Holiday Inn**, Leonhardsplatz 2, Feldkirch, Tel. 055 22/746 00, www.holiday-inn-feldkirch.com. Modernes Haus in hübscher Lage an der Ill mit Blick ins Grüne.

Restaurant

Rauch, Marktgasse 12–14, Feldkirch, Tel. 055 22/763 55, www.sonderbar.at. Modernes, aber anheimelnd ausgestattetes Altstadt-Lokal mit Gewölbedecke, in dem gehobene Küche serviert wird.

48 Dornbirn

Viele Galerien, viele Theater und ein Museum der Zukunft.

Aus mehreren Ortsteilen wuchs die mit gut 42 000 Einwohnern größte Stadt Vorarlbergs zusammen. Das eher stille *Thorinpuiron* des Mittelalters, das nie durch große Architektur von sich reden machte, entwickelte sich ab dem 19. Jh. dank der Textilindustrie zu deren bedeutendstem Standort in Österreich. Am Marktplatz steht die **Stadtpfarrkirche St. Martin** von 1840 mit ihrer klassizistischen Fassade und einem tempelartigen Vorbau im Kontrast zum **Roten Haus** aus dem Jahr 1639, einem typischen, mit Ochsenblut rot bemalten Rheintaler Haus (s. u.).

Doch nicht durch Altes besticht die Stadt, in zahlreichen **Galerien** zeigt man moderne und zeitgenössische Kunst, an mehreren Bühnen wird gutes **Theater** gespielt. Eine weitere Attraktion ist die 2003 auf dem Gelände der ehem. Rüsch-Werke eröffnete **Inatura** (Jahngasse 9, Tel. 055 72/23 23 50, www.inatura.at, tgl. 10–18 Uhr), eine moderne Erlebnisausstellung, die mit Präparaten, Spielen und 3-D-Filmen die Natur Vorarlbergs spannend und interaktiv vermittelt.

In einem Spinnereigebäude von 1862 führt das **Rolls-Royce Museum** (Gütle 11 a, Tel. 055 72/526 52, www.rolls-royce-museum.at, April–Okt. Di–So 10–18, Nov.–März Di–So 10–17 Uhr) durch die Geschichte der berühmten Automobilmarke, die Exponate können sogar für Fahrten mit Chauffeur ausgeliehen werden.

Ausflüge

Hoch ragt die Ruine der **Burg Altems** über Hohenems (www.hohenems.at), 6,5 km südlich von Dornbirn, auf. Die mächtige Feste wurde zur Sicherung des Handelsweges nach Italien erbaut, benützte Kaiser Heinrich VI. (1165–1197) sie als Gefängnis für den in seinem Auftrag geblendeten, 6-jährigen Normannenprinzen Wilhelm, wodurch er seinem Sohn Friedrich II. höchst ruchlos das sizilianische Erbe sichern wollte. Später schrieb hier

Minnesänger Rudolf von Ems poetische Verse und fügte einen Teil davon zur gedankenschweren ›Weltchronik‹ (um 1250) zusammen. Die Burg verfiel, nachdem die Herren von Hohenems in ihren nach Plänen des Mailänders Martino Longo 1563 im Stil der Renaissance errichteten **Palast Hohenems** (nur Rittersaal bei Konzerten zugänglich) im Tal umgesiedelt waren. In der Palastbibliothek des dreigeschossigen Rechteckbaus fand man 1755 und 1779 die inzwischen weltberühmten Handschriften A und C des ›*Nibelungenliedes*‹ aus dem 13. Jh. Die Kostbarkeiten wurden nach Donaueschingen und München verkauft. Heute erinnert nur mehr der moderne *Nibelungenbrunnen* (1955) an die germanische Heldensage.

Die B 200 führt von Dornbirn in den **Bregenzerwald**. Sie folgt der Bregenzer Ache aufwärts bis zum Hochtannberg. Über Wald- und Wiesenkuppen mit kleinen Ferienorten im Vorderen Bregenzerwald steigert sich die Landschaft zwischen Winterstaude (1878 m) und Kanisfluh (2044 m) im Hinteren Bregenzerwald zur Hochgebirgskulisse. Der Walserort *Schröcken* mit wildromantischer Bergkulisse im Talschluss, 1269 m hoch gelegen, ist

Malerisch: Schröcken (Ortsteil Unterboden) im Bregenzerwald vor Hochkünzelspitze

Ausgangspunkt der die B 200 fortsetzenden Hochtannbergstraße, die eine Verbindung zum Lechtal herstellt.

i Praktische Hinweise

Information

Tourismus, Rathausplatz 1, 6850 Dornbirn, Tel. 05572/22188, www.dornbirn.at

Hotels

******Hotel Krone**, Hatlerstr. 2, Dornbirn, Tel. 05572/22720, www.kronehotel.at. Seit Generationen im Familienbesitz und doch mit allem modernen Komfort. Mit beliebtem Gourmetrestaurant.

******Martinspark Hotel**, Mozartstr. 2, Dornbirn, Tel. 05572/3760100, www.martinspark.at. Extravagant designte Hotelarchitektur und viel Kunst-Ausstattung.

Restaurant

Rotes Haus, Marktplatz 13, Dornbirn, Tel. 05572/31555, www.roteshaus.at. Im historisch ausgestatteten Restaurant isst man gutbürgerlich (im Winter Mo geschl.).

49 Bregenz

Berühmt durch die Festspiele am See.

Städte am Wasser haben ein besonderes Flair. Die Ländle-Hauptstadt mit ihren knapp 28 000 Einwohnern im Dreiländereck Deutschland–Österreich–Schweiz, überragt vom 1064 m hohen *Pfänder,* schmiegt sich an die weite Ostbucht des Bodensees. Die keltischen Bewohner verloren ihre Siedlung an der Stelle der heutigen Oberstadt um 15 v. Chr. an die Römer. Diese schichteten Römersteine über Keltensteine und umgaben ihr *Brigantium* mit Mauern. Die Bastionen konnten jedoch die seit dem 3. Jh. n. Chr. einwandernden Alemannen nicht fernhalten, die das Gebiet zwischen Rhein, Bodensee und Lech ab dem 5. Jh. beherrschten und deren Sprachfarbe heute noch die ganze Region prägt. Im 11.–14. Jh. lenkten die Grafen von Bregenz und Montfort die Geschicke des Landes. 1451 kauften die Habsburger eine Hälfte der Grafschaft, 1532 auch den Rest. Nach wechselvoller Geschichte und starker Industrieansiedlung im 19. Jh. wurde Bregenz 1923 Landeshauptstadt. Durch die 1946 begründeten Festspiele gewann der Tourismus zusätzlich an Bedeutung.

Zum Bummeln verlockt die Seepromenade zwischen Strandbad und Hafen. Hier steht das 1979/80 errichtete, 2009 sanierte **Festspiel- und Kongresshaus** mit Erweiterungsbauten von 1992–97 und dem *Casino*, mehr funktional als ästhetisch. Schön sind zweifellos die Aufführungen der **Bregenzer Festspiele** (Tel. 05574/4076, www.bregenzerfestspiele.com) auf der vorgelagerten *Seebühne,* der größten der Welt: Im Juli/August stehen Stars am Dirigentenpult, die besten Sänger sind engagiert, die renommiertesten Orchester musizieren. Fast schwebend wirken die

Die Seepromenade von Bregenz lädt zum Flanieren und Verweilen ein

Weiter Blick über Bregenz mit der neogotischen Herz-Jesu-Kirche auf den See ▷

schwimmenden Bühnenbilder, wenn sie die Scheinwerfer mit bunten Lichtfingern aus der Nacht greifen.

Abgerückt vom Seeufer, am Karl-Tizian-Platz steht das KUB, das 1997 eröffnete **Kunsthaus Bregenz** (Tel. 05574/485940, www.kunsthaus-bregenz.at, Di–So 10–18, Do bis 21 Uhr) des Schweizer Stararchitekten Peter Zumthor, ein mit geätzten Glasplatten verhüllter Kubus, der gebrochenes Tageslicht in die Innenräume mit wechselnden Architektur- und Design-Ausstellungen fließen lässt. Ausgrabungsfunde aus Frühgeschichte und Römerzeit werden neben kunsthistorischen Kostbarkeiten im benachbarten **Vorarlberger Landesmuseum** (www.vlm.at, wegen Um- und Neubau bis 2013 geschl.) am Kornmarktplatz gezeigt. Der lebhafte Platz leitet über die Rathausstraße zum **Rathaus** mit seiner sehenswerten 1898 vorgeblendeten Fassade im Stil der Spätrenaissance und zum Platz Leutbühel in der Fußgängerzone Innenstadt über.

Von ihm führt die kopfsteingepflasterte Maurachgasse aufwärts zum klassizistisch umgestalteten *Unteren Tor* (13. Jh.) der **Oberstadt**. Alt-Bregenz, strategisch auf einem Hügel angelegt, empfängt hier mit den Wappen der Bregenzer und der Montforter Grafen (heute noch Landeswappen), sowie einem mumifizierten Haifisch als Glück bringenden Fetisch im Torbogen. Auf engem Raum drängen sich in der Altstadt der prächtige Fachwerkbau des **Alten Rathauses** (1662), das

Publikumsmagnet der Bregenzer Festspiele sind die Opernaufführungen auf der Seebühne

barocke **Deuring Schlössle** (1660–90), heute Hotel, am Ehre-Guta-Platz mit dem Montfortbrunnen, und der **Martinsturm** (Tel. 05574/46632, www.martinsturm.at, April–Okt. Di–So 10–17 Uhr) mit holzschindelgedeckter Zwiebelhaube. Im Untergeschoss dieses einstigen Getreidespeichers befindet sich der Chor der im Kern spätromanischen *Martinskapelle* (1362) mit Fresken aus der Entstehungszeit. Etwas entfernt auf einem Hügel steht die 1100 erstmals erwähnte **Pfarrkirche St. Gallus**, die im 18. Jh. barock umgestaltet wurde.

TOP TIPP Vom Bregenzer Hausberg, dem **Pfänder**, hat man den schönsten Rundblick über die Stadt, das Rheintal, den Bodensee und auf 240 Alpengipfel.

Praktische Hinweise

Information

Tourismus, Rathausstr. 35 a, 6900 Bregenz, Tel. 05574/49590, www.bregenz.ws

Schiff

Bodenseeschifffahrt, Tel. 05574/42868, www.bodenseeschifffahrt.at

Seilbahn

Pfänderbahn, Bregenz, Tel. 05574/421600, www.pfaenderbahn.at

Hotels

TOP TIPP ****__Deuring Schlössle__, Ehre-Guta-Platz 4, Bregenz, Tel. 05574/47800, www.deuring-schloessle.at. Stilvoll ist die Atmosphäre dieses Gourmet-Hotels in einem barocken Altstadt-Palais.

***__Bodensee__, Kornmarktstr. 22, Bregenz, Tel. 05574/423000, www.hotel-bodensee.at. Einige Zimmer dieses nett eingerichteten Hotel garni haben Seeblick.

Restaurants

Burgrestaurant Gebhardsberg, Gebhardsberg 1, bei Bregenz, Tel. 05574/42515, www.greber.cc. Verfeinerte bodenständige Küche mit frischen Zutaten bei schönster Aussicht (Winter Mo geschl.).

Casino Restaurant, Symphonikerplatz 3, Bregenz, Tel. 05574/45127125 00, www.bregenz.casinos.at. Hier kann man delikat essen und die Spieltische im Auge behalten (tgl. ab 18 Uhr).

HIER
LEBT
TIROL!

Österreich aktuell A bis Z

Vor Reiseantritt

ADAC InformationsService:
Tel. 018 05/10 11 12 (0,14 €/Min., 24 Std.)

Über diese Nummer oder bei den ADAC-Geschäftsstellen können ADAC-Mitglieder kostenlos umfangreiches **Informations-** und **Kartenmaterial** anfordern. Über Buchhandel, Internet und ADAC-Geschäftsstellen sind zudem die **ADAC Reiseführer** *Wien* und *Salzburg* erhältlich.

ADAC im Internet:
www.adac.de
www.adac.de/reisefuehrer

Österreich im Internet:
www.austria.info
www.tiscover.at
www.tourist-net.co.at

Bergwetter und Wassertemperaturen, Tel. 01/15 28 (Bandansage), www.sommerline.at, www.winterline.at

Lawinenwarndienst, www.lawine.at

Informationen, Prospektversand etc.:

Deutschland

Österreich Werbung,
Tel. 018 02/10 18 18, urlaub@austria.info
(0,06 € pro Anruf aus dem Festnetz)

Österreich

Österreich Werbung,
Hotline: 08 10/10 18 18, www.austria.info, urlaub@austria.info

Schweiz

Österreich Werbung,
Tel. 08 42 10 18 18, ferien@austria.info

Allgemeine Informationen

Reisedokumente

EU-Bürger benötigen einen Reisepass oder Personalausweis, für Kinder bzw. Jugendliche unter 16 Jahren wird ein Kinderausweis oder Kinder-Reisepass bzw. ein Eintrag im Elternpass verlangt.

Kfz-Papiere

Führerschein, Zulassungsbescheinigung Teil 1 (vormals Fahrzeugschein) und Internationale Grüne Versicherungskarte.

Krankenversicherung

Die Europäische Krankenversicherungskarte ist in die übliche Versicherungskarte integriert. Sie wird in ganz EU-Europa (und in der Schweiz) anerkannt und garantiert die medizinische Versorgung. Zusätzlich ist der Abschluss einer Reisekrankenversicherung mit Rückholdienst anzuraten.

Hund und Katze

Vom Tierarzt ausgestellter EU-Heimtierausweis, in dem zumindest die Tollwutimpfung (mind. 21 Tage, max. 11 Monate alt) vermerkt sein muss, sowie Kennzeichnung durch Mikrochip. Tätowierung zur Identifikation ist nur bis 2011 erlaubt.

Die Leinen- und Maulkorbpflicht für Hunde ist nicht einheitlich geregelt, Auskunft erteilen die örtlichen Tourismusbüros.

Zollbestimmungen

Waren für den persönlichen Bedarf dürfen innerhalb der EU unbegrenzt mitgeführt werden. Als Richtmengen gelten: 800 Zigaretten, 400 Zigarillos, 200 Zigarren, 1 kg Tabak, 10 l Spirituosen, 20 l Zwischenerzeugnisse, 90 l Wein, 110 l Bier.

Reisende von und durch Drittländer (Schweiz) dürfen abgabenfrei mitführen: 200 Zigaretten (oder 100 Zigarillos oder 50 Zigarren oder 250 g Tabak), 1 l Spirituosen über 22 Vol.-% (oder 2 l Schaumwein), zusätzlich 4 l Wein und 16 l Bier.

Geld

Die gängigen Kreditkarten werden in Banken, Hotels und vielen Geschäften akzeptiert. An EC-Geldautomaten kann man rund um die Uhr Bargeld abheben.

Tourismusämter im Land

Burgenland Tourismus,
Johann Permayer-Str. 13, 7000 Eisenstadt,

Tel. 026 82/63 38 40, www.burgenland.info

Kärnten Werbung, Casinoplatz 1, 9220 Velden, Tel. 04 63/30 00 und Tel. 042 74/521 00, www.kaernten.at

Niederösterreich Werbung, Niederösterreich-Information Wien, Palais Niederösterreich, Herrengasse 13, 1014 Wien, Tel. 01/536 10, www.niederoesterreich.at

Oberösterreich Tourismus, Freistädter Str. 119, 4010 Linz, Tel. 07 32/22 10 22, www.oberoesterreich.at

Tourismus Salzburg, Auerspergstr. 6, 5020 Salzburg, Tel. 06 62/88 98 70, www.salzburg.info

Steirische Tourismus GmbH, St. Peter Hauptstr. 243, 8042 Graz, Tel. 03 16/400 30, www.steiermark.com

Tirol Werbung, Maria-Theresien-Str. 55, 6010 Innsbruck, Tel. 05 12/727 20, www.tirol.at

Bodensee-Vorarlberg Tourismus, Postfach 16, 6901 Bregenz, Tel. 055 74/43 44 30, www.bodensee-vorarlberg.com

WienTourismus, Obere Augartenstr. 40, 1020 Wien, Tel. 01/211 14 0, www.wien.info

Notrufnummern

Einheitlicher Notruf: Tel. 112 (EU-weit, auch mobil: Polizei, Unfallrettung, Feuerwehr)

Ärztenotdienst: Tel. 141

Bergrettung: Tel. 140

ÖAMTC-Pannenhilfe: Tel. 120 (alle Netze, 24 Std.)

ADAC Notrufstation Wien: Tel. 01/251 20 60 (24 Std.)

ADAC Notrufzentrale München: Tel. 0049/89/22 22 22 (24 Std.)

ADAC Ambulanzdienst München: Tel. 00 49/89/76 76 76 (24 Std.)

Touring Club Schweiz
TCS Zentrale Hilfsstelle: Tel 00 41/(0)2 24 17 22 20, www.tcs.ch

Diplomatische Vertretungen

Botschaft der Bundesrepublik Deutschland, Metternichgasse 3, 1030 Wien, Tel. 01/711 54 0, www.wien.diplo.de

Schweizerische Botschaft, Prinz-Eugen-Str. 7, 1030 Wien, Tel. 01/795 05, www.eda.admin.ch

Gesundheit

Die medizinische Versorgung ist in allen Städten und größeren Orten Österreichs bestens gewährleistet. Krankenhäuser unterhalten Tag und Nacht Notdienste. Alle Gebirgsorte verfügen über einen Bergrettungsdienst.

Apotheken halten abwechselnd Nachtdienst und Sonntagsdienst. Geschlossene Apotheken weisen per Aushang auf nächstgelegene diensthabende Apotheken hin. Wo es in kleinen Gemeinden keine Apotheken gibt, besitzen Ärzte oft ›Hausapotheken‹.

Apothekenbereitschaftsdienst: Tel. 15 50

Österreich verfügt über eine sehr große Anzahl von renommierten **Heilbädern** und **Kurorten**, in denen viele Leiden durch eine Bäder- oder Klimatherapie behandelt werden. Gesetzlich anerkannte Heilverfahren und bestens ausgebildete Kurärzte stehen in allen Kurorten zur Verfügung. Infos:

Österreichischer Heilbäder- und Kurorteverband, Josefsplatz 6, 1010 Wien, Tel. 01/512 19 04, www.oehkv.at

Besondere Verkehrsbestimmungen

Tempolimits (in km/h): Für Pkw, Motorräder und Wohnmobile bis 3,5 t innerorts 50, außerorts 100, auf Autobahnen 130. Pkw mit leichtem Anhänger (bis 750 kg) innerorts 50, außerorts 100. Pkw mit Anhänger über 750 kg innerorts 50, auf Landstraßen 80.

Auf folgenden Autobahnen gilt 22–5 Uhr 110 km/h: Tauernautobahn (A 10), Inntalautobahn (A 12), Brennerautobahn (A 13) und Rheintalautobahn (A 14).

Im Bereich von 80 m vor/nach Bahnübergängen darf nicht überholt werden. Vorfahrtsberechtigte verlieren durch Anhalten die Vorfahrt. An Schulbussen darf nicht vorbeigefahren werden, wenn die Warnblinkanlage und die gelb-roten Warnleuchten eingeschaltet sind.

Motorräder müssen tagsüber mit Licht fahren, für alle anderen Fahrzeuge wird Licht am Tag derzeit nur empfohlen.

Das Tragen einer reflektierenden Warnweste beim Verlassen des Fahrzeuges im Falle einer Panne oder eines Unfalls außerhalb geschlossener Ortschaften ist vorgeschrieben. Aus Sicherheitsgründen und zur Vermeidung von Bußgeldern sollte sie stets griffbereit sein. Motorrad-

und Mopedfahrer müssen einen kleinen Verbandskasten mitführen.

Im eingeschränkten Halteverbot mit Ausnahme von Kurzparkzonen darf bis zu 10 Min. gehalten werden. Gelbe Zick-Zacklinien bedeuten Halte- und Parkverbot. Kindern ist immer das Überqueren der Fahrbahn zu ermöglichen.

Die Mindestprofiltiefe bei Winterreifen muss 4 mm betragen. Ansonsten gelten sie als Sommerreifen.

Die **Promillegrenze** liegt bei 0,5.

Anreise

Auto

ADAC VerkehrsService, persönliche Beratung, T-Mobile, Vodafone, O_2: Tel. 224 11 (1,10 €/Min. plus Verbindungskosten, 24 Std.), e-plus: Tel. 114 11 (1,10 €/Min. plus Verbindungskosten, 24 Std.)

ADAC StauInfo, Bandansage, in allen Mobilfunknetzen: Tel. 224 99 (0,51 € pro Anruf plus Verbindungskosten, 24 Std.)

Die wichtigste Anreiseroute aus Deutschland ist die Autobahn München–Salzburg mit Verbindung zur A 12 nach Innsbruck, zur Tauernautobahn A 10 nach Kärnten und zur A 1 nach Wien. Die Rheintalautobahn A 14 erschließt Vorarlberg, die E 56 über Passau Oberösterreich. Landschaftlich besonders reizvoll als Anreiserouten sind die Passstraßen nach Tirol: die Fernpassstraße von Füssen nach Telfs, die Zirler Bergstraße von Garmisch/Mittenwald nach Zirl bei Innsbruck und die Achenpassstraße vom Tegernsee, den Achensee entlang nach Jenbach im Unterinntal.

Die beste Route aus der *Schweiz* führt über St. Gallen nach Vorarlberg und über die weiterführende Arlbergschnellstraße B 316 durch den Arlbergtunnel nach Tirol mit Anbindung an die A 1 bis Wien.

Auf allen österreichischen Autobahnen (auch für kürzeste Strecken), Stadtautobahnen und Schnellstraßen besteht **Vignettenpflicht** für Fahrzeuge unter 12 t Gesamtgewicht (auch Motorräder). Es gibt Jahres-, 2-Monats- und 10-Tage-Vignetten. Die Vignette (Klebevignette) muss gut sichtbar an der Windschutzscheibe, bei Motorrädern an einem stabilen Teil des Fahrzeuges, angebracht werden. Im Ausland sind die Vignetten bei den Autofahrerklubs und bei grenznahen Tankstellen zu erhalten.

Ungeachtet der Vignetten müssen für einige markante Bergstrecken, Panoramastraßen und Tunnel **Mautgebühren** bezahlt werden. Darunter fallen: Arlberg-Straßentunnel, Brennerautobahn, Felbertauernstraße, Gerlos-Alpenstraße, Großglockner Hochalpenstraße, Karawankentunnel, Pyhrnautobahn, Silvretta-Hochalpenstraße, Tauernautobahn, Timmelsjoch-Hochalpenstraße, Villacher Alpenstraße und die Bahnverladung auf der Tauernschleuse (Böckstein-Mallnitz).

Autobahntankstellen sind generell rund um die Uhr, Tankstellen in Städten und an Hauptstraßen 8–20 Uhr geöffnet.

Bahn

Eurocity-Züge aus Deutschland fahren über München–Salzburg (Villach, Klagenfurt, Graz) oder Nürnberg–Wels nach Wien, Fernzüge aus der Schweiz über Innsbruck nach Wien. Schnell- und Regionalzüge stellen die Verbindung mit allen größeren Städten her. *Autoreisezüge* verkehren täglich von und nach Deutschland. *Bahnbusse* verbinden Bahnstationen selbst mit den abgelegensten Orten in Nebentälern.

Deutschland

Deutsche Bahn, Tel. 018 05/99 66 33 (persönliche Auskunft, gebührenpflichtig), Tel. 08 00/150 70 90 (sprachgesteuert, gebührenfrei), www.bahn.de

Deutsche Bahn AutoZug, Tel. 018 05/99 66 33 (Stichwort: Autozug; 0,14 €/Min.), www.dbautozug.de

Österreich

Österreichische Bundesbahn, Tel. 05 17 17, www.oebb.at

Schweiz

Schweizerische Bundesbahnen, Tel. 09 00 30 03 00, www.sbb.ch

Bus

Reisebusse der Deutschen Touring fahren von mehreren deutschen Städten (u.a. Berlin, Dortmund, Köln, Frankfurt, Nürnberg, München) nach Österreich (Linz und Wien).

Deutsche Touring, Am Römerhof 17, 60486 Frankfurt/Main, Tel. 069/790 35 01, www.touring.de

Flugzeug

Flughäfen gibt es in Wien-Schwechat, Graz, Innsbruck, Klagenfurt, Linz und Salzburg. Wien wird von zahlreichen Fluglinien und Low-Cost-Anbietern angeflogen.

Vom Flughafen Wien-Schwechat fahren Schnellbusse der Vienna Airport Lines und der City Airport Train CAT (in 16 Min.) zum City Air Terminal *Wien-Mitte*. Bis mindestens 75 Min. vor Abflug ist ein Check-in in Wien-Mitte bei Vorlage eines CAT-Tickets möglich. Wien-Mitte ist allerdings noch für Jahre eine Großbaustelle mit Umwegen und Treppen. Mit größerem Gepäck sei die Fahrt mit einem Taxi empfohlen.

Zentrale Flugauskunft:
Tel. 01/700 72 22 33, www.viennaairport.com

Bank, Post, Telefon

Bank

Banken sind im Allgemeinen Mo–Fr 8–12 und 12.30–15 Uhr oder durchgehend 8–14 bzw. 15 Uhr geöffnet.

Post

Postämter sind in der Regel Mo–Fr 8–12 und 14–18 Uhr oder durchgehend geöffnet, einige größere auch Sa 8–10 Uhr. Haupt- und Bahnhofspostämter in den großen Städten arbeiten zudem So/Fei. In den letzten Jahren wurden viele kleinere Postämter geschlossen und der Postdienst wird von privaten Postpartnern betrieben (Tankstellen, Geschäften etc.).

Briefkästen sind gelb lackiert. Rote Streifen weisen auf eine zusätzliche Leerung am Wochenende und an Feiertagen hin.

Telefon

Internationale Vorwahlen
Österreich 00 43
Deutschland 00 49
Schweiz 00 41

Es folgt die Ortskennzahl ohne die Null.

Internationale Telefonate können von allen öffentlichen Telefonen aus geführt werden. Sie funktionieren mit Münzen oder **Telefonwertkarten**, die man bei Postämtern oder in Trafiken kaufen kann.

Die Benutzung handelsüblicher **Mobiltelefone** ist in ganz Österreich möglich.

Einkaufen

Öffungszeiten: Die gesetzlich erlaubten Öffnungszeiten Mo–Fr 6–21 Uhr, Sa bis 18 Uhr (in Tourismuszentren bis 23 Uhr) werden nur selten ausgeschöpft, viele Geschäfte haben eigene Ladenzeiten. Beim Einkaufsbummel muss man sich daher auf Überraschungen gefasst machen. Einkäufe in Wiens Nobelstraßen sollte man z.B. nie vor 10 Uhr einplanen.

Souvenirs

Das Angebot ist ungemein vielfältig und reicht vom Kitsch bis zu wertvollen kunsthandwerklichen Stücken. In **Wien** kauft man Edles am besten in der Bummelmeile Kärntner Straße – Graben – Kohlmarkt oder in den benachbarten Gassen ein. Hier findet man gute Antiquariate, die schöne alte Stiche und Bücher anbieten, kleine Läden mit noblen Kristall- und Jugendstilgläsern, die ›Wiener Werkstätten‹, wo kunstvoll handbemalte Glaspokale und eigenwilliger Emailschmuck eine große Rolle spielen, die Geschäfte mit kleinen und großen Dingen aus Wiener Augarten-Porzellan, Swarovski-Kristallwaren, die Holzkistchen mit den versandbereiten Sachertorten und die handgemachten Pralinen der Konditorei Demel.

In **Salzburgs** Altstadt muss man weder Mozartbüsten in Gips noch Bierkelche mit dem Weißen Rössl vom Wolfgangsee erstehen, hier gibt es noble Trachtenmode, weiche Seidentücher, Lederkostüme, Walkjanker für zünftige Bergsteiger, Jagd- und Angelausrüstung, schweres Zinngeschirr und natürlich die wohlbekannten Mozartkugeln.

Im Zentrum **Innsbrucks**, Unter den Lauben und in den engen Altstadtgassen, wird ein Fülle von Kunsthandwerk angeboten, schöne Handwebearbeiten, Granat- und Silberschmuck, Dekoratives aus Schmiedeeisen und Holzschnitzereien. Hier kann man wetterfesten Loden und derbe Bergstiefel kaufen, edles Riedel-Glas aus dem Unterinntal, kostbaren Schmuck und tausend Kleinigkeiten aus Swarovski-Kristall.

Jedes Bundesland hat seine Spezialitäten. Besonders beliebt und zuweilen sehr originell sind auch **kulinarische Mitbringsel**. Die besten Obstbrände, hausgemachte Konfitüren und eine Vielzahl von Honigsorten gibt es im Burgenland und in Kärnten, Kernöl und Schilcherwein in der Steiermark, große Weine in

Die erste Mozartkugel wurde 1890 von dem Salzburger Konditor Paul Fürst kreiert

Niederösterreich und in der Wachau, Ausseer Lebkuchen und Zauner-Stollen in Oberösterreich, kernigen Speck in Tirol und viele Sorten Bergkäse in Vorarlberg.

Essen und Trinken

Das Land ist reich an Fisch aus klaren Gewässern, an Wild und Wildgeflügel, an naturbelassenen Produkten von Bio-Bauernhöfen, reich an frischem Gemüse und Obst und es ist gesegnet mit Köchen, die sich nicht scheuen, traditionelle Gerichte aus bodenständigen Ingredienzen in eine feine, leichte Küche zu verwandeln.

Die **Wiener Küche** mit ihrer Vorliebe für klare Suppen mit unzähligen verschiedenen Einlagen, für Gebackenes und im eigenen Saft Gebratenes, für Rindfleischspezialitäten wie den Tafelspitz, Donaufisch, deftige ›Beislgerichte‹ wie Gulasch, Beuschl (leicht sauer zubereitete Innereien) oder Schinkenfleckerln und für Mehlspeisen sonder Zahl, gilt zwar immer noch als eine Art Inbegriff der österreichischen Küche, doch längst kamen neue Nuancen hinzu.

Als **Vorspeisen** locken oft fantasievoll garnierte Blatt- oder Wildsalate, Sulzen mit steirischem Kernöl, marinierte Pilze oder frisch geräucherte Forellen mit Oberskren (Sahnemeerrettich). Bei den warmen Vorspeisen überwiegen gebackene Gemüse, Miniausgaben von gefüllten Tascherln, Krapferln und Knöderln.

Zu den klaren **Suppen** gesellten sich die leichten Gemüse- oder Kräuterschaumsuppen.

Köstlich als **Hauptgerichte** schmecken landauf landab frischer Fisch in zahlreichen regionalen Variationen, das Rindfleisch vom Almochsen oder Jungrind, das zarte Fleisch der Milchkälber und Milchlämmer von den Bergwiesen. Tradition haben Geflügelgerichte, vor allem die im Wiener Prater erfundenen Backhendln, und Wildgerichte wie Hirsch- und Rehrücken, Fasane und Flugenten.

Natürlich gibt es die berühmten **Mehlspeisen** noch, die Marillen- und Germknödel, den Apfel- und Millirahmstrudel, die Topfenpalatschinken und den Kaiserschmarrn mit Zwetschkenröster (eine Art dick eingekochtes Pflaumenkompott), die Powidltascherln (Pflaumenmustaschen) und die gebackenen Krapfen. Doch viele dieser Mehlspeisen sind in der modernen Küche zu kalorienfreundlicheren Kleingerichten mutiert, die mit Frucht- oder Beerensaucen serviert werden.

Zu den **regionalen Spezialitäten** zählen Donaufisch in Wien und Niederösterreich, Gänseleber und Fogosch im Burgenland, unendlich viele Knödlvariationen in Oberösterreich, Poularden und Kürbiskernöl in der Steiermark, die Saiblinge der Salzkammergutseen, Salzburger Nockerln in der Mozartstadt, Kärntner Kasnudeln (gefüllte Teigtaschen), Speckknödel und Gröstl in Tirol, Bergkäse und Kasspätzle in Vorarlberg.

Im Osten und Süden Österreichs, im Donauland, im Weinviertel, in der Wachau, im Burgenland und in der Südsteiermark werden exzellente **Weine** gekeltert. Zu den Lieblingssorten zählen die trockenen *Weißweine* Grüner Veltliner und die Rieslinge, die trockenen *Rotweinsorten* Zweigelt, Pinot noir, Blauburgunder und Blaufränkischer. Weiße edelsüße Weine sind Chardonnay, Muskat, Sauvignon und Traminer.

Der in den Heurigenschänken ausgeschenkte **Heurige**, der Wein aus der vorjährigen Ernte, spielt vor allem im Wiener Raum eine große Rolle.

Bier wird in großer Vielfalt gebraut. Die meisten Biersorten sind untergärig wie das beliebte Pils mit dem intensiven Hopfenaroma. Unter den obergärigen Bieren ist das Weizenbier am beliebtesten.

Feiertage

Neujahr (1. Januar), Heilige Drei Könige (6. Januar), Tag der Arbeit (1. Mai), Ostermontag, Christi Himmelfahrt, Pfingstmontag, Fronleichnam, Mariä Himmelfahrt (15. August), Nationalfeiertag (26. Oktober), Allerheiligen (1. November), Mariä Empfängnis (8. Dezember), Christ- und Stephanitag (25. und 26. Dezember).

Festivals und Events

Das ganze Jahr über gibt es ein vielfältiges Fest- und Brauchtumsprogramm sowie zahlreiche Musikfestivals und Events aller Art. Informationen bieten die Tourismusbüros. Aktuelle Termine sollten bei der Reiseplanung verifiziert werden.

Januar

Wien (1. Januar): Das berühmte, in alle Welt übertragene *Neujahrskonzert* der Wiener Philharmoniker findet im Musikvereinssaal statt (Tel. 01/505 81 90, www.wienerphilharmoniker.at).

Ebensee, Obertraun, Traunkirchen: Beim *Glöcklerlauf* in der Dreikönigsnacht eilen Burschen mit erleuchteten Kopfaufsätzen, den sogenannten Glöcklerkappen, durch die Orte und bringen ihre Neujahrswünsche vor.

Gmunden: Am Abend des Dreikönigstages treffen per Schiff die *Heiligen Drei Könige* und ihr Gefolge ein und werden am Rathausplatz festlich empfangen.

Salzburg (Januar/Februar): *Mozartwoche* in der Stiftung Mozarteum (Tel. 06 62/ 87 31 54, www.mozarteum.at).

Februar

Ebensee: *Fetzenfasching* ist ein bunter, lauter Umzug, bei dem auch historische Holzmasken getragen werden.

Imst, Telfs, Nassereith: Farbenfrohe Maskenumzüge innerhalb der alpinen Fasnacht im Tiroler Oberland. Berühmt ist das *Imster Schemenlaufen* (ca. alle 4 Jahre, nächster Termin 2012, www.fasnacht.at, www.imst.at), das *Schleicherlaufen* in Telfs (alle 5 Jahre, wieder 2015, www.schleicherlaufen.at) und das *Schellerlaufen* in Nassereith (alle 3 Jahre, nächster Termin 2013, www.schellerlaufen.jimdo.com).

März

Bludenz: Am 1. Fastensonntag treibt man in Bludenz und in vielen Vorarlberger Orten durch das traditionelle *Funkenbrennen* den Winter aus. Feuerholz und Fackeln werden entfacht und die ›Funkahex‹ explodiert. Dann werden ›Funkenküchla‹, Germteigküchel, gegessen.

April

Salzburg: *Osterfestspiele* mit Opernvorstellungen und Orchesterkonzerten (Tel. 06 62/804 53 61, www.osterfestspiele-salzburg.at).

Mai

Zell am Ziller: Das *Gauderfest* (www.gauderfest.at) am 1. Maiwochenende gilt als ältestes und größtes Volksfest in Tirol. Starke Männer zeigen ihre Kraft und 20-grädiges Gauderbier (8,5 Vol.-%) verstärkt die überbordende Laune.

Bad Aussee: Die üppig blühenden Narzissenwiesen im Ausseer Land sind Anlass für das fröhliche *Narzissenfest* mit einem Bootskorso am Grundlsee und prächtig geschmückten Wagen.

Hallstatt, Traunkirchen: Malerische *Fronleichnams-Schiffsprozessionen* am Hallstätter See und Traunsee locken Tausende von Besuchern an.

Erl: Alle sechs Jahre (nächster Termin 2014, www.passionsspiele.at) finden hier Ende Mai *Passionsspiele* statt.

Mai–Juni

Wien: *Wiener Festwochen* mit einer Fülle von Konzert- und Theaterevents (Tel. 01/ 589 22 11, www.festwochen.at).

Juni

Innsbruck: Am 2. Sonntag nach Fronleichnam werden auf Innsbrucks Nordkette die *Herz-Jesu-Bergfeuer* entfacht.

Brixental: Der *Antlassritt* am Fronleichnamstag ist ein religiöser Flurumritt mit anschließender Pferdesegnung.

Tamsweg: Beim *Samsonumzug* wird eine 6 m hohe Riesenfigur, von Zwergen begleitet, mit viel Spektakel durch das Dorf im Salzburger Lungau getragen.

Juni–Juli

Innsbruck: *Tanzsommer* mit Darbietungen von Ballettcorps aus aller Welt (Tel. 05 12/56 15 61, www.tanzsommer.at).

St. Margarethen, Burgenland: *Opernfestspiele* (Tel. 026 80/420 42, www.ofs.at) und *Passionsspiele* (Tel. 026 80/21 00, www.passio.at) den Sommer über in der einzigartigen Naturkulisse des Römersteinbruchs (www.roemersteinbruch.at).

In traditioneller Tracht gekleidete Blaskapelle im Salzburger Land

Juli

Wien: Das alljährliche *Donauinselfest* ist eine riesige Party mit zahlreichen Rock- und Popgruppen.

Juli–August

Salzburg: Rund um die *Salzburger Festspiele* finden zahlreiche Konzerte und Theateraufführungen statt (Tel. 0662/8045500, www.salzburgfestival.at).

Spittal an der Drau: Der herrliche Renaissancehof des Schlosses Porcia gibt den *Komödienspielen* einen wunderbaren Rahmen (Tel. 04762/4202010, www.komoedienspiele-porcia. at).

Burg Finkenstein: Äußerst stimmungsvoll sind die *Sommerkonzerte* in der Arena der hoch über dem Faaker See gelegenen Burg (Tel. 04254/510511).

Ossiach, Villach: Die barocke Stiftskirche von Ossiach und der große Saal des Congress Center Villach sind die Schauplätze der *Kammermusik-, Chor- und Orchesterkonzerte* beim *Carinthischen Sommer* (Tel. 04243/2510, www.carinthischersommer.at).

Bregenz: Grandios ist die Kulisse der Seebühne im Bodensee als Schauplatz großer Opernaufführungen bei den *Bregenzer Festspielen* (Tel. 05574/4076, www.bregenzerfestspiele.com).

Mörbisch: Die Naturkulisse des Neusiedler Sees bietet den *Seefestspielen Mörbisch* eine romantische Bühne für klassische Operetten (Tel. 02682/662100, www.seefestspiele-moerbisch.at).

St. Georgen im Attergau: Festliche Konzerte bestimmen den *Attergauer Kultursommer* (Tel. 07667/8672, www.attergauer kultursommer.at).

Wien: Berühmte Ensembles präsentieren sich im Rahmen des *Internationalen Tanzfestivals* auf den schönsten Bühnen der Stadt (Tel. 01/5235558).

Grein: Bei den *Sommerspielen* werden Boulevardkomödien im ältesten Rokokotheater Österreichs aufgeführt (Tel. 07268/7055).

Bad Ischl: Vor allem den Operetten Lehárs widmet sich das *Lehár Festival Bad Ischl* Mitte Juli bis Ende August (Tel. 06132/23839, www.leharfestival.at).

Innsbruck: Die *Ambraser Schlosskonzerte* Juli bis Anfang August und die *Festwochen der Alten Musik* Mitte August gelten als europäische Kulturereignisse (Tel. 0512/561561, www.altemusik.at).

August

Villach: Ein farbenfrohes Brauchtums-Großereignis mit Umzug, Musik und Trachtengruppen ist der *Villacher Kirchtag* (www.villacherkirchtag.at) am 1. Augustsamstag.

Maria Wörth am Wörthersee: Am 14. August führt eine stimmungsvolle nächtliche *Marienprozession* in Booten über den See.

Millstatt: Das *Kaiserfest* (www.millstaet tersee.at) wird in historischen Kostümen gefeiert und erinnert an Kaisers Geburtstag am 18. August.

Millstatt/Burg Sommeregg: Zwei Wochen lang finden *Ritterspiele*, Turniere und fulminante Feuerspektakel statt.

September

Mondsee: Als hochwertiges Kammermusikfestival haben sich die *Mondseetage* (1. Septemberwoche) mit Konzerten und Literatur etabliert (Tel. 06232/3544, www.mondseetage.com).

Eisenstadt: Schloss Esterházy bildet den festlichen Rahmen für die *Internationalen Haydn-Tage* (Tel. 02682/61866).

Linz: Das *Brucknerfest* (Tel. 0732/76122170, www.brucknerhaus.linz.at) ist verbunden mit der berühmten *Linzer Klangwolke* (www.klangwolke.at) und dem Avantgarde-Festival *Ars Electronica* (www.aec.at).

Kärnten, Salzburg, Tirol: In vielen Orten wird der *Almabtrieb*, wenn die Tiere nach dem Sommer mit Almblumen, Föhren-

und Fichtenzweigen geschmückt ins Tal zurückkehren, mit farbenfrohen Festen gefeiert.

Wörgl, Tirol: Große *Almfestwoche* mit vielen Attraktionen Ende September.

Oktober

Wien: Internationales Filmfestival *Viennale* (www.viennale.at) in den Kinos der Innenstadt.

Graz und Umgebung: Ein Festival der neuen Kunst, Musik und Literatur ist der *Steirische Herbst* (Tel. 0316/816070, www.steirischerherbst.at).

Dezember

Österreich: *Nikolospiele*, ein Nikolausbrauchtum, oft hübsch, oft wild, werden an vielen Orten veranstaltet.

Innsbruck, Salzburg: Besonders malerische *Weihnachtsmärkte* finden in den Altstadtstraßen statt.

Wien: Der *Silvesterpfad* (www.wien-event.at) durch die Innenstadt ist Österreichs größtes Spektakel zum Jahresausklang. Das Neue Jahr wird höchst geräuschvoll auf dem Stephansplatz zum Klang der Pummerin begrüßt.

Klima und Reisezeit

Das Klima ist gemäßigt, die Sommer sind nur kurzfristig über 30 °C heiß und die Winter nur an wenigen Tagen unter –5 °C kalt.

Vor allem in den alpinen Regionen des Alpenhauptkammes sind Voraussagen höchst unzuverlässig. Überraschende Wetterstürze und Kälterückfälle können für Bergwanderer und Bergsteiger zu einer erheblichen Gefahr werden.

Oft sorgt **Föhn** in den westlichen Bundesländern für starken Wind und überdurchschnittlichen Temperaturanstieg, dem jedoch meist Schlechtwetter folgt.

Im nördlichen Hügelland, (z.B. Bregenz, Salzburg) herrscht **Übergangsklima** mit den höchsten Niederschlagsmengen im Land vor.

Rau, mit etwas tieferen Temperaturen als im übrigen Land ist das **Hochflächenklima** des Mühlviertels. Der Norden und Nordosten des Bundesgebietes (Wien, nördl. Niederösterreich, Burgenland) wird vom **pannonischen** Klima mit warmen, trockenen Sommern, kalten Wintern und relativ geringen Niederschlägen beeinflusst. Im Südosten Österreichs (Graz, Klagenfurt) macht sich **mediterraner** Einfluss mit viel Sonnenschein, aber auch Gewitterhäufigkeit bemerkbar.

Klimadaten Wien

(Wassertemperatur Neusiedler See)

Monat	Luft (°C) min./max.	Wasser (°C)	Sonnen-std./Tag	Regen-tage
Januar	-2/ 2	1	2	7
Februar	-2/ 3	4	3	5
März	2/ 9	7	5	7
April	5/13	14	6	8
Mai	10/18	21	8	8
Juni	13/21	21	8	10
Juli	14/23	25	9	8
August	14/22	25	8	8
September	10/18	25	7	7
Oktober	6/13	13	4	7
November	2/ 5	8	2	7
Dezember	-1/ 3	3	2	7

Kultur live

Die Spielzeit der österreichischen **Theater** und **Opernhäuser** dauert von Anfang September bis Ende Juni. Auch außerhalb der eigentlichen Konzertsaison von Oktober bis Juni finden zahlreiche Konzerte, teils im Zusammenhang mit Festspielen statt. Über aktuelle Veranstaltungen, Spielpläne etc. informieren u.a. die Tourismusbüros der Bundesländer [s. S. 127]. Aktuelle Termine sollten anlässlich der Reiseplanung verifiziert werden.

Nachtleben

In allen Städten und in den Touristenorten gibt es eine Vielzahl von Bars, Nachtklubs und Discos. Allen voran bietet **Wien** ein riesiges Angebot für Amüsierhungrige, beispielsweise im ›Bermudadreieck‹, dem alten Judenviertel rund um die Ruprechtskirche, wo sich eine vielfältige Kneipenkultur angesiedelt hat. Im Sommer sorgen die Freiluft-Discos, Bars und Kneipen der ›Copa Cagrana‹ auf der Donauinsel (Neue Donau) für Partystimmung.

Zwölf **Spielkasinos** (www.casinos.at.) zwischen Baden bei Wien und Bregenz locken mit Roulette, Black Jack, Poker und Spielautomaten. Hier eine Auswahl:

Casino Baden, Kaiser-Franz-Ring 1, Baden, Tel. 02252/44496.

Casino Bregenz, Am Symphonikerplatz 3, Bregenz, Tel. 055 74/4 51 27.

Casino Innsbruck, Salurner Str. 15, Innsbruck, Tel. 05 12/587 04 00.

Casino Salzburg, Schloss Klessheim, Wals-Siezenheim, Tel. 06 62/85 44 55.

Casino Velden, Am Corso 17, Velden, Tel. 042 74/20 64.

Casino Wien, Palais Esterházy, Kärntner Str. 41, Wien, Tel. 01/512 48 36.

Nationalparks

In den sechs österreichischen Nationalparks (www.nationalparksaustria.at) hat sich die Grundidee, Unberührtes zu bewahren, aber einen sanften Tourismus zuzulassen, gut bewährt.

Vergletscherte Gipfel, Felsen, Moränenschutt, blühende Bergwiesen, Almen, dichte Wälder, Bergseen, Hochmoore, Wasserfälle und sprudelnde Bäche zeichnen den **Nationalpark Hohe Tauern** aus. An diesem größten Nationalpark Mitteleuropas (1800 km^2) haben die Länder Tirol, Salzburg und Kärnten Anteil (BIOS Nationalparkzentrum Mallnitz, Tel. 047 84/701, www.hohetauern.at/bios, s. S. 95).

Der 8000 ha große grenzübergreifende **Nationalpark Neusiedler See-Seewinkel** (Burgenland, Ungarn) beherbergt in seinen salzhaltigen Lacken, feuchten Wiesen und Schilfregionen eine einmalige Tier- und Pflanzenwelt (Informationszentrum Illmitz, Tel. 021 75/344 20, www.nationalpark-neusiedlersee-seewinkel.at).

Eines der letzten großen ökologisch noch weitgehend intakten Au-Gebiete schützt der **Nationalpark Donauauen** (Wien, Niederösterreich). Auf 93 km^2 Fläche von großer landschaftlicher Schönheit überleben viele seltene Pflanzen und Tiere (Nationalparkzentrum, Schloss Orth, Tel. 022 12/34 50, www.donauauen.at).

Weithin still präsentieren sich die Wanderlandschaften im **Nationalpark Kalkalpen** (www.kalkalpen.at), im grenznah zu Tschechien gelegenen **Nationalpark Thayatal** (www.np-thayatal.at) und im jungen **Nationalpark Gesäuse** (www.nationalpark.co.at), der Felsen, Almen und Wald im Bereich des wildschönen Durchbruchstal der Enns erschließt.

Eine grüne Mittelgebirgslandschaft, wie sie Wanderer lieben, mit Blumenwiesen und geschützten Waldbeständen bietet der ca. 185 km^2 große sog. **Nationalpark Nockberge** in Kärnten (www.nationalparknockberge.at), der streng genommen international bislang noch nicht als Nationalpark anerkannt ist.

Sport

Österreicher definieren sich als *die* Freizeitnation Europas. Da dem Binnenstaat das Meer fehlt, ersinnt die Bevölkerung zum Ausgleich immer neue, abenteuerlichere Sportarten. Dabei halten sich Winter- und Sommersport die Waage.

Angeln

In den großen Alpenseen, in den Vorlandseen, in Bächen und in der Donau sind viele Fischarten beheimatet von Aalen über Hechte, Saiblinge und Welse bis Zander. Für die einzelnen Reviere werden Fischerkarten ausgegeben. Informationen über Fischwässer, Angel- und Schonzeiten erteilen die Tourismusbüros.

Baden

Bodensee, Achensee, die Salzburger- und Salzkammergutseen, das Kärntner Seenland und der Neusiedler See bieten in Strandbädern, an Hotelstränden und im Freigelände jede Menge Platz zum Baden. Die vielen wunderschönen hoch gelegenen Gebirgsseen, die man oft bei Bergwanderungen entdeckt, sind meist zu kalt für den Badespaß. Am wärmsten sind die großen Kärntner Seen und der Neusiedler See. Aktuelle *Wassertemperaturen*: www.sommerline.at.

Ballonfahren

Über den Wolken Oberösterreichs und Salzburgs finden Ballonfahrer gute Thermik- und Windverhältnisse. Infos:

Österreichischer Aeroclub, Wien, Tel. 01/505 10 28, www.aeroclub.at

Bergwandern und Bergsteigen

Die Ziele der Bergwanderer sollten Wiesen, Wälder, Almen, Berghütten und leicht begehbare Gipfel sein. Zwischen dem Bregenzerwald und den Steirisch-Niederösterreichischen Kalkalpen gibt es eine Vielzahl von Routen. Einige der schönsten Wanderstrecken findet man in der Silberregion Karwendel (Tirol), im Ausseer Land und im ganzen Inneren Salzkammergut, im Nationalpark Hohe

Tauern, in der Weinlandschaft der Südsteiermark, im Waldviertel und im Wienerwald. Jüngst wurde z.B. der Weitwanderweg *Adlerweg* (www.adlerweg.tirol.at) komplettiert, der Tirol von St. Johann im Tiroler Unterland bis St. Anton am Arlberg mit einer 280 km langen Haupt- und vielen Regionalrouten durchzieht.

Seilbahnen und Sessellifte nehmen oft die Aufstiegsmühen ab. Doch Vorsicht: Meist sind bei den Hütten und Bergstationen die leicht begehbaren Wanderwege zu Ende und das Bergsteigen beginnt. Bergsteigen ist jedoch Sport, der trainiert und gelernt sein will. Die Zahl der jährlichen Bergunfälle, die auf Überschätzung der Leistungsfähigkeit, auf Unvernunft und Leichtsinn zurückzuführen sind, ist groß. In vielen Gebirgsorten werden daher Basiskurse in Alpinschulen, aber auch verschiedene Bergsteiger- und Kletterkurse angeboten.

Es gibt Klettergärten – einer der schönsten ist Finkenstein in Kärnten –, die nach Schwierigkeitsgraden eingeteilt sind. Erfahrene Bergführer stehen in Gebirgsorten zur Verfügung. Infos:

Österreichischer Alpenverein, Innsbruck, Tel. 05 12/595 47, www.alpenverein.at

Canyoning

Eine aufregende Art, das Element Wasser zu erleben, ist es, Schluchten und Klammen zu durchwandern, zu durchklettern oder zu durchschwimmen. Vom Bachbettwandern bis zum Erklettern steiler Wasserfälle wird in Kärnten (Malta-Schlucht und Tscheppa-Schlucht), in Tirol und im Salzburgischen (Almbachschlucht bei Abtenau, Strubklamm bei Hallein) alles geboten. Infos:

Rafting Canyoning Ötztal, Tel. 052 52/67 21, www.rafting-oetztal.at

Club Activ Mölltal, Flattach, Tel. 047 85/410, www.cam.at

Drachenfliegen und Paragliding

An vielen Orten bieten Berge eine prächtige Startbahn und sanfte Wiesen eine günstige Landebahn. Einer der schönsten Plätze zum Drachenflug ist Altaussee im Steirischen Salzkammergut. Den Dachsteingletscher im Blick gleitet man sanft auf die Uferwiese des romantischen stillen Sees zu. Infos:

Österreichischer Aeroclub, Wien, Tel. 01/505 10 28, www.aeroclub.at

Golf

Grünsamtene Wiesen inmitten grandioser Gebirgsszenerien locken in der Hochsaison Mai–Oktober Golfer zum ›Golf Alpin‹ in die alpinen Bundesländer. Ruhiger, nicht weniger romantisch, zuweilen in Weinberge gebettet, sind die Golfplätze im Alpenvorland der Niederösterreichischen ›Viertel‹, im Wienerwald und im Burgenland. Infos:

Österreichischer Golfverband, Wien, Tel. 01/50 53 24 50, www.golf.at

Höhlentrekking

Beste Möglichkeiten zum Höhlentrekking gibt es im Inneren Salzkammergut (z.B. Dachsteinhöhlen). Infos:

Dachstein Höhlentrekking, Obertraun, Tel. 061 31/53 10, www.dachsteinwelterbe.at

Kajak und Rafting

Gemütliche Flusswanderungen im Kajak, aber auch Rafting in reißenden Wildbächen ist möglich. Die besten Wildwasserrouten gibt es in Tirol und Kärnten. Infos:

Kanuverband Österreichisch, Braunau, Tel. 077 22/8 16 00, www.kanuverband.at

Club Activ Mölltal, Flattach, Tel. 047 85/410, www.cam.at

Rafting Canyoning Ötztal, Tel. 052 52/67 21, www.rafting-oetztal.at

Mountain-Biking

Forstleute und Spaziergänger lieben die Biker nicht besonders. Dennoch gibt es wahre Biker-Paradiese z.B. in der Karnischen Region des südlichen Kärnten und im Salzburger Pongau, im Waldviertel, Wienerwald und Mostviertel. Ausdauernde können rund um den Glockner fahren, sich bei der Alpentour Steiermark über eine 1138 km lange beschilderte Strecke in 16 Etappen (31 305 Höhenmeter) plagen oder 1000 km (40 000 Höhenmeter) weit auf 42 Routen durch die Silberregion Karwendel biken. Infos:

Steiermark Tourismus, Graz, Tel. 03 16/400 30, www.steiermark.com, www.alpentour-austria.info

Reiten

In vielen Orten kann man Pferde mieten oder an Ausflügen mit Reitergruppen teilnehmen. Pferdetrekkingtouren mit Haflingern führen auf Saumpfaden durch das Großglocknergebiet. Infos:

Ein weißer Wintertraum: Dienten am Hochkönig im Pinzgau, Salzburger Land

Bundesfachverband für Reiten und Fahren in Österreich, Wien, Tel. 01/749 92 61, www.fena.at

Reitarena Austria, Altenfelden, Tel. 072 82/558 80, www.reitarena.at

Schneeschuhwandern

Wintertrekking wird immer beliebter. Die schönsten Möglichkeiten findet man im Nationalpark Hohe Tauern. Infos:

Tourist Information Grossglockner-Zellersee, Tel. 065 45/72 95, www.grossglockner-zellersee.info

Segeln

An allen großen Seen kann man Segelboote mieten und in Segelschulen Segelscheine erwerben. Man achte auf den Gebirgsseen auf plötzliche Wetterstürze. Auch der flache Neusiedler See neigt zu plötzlichen Stürmen, die man ihm nicht zutrauen würde.

Skifahren und Snowboarding

Durch die Seilbahnerschließung von Tiroler und Salzburger Nebentälern bis in Gletscherregionen ist Skifahren zum Ganzjahressport geworden. Tirol ist ein Mekka für Snowboarder. Hier ist der Sport das ganze Jahr über möglich. Im gesamten österreichischen Bergland sichern Tausende von Aufstiegshilfen, teils auch Skischaukeln über weite Gebiete hinweg in andere Täler, ein schier grenzenloses Skivergnügen. Schneekanonen machen Abfahrten auch bei schlechten Schneelagen möglich. Voraussetzung für die Sicherheit aller Wintersportler ist die Beachtung der internationalen Skipistenregeln und der Pisten- und Skitourenbegrenzungen und -sperrungen.

Einen ausgezeichneten Überblick und detaillierte Informationen zu den Wintersportgebieten in Österreich bietet der im **ADAC Verlag** jährlich neu erscheinende ADAC SkiGuide (mit CD-ROM, www.adac-skiguide.de), der SkiGuide kompakt Österreich und Bayerische Alpen sowie die Ski-Extraausgabe des ADAC Reisemagazins (mit CD-ROM).

Surfen

Die Wellen sind zwar nicht rekordverdächtig, doch auf allen Seen Österreichs wird gesurft. Surfbretter kann man leihen, Surfschulen unterweisen Anfänger. Infos:

Vereinigung Österreichischer Yachtsport- und Windsurfschulen, Wien, Tel. 01/982 70 95, www.voeyws.at

Tauchen

An den Seen des Salzkammerguts und den Kärntner Seen gibt es Tauchschulen. Hier kann man internationale Tauchscheine erwerben und die notwendige Ausrüstung ausleihen.

Statistik

Lage: Österreich, am Schnittpunkt wichtiger Verkehrswege im Herzen Europas gelegen, schiebt sich lang gestreckt und schmal zwischen Deutschland und Tschechien im Norden, Italien und Slowenien im Süden, Schweiz und Liechtenstein im Westen und die Slowakei und Ungarn im Osten. Die West-Ost-Ausdehnung des 83 858 km² großen Landes beträgt 560 km, die Nord-Süd-Ausdehnung steigert sich von weniger als 50 km im Westen auf 250 km im Osten.

Fläche: Österreich ist eines der kleinsten Länder Europas, gleichzeitig aber auch das mit dem größten Gebirgsanteil. 63 % des Naturraums sind vom teilweise vergletscherten Hochgebirge der Ostalpen bedeckt, 10 % von Mittelgebirge, 27 % von Hügel- und Tiefland.

Gebirgsformationen: An den Ostalpen haben Vorarlberg, Tirol, Salzburg, Kärnten, Teile der Steiermark, Oberösterreichs und Niederösterreich Anteil. Die durch Längstalzüge gegliederten Alpen prägen die Landschaft durch unterschiedlichen Gesteinsaufbau. Die Nördlichen Kalkalpen, felsig, verkarstet, zu bizarren Bergformen neigend und riesige Höhlensysteme bildend, sind kühler und kahler als die Südlichen Kalkalpen, die reichere Vegetation zeigen. Von Vorland und Mittelgebirge im Norden begleitet, klingen sie im Osten im Wiener Becken aus. Die westlichen Zentralalpen, mächtige Gebirgsstöcke, steigen über bewaldete steile Talflanken bis in die Gletscherregionen auf. Sie gipfeln in den Hohen Tauern im 3797 m hohen Großglockner, dem höchsten Berg Österreichs. Die östlichen Zentralalpen, niedriger, waldreicher, sanfter, gehen im Osten in ein hügeliges Vorland und in die ungarische Tiefebene über.

Bevölkerung: In Österreich leben etwa 8,1 Mio. Menschen, darunter sind ca. 10% Ausländer. Im Bundesgebiet leben sechs anerkannte Volksgruppen: Kroaten, Roma, Slowaken, Slowenen, Tschechen und Ungarn. In den alpinen Bundesländern liegt die Bevölkerungsdichte unter 50 Einwohner pro km^2. 73 % der Bevölkerung sind katholisch, 5 % protestantisch. Es gibt jüdische, altkatholische und moslemische Minderheiten.

Hauptstadt: Wien (1,68 Mio. Einw.)

Verwaltung: Österreich ist eine parlamentarisch-demokratische Republik. Das Staatsoberhaupt, der Bundespräsident, wird vom Volk für 6 Jahre gewählt. Die Bundesregierung aus Bundeskanzler, Vizekanzler, Ministern und Staatssekretären übt die Exekutive aus, die Bundesversammlung die Legislative. Die 183 Abgeordneten des Nationalrats werden für vier Jahre nach dem Verhältniswahlrecht direkt gewählt. Das Land ist in neun Bundesländer gegliedert. An der Spitze des Länderparlaments steht der Landeshauptmann.

Wirtschaft: Das einstige Industrieland verfügt heute über einen starken Dienstleistungssektor, der ²⁄₃ des Bruttoinlandsprodukts erwirtschaftet. Die Zahl der Beschäftigten in der Industrie, im Bergbau, in der Konsumgüterindustrie und der Grundstoffindustrie nimmt weiterhin ab. Zu den größten Branchen des Landes zählt der Tourismus: Seine rund 220 000 Mitarbeiter in 90 000 Betrieben erbringen 10% der Wirtschaftsleistung. 2009 verzeichnete der heimische Tourismus insgesamt 121,4 Mio. Übernachtungen. Begünstigt sind hier die alpinen Gebiete mit ihren Hauptreisezeiten im Sommer und Winter. Die Landwirtschaft, in der etwa 6,5 % der Österreicher beschäftigt sind, erwirtschaftet nur 2% des BIP. Mit 18 500 Bio-Betrieben liegt Österreich an der EU-Spitze und hat sich als ›Feinkostladen Europas‹ etabliert. Auch als Exporteur von Wein (Jahresproduktion: 2,5 Mio. Hektoliter) ist das Land erfolgreich. 58 Mio. Liter davon wurden 2008 exportiert.

Unterkunft

Bauernhöfe

Saubere, freundliche und gemütliche Unterkünfte bieten Bauern- und Bergbauernhöfe in landschaftlich reizvollen Lagen. ›Urlaub am Bauernhof‹ ist vor allem für Familien mit Kindern attraktiv. Infos bei Österreich Werbung oder:

Urlaub am Bauernhof in Österreich, Salzburg, Tel. 06 62/88 02 02, www.farmholidays.com

Camping

Die Campingplätze des Landes sind modern ausgestattet und häufig in besonders reizvoller Landschaft, z.B. an Seeufern, gelegen. Eine Auswahl geprüfter Plätze geben die im ADAC Verlag jährlich erscheinenden **ADAC-Camping-Caravaning-Führer** (mit CD-ROM), **ADAC Stellplatz-Führer**, **ADAC Bungalow-Mobilheim-Führer** (adac.de/campingfuehrer). FKK-Campingplätze finden sich am Keutschacher See in Kärnten.

Ferienhäuser und Ferienwohnungen

Die Häuser, meist im Landhausstil, viele kindergerecht ausgestattet, sind für 2–6 Personen geeignet und behaglich ausgestattet. Info und Prospekte bei der Österreich-Werbung oder den Tourismusämtern im Land [s. S. 127 f.].

Gasthöfe

Es gibt eine große Bandbreite von bescheidenen Gasthöfen im dörflichen Ambiente in abgelegenen Gegenden bis zu Gasthöfen in Touristenorten, wo wunderhübsche Häuser im Landhausstil viel Behaglichkeit verströmen. Info und Prospekte bei Österreich Werbung oder den Tourismusämtern im Land [s.S. 127].

Hotels

Hotels werden mit * (sehr bescheiden) bis ***** (luxuriös) kategorisiert. Die meisten Hotels der wichtigen Touristenorte gehören der 4-Sterne-Gruppe an. In der Regel verfügen sie über ausgedehnte Fitnesslandschaften, über Erlebnisbäder, Sauna, Solarium und ein reiches Sportangebot. Info und Prospekte bei der Österreich Werbung oder den Tourismusämtern im Land [s.S. 127 f.].

Apartmenthotels vermieten Unterkünfte wochenweise für 1–6 Personen. Sie sind modern ausgestattet und je nach Kategorie gemütlich bis luxuriös eingerichtet. Manche Apartmenthotels bieten auch Hotel-Fullservice mit Frühstücks-Buffet, Halbpension und Zimmerdienst.

Mit qualifizierter Kinderbetreuung und allen Einrichtungen für die Kleinen und Kleinsten sorgen **Kinderhotels** für einen unbeschwerten Urlaub von Eltern wie Kindern. Infos:

Kinderhotels Europa, Villach-Drobollach, Tel. 042 54/44 11, www.kinderhotels.com

Wanderhotels bieten neben Karten und Leihausrüstung kompetente Beratung und geführte Touren. Infos:

Europa-Wanderhotels, Irschen, Tel. 047 10/27 80, www.wanderhotels.com

Pensionen

Groß ist das Angebot von Privatunterkünften, ob mit Frühstück oder Halbpension. Sie sind für Aktivurlauber besonders gut geeignet. Infos und Prospekte bei der Österreich Werbung oder den Tourismusämtern im Land [s.S. 127 f.].

Verkehrsmittel im Land

Bahn

Ein dichtes Streckennetz überzieht ganz Österreich. Intercities verbinden die großen Städte und Touristikzentren. D-Züge, Tagesfernzüge und City-Night-Line-Züge ergänzen das Angebot. Das touristische Angebot umfasst fahrradbefördernde Regio-Biking- oder Intercity-Biking-Züge und Rad-Tramper-Züge. Sonderzüge mit nostalgischen Lokomotiven [s.S. 107] sind auf besonders attraktiven Strecken unterwegs. **Autoreisezüge** verkehren täglich von Wien nach Villach, Salzburg, Innsbruck, Feldkirch und auf der Route Graz–Feldkirch sowie Feldkirch–Villach. An bestimmten Tagen befahren sie auch die Strecke Wien–Lienz und Wien–Schwarzach St. Veit.

Österreichische Bundesbahnen, Tel. 05 17 17, www.oebb.at.

Bus

Die etwa 2600 Buslinien Österreichs stellen häufig auch Verbindungen von Bahnhöfen zu Orten selbst in entlegensten Tälern her.

Österreichische Bundesbahnen, Tel. 05 17 17, www.oebb.at

Postbusse Österreich, Tel. 01/711 01, www.postbus.at

Flugzeug

Die österreichischen Flughäfen Wien, Graz, Linz, Klagenfurt, Salzburg und Innsbruck werden im innerösterreichischen Flugverkehr von verschiedenen Anbietern angeflogen. Die Route Vorarlberg–Wien wird von der Rheintalflug vom Flugplatz Altenrhein-St.Gallen aus bedient.

Zentrale Flugauskunft: Tel. 01/700 72 22 33, www.viennaairport.com

Mietwagen

Überall im Land kann man Autos internationaler Leihfirmen mieten. In der Hochsaison ist eine Reservierung bereits im Heimatland zu empfehlen. Mitglieder können über die ADAC-Geschäftsstellen oder unter Tel. 018 05/31 81 81 (0,14 €/Min.) bei der **ADAC Autovermietung** preisgünstig ein Auto vorbuchen.

Schiff

Auf allen großen österreichischen Seen verkehren zwischen Mai und September Schiffe (www.schifffahrt.at; siehe *Praktische Hinweise* im Haupttext). Auch auf der Donau kann man Schiffstouren unternehmen. Infos:

DDSG Blue Danube, Wien, Tel. 01/588 80, www.ddsg-blue-danube.at

Donauschiffahrt Ardagger, Ardagger, Tel. 074 79/646 40, www.donauschiffahrt-ardagger.at

Donauschiffahrt Wurm & Köck, Linz, Tel. 07 32/78 36 07, www.donauschiffahrt.de

Mehr erleben, besser reisen!

	ADAC Reiseführer	ADAC Reiseführer plus	ADAC Reiseführer Audio
Ägypten	■	■	
Algarve	■	■	
Allgäu	■	■	
Alpen – Freizeitparadies	■		
Amsterdam	■	■	■
Andalusien	■	■	
Australien	■	■	
Bali & Lombok	■		
Baltikum	■	■	
Barcelona	■	■	■
Bayerischer Wald	■	■	
Berlin	■	■	■
Bodensee	■	■	
Brandenburg	■	■	
Brasilien	■		
Bretagne	■	■	
Budapest	■	■	■
Bulg. Schwarzmeerküste	■		
Burgund	■		
City Guide Germany	■		
Costa Brava und Costa Dorada	■		
Côte d'Azur	■	■	
Dänemark	■	■	
Deutschland – Die schönsten Autotouren		■	
Deutschland – Die schönsten Orte und Regionen	■		
Deutschland – Die schönsten Städtetouren	■		
Dominikanische Republik	■		
Dresden	■	■	■
Dubai, Vereinigte Arab. Emirate, Oman	■	■	
Elsass	■	■	
Emilia Romagna	■		
Florenz	■	■	■
Florida	■	■	
Franz. Atlantikküste	■	■	
Fuerteventura	■	■	
Gardasee	■	■	
Golf von Neapel	■	■	
Gran Canaria	■	■	
Hamburg	■	■	■
Harz	■	■	
Hongkong & Macau	■		
Ibiza & Formentera	■		
Irland	■	■	
Israel	■		
Istanbul	■	■	
Italien – Die schönsten Orte und Regionen	■		
Italienische Adria	■	■	
Italienische Riviera	■	■	
Jamaika	■		
Kalifornien	■	■	
Kanada – Der Osten	■	■	
Kanada – Der Westen	■	■	
Karibik	■	■	
Kenia	■	■	
Korfu & Ionische Inseln	■	■	
Kreta	■	■	
Kroatische Küste – Dalmatien	■	■	
Kroatische Küste – Istrien	■	■	
Kuba	■	■	
Kykladen	■		
Lanzarote	■	■	
Leipzig	■	■	■
Lissabon	■	■	■
London	■	■	■
Madeira	■	■	
Mallorca	■	■	
Malta	■	■	
Marokko	■	■	
Mauritius & Rodrigues	■		
Mecklenburg-Vorpommern	■	■	
Mexiko	■		
München	■	■	■
Neuengland	■	■	
Neuseeland	■	■	
New York	■	■	■
Niederlande	■	■	
Norwegen	■	■	
Oberbayern	■	■	
Österreich	■	■	
Paris	■	■	■
Peloponnes	■		
Piemont, Lombardei, Valle d'Aosta	■	■	
Polen	■	■	
Portugal	■	■	
Prag	■	■	■
Provence	■	■	
Rhodos	■	■	
Rom	■	■	■
Rügen, Hiddensee, Stralsund	■	■	
Salzburg	■	■	■
St. Petersburg	■	■	
Sardinien	■	■	
Schleswig-Holstein	■	■	
Schottland	■	■	
Schwarzwald	■	■	
Schweden	■	■	
Schweiz	■	■	
Sizilien	■	■	
Spanien	■	■	
Südafrika	■	■	
Südengland	■	■	
Südtirol	■	■	
Sylt	■	■	
Teneriffa	■	■	
Tessin	■	■	
Thailand	■	■	
Thüringen	■	■	
Toskana	■	■	
Trentino		■	
Türkei – Südküste	■	■	
Türkei – Westküste	■	■	
Tunesien	■	■	
Umbrien	■		
Ungarn	■	■	
USA – Südstaaten	■		
USA – Südwest	■	■	
Usedom	■	■	
Venedig	■	■	■
Venetien & Friaul	■	■	
Wien	■	■	■
Zypern	■	■	

■ **ADAC Reiseführer**
je Band 144 bzw. 192 Seiten

■ **ADAC Reiseführer plus**
(mit Extraplan)
je Band 144 bzw. 192 Seiten

■ **ADAC Reiseführer Audio**
(mit Extraplan und Audio-CD)
je Band 144 oder 192 Seiten

Mehr erleben, besser reisen ... mit ADAC Reiseführern!

Register

Impressum

Redaktionsleitung: Dr. Dagmar Walden
Lektorat, Bildredaktion: Irene Unterriker
Aktualisierung: Irene Unterriker
Karten: Mohrbach Kreative Kartographie, München
Layout: Martina Baur
Herstellung: Ralph Melzer
Druck, Bindung: Rasch Druckerei und Verlag, Bramsche
Printed in Germany

Ansprechpartner für den Anzeigenverkauf:
Kommunalverlag GmbH & Co KG,
MediaCenterMünchen, Tel. 089/92 80 96-44

ISBN 978-3-89905-487-3

Neu bearbeitete Auflage 2011

Bildnachweis

Umschlag-Vorderseite: Heiligenblut vor schneebedecktem Großglockner. Foto: Huber Bildagentur, Garmisch-Partenkirchen (Gräfenhain)

Titelseite
Oben: Bischofsmütze, Salzburger Land (von S. 9)
Mitte: Pallas Athene bewacht das Parlament in Wien (von S. 61)
Unten: Bootsvergnügen auf dem Tiroler Achensee (von S. 107)

AKG, Berlin: 12, 26, 47, 81 (Erich Lessing), 14 (Cameraphoto), 13, 60, 101 (N.N.) – alimdi.net, Deisenhofen: 20, 39, 85 unten, 99, 121 (Martin Siepmann), 83 (Günter Flegar) – Anzenberger Agency, Wien: 7 Mitte, 8 oben, 61 (Anzenberger), 58 (Toni Anzenberger) – Bildmaschine, Berlin: 40 (www.BilderBox.com) – Bregenzer Festspiele GmbH, Bregenz: 124 (Karl Forster) – F1 Online, Frankfurt/Main: 7 oben, 73 (Pritz), 45 (Jakob Winter), 97 (Tips Images), 107 (Parasola), 126 oben links (Cultura Images RM) – Ralf Freyer, Freiburg: 56, 64/65, 106 – Rainer Hackenberg, Köln: 46, 57, 75, 79, 104 – Herbert Hartmann, München: 115 – Huber Bildagentur, Garmisch-Partenkirchen: 6/7, 94, 96/97 (Wh. von S. 6/7), 113 (Gräfenhain), 8/9, 10 Mitte, 21, 68, 118/119, 133, 137 (R. Schmid), 37, 89 (Leimer), 44 (G. Simeone), 67 (Colin Dutton), 78 (Johanna Huber), 85 oben (Kreder), 102/103 (Franco Cogoli), 126 unten links (Mirau), 10/11 unten (N.N.) – IFA-Bilderteam, Ottobrunn: 88 (Lecom) – images.de, Berlin: 51 (Greg Elms/Lonely Planet Images) – Rainer Jahns, Siegsdorf: 33, 54, 90/91, 122/123 – laif, Köln: 10 oben (Zahn), 11 (Loukas Hapsis/IML), 49 (Peter Rigaud), 55 (Berthold Steinhilber), 108 (Bertrand Rieger/hemis.fr), 124/125 (Raach), 126 oben rechts (Stefan Volk), 16/17, 126 Mitte (Tobias Gerber, Wh. von S. 16/17) – Look, München: 8 Mitte, 117 (Hauke Dressler), 63, 111 oben (Rainer Martini), 66 (Andreas Strauss), 126 unten rechts (Ingolf Pompe) – Mauritius images, Mittenwald: 9, 82 (Rainer Mirau), 34 (imagebroker/KFS), 70/71 (imagebroker/Siepmann) – NPV Salzburg: 95 (Lerch) – PhotoPress, Stockdorf b. München: 28 (Master) – Dirk Renckhoff, Hamburg: 77 – Salzburg AG für Energie, Verkehr und Telekommunikation: 22 – Schapowalow Bildagentur, Hamburg: 19 (Robert Harding) – Rupert Steiner: 15 – Ernst Wrba, Wiesbaden: 98, 100, 111 unten – Superbild, Taufkirchen: 105 (Günter Gräfenhain) – Ullstein Bild, Berlin: 86, 92/93 (imagebroker.net), 109 (Insadco/McFoto) – Hanna Wagner, Wörth: 23, 131